Au nom du peuple français

François Molins
Avec la collaboration de Chloé Triomphe

Au nom du peuple français

Mémoires

Flammarion

Ouvrage publié sous la direction de
Véronique de Bure

ISBN : 978-2-0814-9773-3

À mon épouse
À mes enfants et petits-enfants
À ma mère

« Une démocratie doit être une fraternité, sinon c'est une imposture. »

Antoine de Saint-Exupéry

La Justice est rendue au nom du peuple français, lequel est en droit d'en connaître le fonctionnement et les méandres. C'est de la confiance qu'elle inspire chez nos concitoyens que la Justice tire sa légitimité.

Avant-propos

Avant d'entrer dans le vif du sujet, je voudrais expliquer les raisons qui m'ont poussé à écrire. Il ne s'agit pas d'étaler des secrets qui ne m'appartiennent pas et que je dois continuer à respecter. Il s'agit avant tout pour moi de mieux faire connaître le métier de magistrat du parquet, que j'ai exercé pendant quarante-six ans avec la même passion, en gardant toujours la même foi et la même capacité d'indignation face à l'injustice, quels que soient mon grade et ma fonction.

Ce métier est souvent mal connu. Le magistrat du parquet a un rôle spécifique. Il ne juge pas mais participe à l'œuvre de Justice. Il a pour mission de défendre les intérêts généraux de la société dans le respect des libertés individuelles. Il exerce un métier dont les fondamentaux sont les suivants : recevoir les plaintes et procès-verbaux, en saisir un service d'enquête, diriger et contrôler l'enquête menée par les services de police et de gendarmerie, exercer en opportunité les poursuites ou classer sans suite, requérir à l'audience une sanction et, si celle-ci est prononcée, la faire exécuter. Tout cela dans un cadre constitutionnel qui lui assigne un rôle de gardien des libertés, et dans un cadre hiérarchique qui fait du procureur de la République*[1] le chef de son parquet sous l'autorité du procureur général* près la cour d'appel* et du ministre de la Justice. Un premier de cordée en somme, qui donne la direction et les impulsions, mais qui ne peut agir sans les membres de son parquet, indispensables pour traiter la multitude des affaires et mettre en œuvre la politique pénale* décidée par le gouvernement, conformément à l'article 20 de notre Constitution.

Au-delà de la vision déformée qu'en donnent des séries télévisées anglo-saxonnes comme *Your Honor* (2020), peu de gens identifient réellement les missions d'un procureur. Ainsi, malgré l'exposition médiatique importante à laquelle j'ai été soumis ces dernières années avec les affaires terroristes, j'ai eu droit à tout. Quel florilège lorsque j'étais reconnu dans les lieux publics : « Monsieur le juge », « Monsieur le préfet » et même « Vous n'êtes pas le commissaire Molins ? ». Je voulais donc montrer ce métier de l'intérieur, faire connaître sa face cachée et les conditions dans lesquelles je l'ai exercé, toujours au service de la Justice, rendue au nom du peuple français, lequel est donc en droit d'en connaître le fonctionnement et les méandres. C'est en effet de la confiance qu'elle inspire chez nos concitoyens que la Justice tire sa légitimité.

Et la Justice suscite aujourd'hui des opinions très contradictoires. Une large majorité de Français estiment à juste titre qu'elle fonctionne mal, qu'elle est trop lente, trop complexe, trop lointaine et trop laxiste. Mais

1. Les mots suivis d'un astérisque sont définis dans le lexique établi en fin d'ouvrage.

cette défiance signifie aussi que la demande de justice est très forte, dans une société dont le niveau d'exigence morale s'est beaucoup renforcé et qui n'a jamais eu autant besoin de la transparence de ses institutions, tout particulièrement judiciaires.

Magistrats, nous exerçons un métier qui, au regard des impératifs déontologiques, nous transcende et nous incite en permanence au dépassement de soi. Un métier violent, qui nous confronte quotidiennement à la mort et à la souffrance. Un métier dangereux, non pour nous mais pour les gens, puisqu'il touche à leur liberté et à leurs intérêts personnels, familiaux, professionnels et sociaux. Nous devons donc inspirer confiance à nos concitoyens. La Justice doit apparaître comme un espoir, un recours à l'abri de tout soupçon.

Par ce livre, je voulais rendre hommage à mes collègues et à leurs auxiliaires, greffiers, autres fonctionnaires et assistants, dont la mission est essentielle pour l'œuvre de justice. Celle des avocats l'est aussi, et il est indispensable de renouer un dialogue fécond entre nos professions, dialogue qui n'aurait jamais dû s'altérer tant les justiciables attendent que les magistrats et les avocats ne soient pas des adversaires, mais bien des partenaires dans cette quête permanente d'une justice humaine et de qualité. D'ailleurs, il n'y a pas de bon juge sans bon avocat.

Ce travail d'écriture dans lequel je me suis lancé commande nécessairement un peu d'autobiographie pour comprendre le cheminement qui a été le mien et m'a conduit à occuper des postes à hautes responsabilités, comme ceux de procureur de la République à Bobigny puis à Paris, et de procureur général près la Cour de cassation*. Ces responsabilités éminentes ont constitué un engagement de tous les instants et une source d'humilité permanente. Je suis en effet convaincu que nombre de mes collègues, compte tenu de leurs qualités, auraient fait aussi bien que moi. Je pense que ma carrière doit d'abord beaucoup au hasard de mes rencontres avec des magistrats exceptionnels qui m'ont profondément inspiré. Mais aussi aux aléas de l'actualité et des circonstances, qui ont généré des affaires hors normes ayant exposé et mis dans la lumière mon travail et celui des parquets que je dirigeais. Il est vrai aussi que je n'ai jamais vécu sur mes acquis et me suis toujours remis en question, en sollicitant, ou en acceptant, lors de chaque mutation, des postes à responsabilité dont je connaissais les risques et les difficultés, et en sortant de ce que je pourrais appeler ma zone de confort. Tout cela n'a été possible que grâce à l'adhésion et au soutien constant de mon épouse, même si mon investissement total dans le travail s'est souvent fait au détriment de ma famille : au cours de ces années, j'ai certainement été un mari et un père par intermittence !

Ce métier de magistrat, je l'ai toujours exercé avec honnêteté, intégrité, courage, humanité et humilité, en n'oubliant jamais que derrière un dossier se trouve toujours une personne, mise en cause ou victime, qui attend que justice lui soit rendue et dont la dignité doit être respectée.

J'ai essayé de raconter tout cela dans ce livre. J'ose espérer que le lecteur y trouvera de quoi éclairer ses questionnements sur notre système judiciaire et les dernières années mouvementées que nous avons eu à traverser collectivement.

Prologue

Dans le petit avion à hélice qui me ramène en pays audois, mes pensées se bousculent. Il y a quelques heures encore, je me réjouissais à la perspective de la fête de ce soir, qui réunira autour de quelques verres et petits fours l'ensemble des magistrats et fonctionnaires du tribunal, afin de marquer notre départ vers le nouveau palais de justice, aux Batignolles, dans le nord de Paris. Aujourd'hui devait être ma dernière journée au vieux palais, vestige du pouvoir des rois de France jusqu'au XIVe siècle, sur l'île de la Cité. Quitter ce lieu chargé d'histoire et de souvenirs, c'est une page qui se tourne pour moi aussi.

Mais depuis l'appel de Camille Hennetier, cheffe de la section antiterroriste du parquet de Paris, je n'ai plus le cœur à la fête.

Ce matin, à Carcassonne, peu après 10 heures, un individu a tenté de s'en prendre à des parachutistes du 3e RPIMA (régiment de parachutistes d'infanterie de marine), puis à des CRS. Il a tué le passager de la voiture qu'il a volée et s'est retranché dans un supermarché de Trèbes, où il a abattu un salarié et un client. L'homme est fiché S, en lien avec la mouvance islamiste.

En fin de matinée, j'ai décidé de saisir la section antiterroriste du parquet de Paris et de me rendre sur place. J'ai demandé à l'Élysée de nous mettre à disposition un moyen de transport rapide, et nous voici installés dans ce petit Cessna de six places, prêt à décoller de Villacoublay, l'aéroport qui sert de base aux avions du président de la République et des membres du gouvernement. Nous sommes cinq dans cet espace exigu : le pilote et son copilote, Amir, mon officier de sécurité, Bruno Badré, mon chargé de communication, et moi. Peu avant, un autre avion a décollé de Villacoublay, avec à son bord les hommes de l'antenne nationale du GIGN, sollicités en renfort de celle de Toulouse.

Coupé de toute information jusqu'à l'atterrissage, je suis en état de stress. Je passe les deux heures que dure le vol à consulter sur mon portable les éléments dont je dispose.

Lorsque l'avion entame sa descente, je m'extrais quelques minutes de mes dossiers, le regard aimanté par la magnifique chaîne des Pyrénées, dont les contours se détachent sur un ciel sans nuages, ce paysage de mon enfance si cher à mon cœur. Nous sommes le 23 mars 2018 et je reviens. Trente-neuf ans après, je retourne sur les lieux de mon premier poste de magistrat avec, cette fois, le costume de procureur de Paris.

À Trèbes, le GIGN régional a donné l'assaut. Le terroriste a été neutralisé. Dans quelques heures, je vais devoir tenir une conférence de presse dans la salle des assises, cette même salle où, trente-neuf ans plus tôt, je participais à mon tout premier procès d'assises et jouais au ping-pong sur une table à roulettes après mes longues journées de travail.

Parfois, la vie offre un concentré d'émotions inattendu.

Carcassonne, les premiers pas

Ce matin de janvier 1979, j'enfile l'un de mes premiers costumes. Il est en velours noir et je cherche une cravate assortie. J'ai rendez-vous avec mon futur procureur à Carcassonne. À vingt-cinq ans, j'entre dans la magistrature et je n'ai pas encore l'habitude de ce qui deviendra mon uniforme de travail.

Je quitte au petit matin la maison familiale de Banyuls-dels-Aspres, au sud de Perpignan, où nous nous sommes installés récemment avec mon épouse Jacqueline et notre premier enfant âgé de quelques mois. À l'époque, elle aurait dû partir pour Versailles, où l'attendait son premier poste de greffière au parquet général de la cour d'appel. Ma nomination a changé la donne. Elle a décidé de mettre sa carrière entre parenthèses en se mettant en disponibilité afin de s'occuper de notre bébé et de m'accompagner à Carcassonne.

C'est précisément ma destination ce matin-là, lorsque je m'engouffre dans ma petite R5, le cœur léger et enthousiaste. Je pars me présenter à Georges Truchi. Le procureur a la réputation d'être un homme chaleureux et bienveillant. Mais, distrait ou trop absorbé dans mes pensées, au péage du Boulou, je me trompe de direction.

Au lieu de poursuivre vers Narbonne, je me retrouve à filer vers Barcelone. Une erreur d'aiguillage qui me coûte une demi-heure de retard, impardonnable pour un premier rendez-vous d'importance. Lorsque enfin je me présente au tribunal de Carcassonne, mon futur supérieur hiérarchique s'étonne :

« Bonjour cher collègue. Que se passe-t-il ? Je vous attendais à 11 heures, vous avez eu un problème ?

— Oui, Monsieur le procureur. Je me suis trompé au péage et je n'ai pas pris la bonne direction. J'ai dû rouler jusqu'à la première sortie et revenir sur mes pas. Je vous prie de m'excuser pour ce retard. »

Le procureur se montre cordial, même s'il me semble malgré tout un peu circonspect, mon attitude ne correspondant pas tout à fait au portrait de jeune magistrat sérieux et rigoureux qu'on lui avait rapporté de mon précédent stage en juridiction au tribunal de Perpignan. Après mes explications pathétiques et quelques échanges de courtoisie évoquant mon installation, ma vie de famille et mes objectifs de carrière débutante, il entre dans le vif du sujet :

« Vous aurez en charge le service civil, commercial et financier. Vous prendrez alternativement la permanence avec moi et l'autre substitut. Vous prendrez aussi des audiences du tribunal correctionnel* et de la cour d'assises*. Et tenez, justement, nous avons une grosse session d'assises dans un mois avec cinq dossiers. Nous en prendrons deux chacun, l'autre substitut, Cherif Benyoucef, et moi-même, mais nous allons avoir besoin de vous. Acceptez-vous de prendre la dernière affaire, une affaire de viol ? »

En deux mots, il me résume l'affaire : l'accusé conteste les faits, il s'agit d'un automobiliste qui a pris une auto-stoppeuse. Une affaire où le résultat n'est pas acquis, tant s'en faut. Bien évidemment, j'acquiesce sans hésiter. C'est mon premier jour, je suis un jeune substitut du procureur* en première affectation et je quitte le tribunal avec un dossier criminel sous le bras.

Huit jours après mon installation dans mes fonctions, le 1er février 1979, je me retrouve à l'audience, portant la voix du ministère public*, à prononcer un réquisitoire pour la toute première fois de ma vie. J'ai rédigé l'intégralité de mon texte, en m'appliquant à balayer les arguments d'un accusé qui affirme que l'auto-stoppeuse qu'il a violée aurait été consentante au motif qu'elle n'a pas protesté. Visiblement, cet homme n'a aucune notion de ce que peut être un état de sidération pour une victime d'agression sexuelle.

Lorsque vient mon tour, je me lève dans ma robe noire, et je me lance, à voix fébrile, m'accrochant à mes quelques feuilles manuscrites. Au bout de quelques minutes, mon débit nerveux s'apaise et les phrases s'enchaînent plus facilement. Je déroule ma démonstration de culpabilité et, le soir même, le jury de la cour d'assises condamne l'accusé à trois ans de prison dont dix-huit mois avec sursis. Je suis soulagé de ce verdict de condamnation même si la peine est peu importante. Nous sommes en 1979, MeToo est encore loin… Mon baptême du feu s'est bien passé ! À ma grande surprise, je reçois en public les compliments du président de la cour d'assises :

« Je vous félicite, Monsieur le procureur Molins. Vous êtes ce soir le plus jeune avocat général* de France ! »

Quelle gêne, avec le recul… D'autant plus que la presse locale s'en fait largement l'écho dès le lendemain matin !

Après cette fracassante entrée en matière, le quotidien de mes nouvelles fonctions reprend le dessus. Nous sommes désormais installés dans notre maison avec Jackie et notre fils, et je consacre tout mon temps à mon métier. En cette fin des années 1970, l'activité juridictionnelle du tribunal reflète la profonde crise économique qui touche le département de l'Aude. Toute la vallée et la haute vallée du département sont sinistrées, avec d'importantes répercussions sociales. De nombreux ateliers de chapellerie, spécialité historique de la région, ont fermé ces dernières années et les dépôts de bilan se succèdent, laissant des milliers d'employés sans le sou, et toute la haute vallée de l'Aude dans la misère. Comme je suis en charge des affaires économiques et financières au sein du parquet et que je participe régulièrement aux audiences des trois tribunaux de commerce de Carcassonne, Limoux et Castelnaudary, je me retrouve confronté à plusieurs dossiers de ce type, mêlant faillites et tentatives désespérées, parfois illégales, de sauvegardes d'entreprises à travers des rachats frauduleux.

L'une de mes premières affaires en tant que procureur en charge de l'enquête concerne une entreprise de matériel de construction et de travaux publics à Limoux, qui emploie plus d'un millier de salariés. Au fil des investigations, je découvre que la banque Crédit lyonnais a soutenu l'entreprise en difficulté, au prix d'agios aux taux exorbitants. Sauf que, lorsque la banque a finalement récupéré l'argent prêté grâce aux garanties dont elle dispose, elle a décidé de supprimer du jour au lendemain toute facilité de trésorerie. Prise à la gorge, l'entreprise a été contrainte de déposer le bilan en quelques jours et de licencier tous ses employés. Je découvre aussi un élément troublant : le soutien bancaire puis son arrêt brutal ont été suivis de près par un haut responsable de l'établissement bancaire, en charge de toutes les agences de la moitié sud de la France. À mes yeux, il est suffisamment impliqué pour que je puisse requérir son inculpation de complicité de banqueroute par fourniture de moyens ruineux.

Je n'ai que quatre ans d'expérience et je me retrouve en train d'engager des poursuites pénales contre l'un des proches adjoints du président du Crédit lyonnais. Ça démarre fort ! Vais-je être à la hauteur ? À cette époque, le lien entre la justice et le politique n'est pas aussi tranché qu'aujourd'hui : les influences politiques locales pèsent lourd. Plus prosaïquement, c'est le Conseil général du département qui vote le budget de fonctionnement des tribunaux. Surtout, le ministre de la Justice dispose de la possibilité de donner des instructions individuelles dans les dossiers, et je mesure parfaitement l'influence qu'un élu, proche d'un député, lui-même proche du gouvernement, peut avoir face à un jeune magistrat débutant, armé de sa seule fonction et du Code de procédure pénale. Le décalage me semble vertigineux, mais je persiste dans ma démarche, persuadé d'être dans le juste. Quelques mois plus tard, le banquier est condamné.

Première désillusion

Les mois passant, je commence à prendre mes marques et à m'imprégner du contentieux économique et financier dont j'ai la charge. Je passe mes journées au tribunal, je rentre tard, et j'ai le sentiment de progresser chaque jour dans mes fonctions.

Un matin, je reçois un dossier qui concerne un personnage influent du département. Il s'agit du propriétaire d'une grande pépinière près de Carcassonne, dont le réseau repose aussi sur sa fonction de président de la puissante fédération française des caves particulières. Il est endetté jusqu'au cou, il a emprunté beaucoup d'argent au Crédit agricole. Je remarque qu'il occupe également la fonction d'administrateur de la caisse régionale ; c'est donc dans cette direction que je décide d'orienter l'enquête. Bingo ! Les enquêteurs ramènent la preuve qu'il a obtenu de façon indue d'importantes ristournes d'intérêts du prêt que lui a consenti la caisse régionale, à la suite d'une délibération du conseil d'administration à laquelle il a personnellement participé. En somme, il s'est voté une ristourne d'intérêts ! Je n'en reviens pas. C'est bien sûr totalement illégal, et cela peut se traduire pénalement sous la qualification d'« usage abusif des pouvoirs sociaux ».

Je n'hésite pas. Avec la fougue du débutant, je décide d'engager des poursuites pénales à son encontre. À l'issue de l'enquête confiée à la police judiciaire de Montpellier, je rassemble tous les éléments et m'attelle à mon rapport, que je dois adresser à ma hiérarchie, le parquet général de Montpellier, et dans lequel j'indique mon intention de poursuivre le mis en cause devant le tribunal correctionnel. Encore novice, et peut-être un peu naïf, je commence par la formule d'usage : « Sauf meilleur avis de votre part, compte tenu des résultats de l'enquête, j'envisage de poursuivre devant le tribunal correctionnel M. X… » Des semaines s'écoulent sans réponse, puis des mois. Jusqu'au jour où le procureur général de Montpellier, M. Lajaunie, me répond enfin, par cette injonction lapidaire : « J'ai pris connaissance de votre rapport. Vous voudrez bien classer cette procédure, l'infraction n'étant pas constituée. »

Je suis sidéré. Les faits sont pourtant parfaitement constitués, cela n'a pu échapper à un magistrat beaucoup plus expérimenté que moi. Il n'y a aucune raison juridique de mettre fin à l'enquête. Et pourtant… Quelle désillusion ! La première de ma carrière et sans aucun doute la plus cruelle. Je viens de toucher du doigt l'imbrication du politique et de la justice, une imbrication à l'opposé de mon idéal. Je suis dégoûté.

Après ce coup de massue, le cœur n'y est plus. Je vais au bureau comme un automate, je ne parviens à rien faire, je tourne en rond, incapable de travailler, de me concentrer. Au bout de trois jours, n'en pouvant plus, je décide d'aller demander des explications à mon procureur. Je veux comprendre. « Je ne veux pas entrer en conflit avec le procureur général », me répond-il, sans autre argument. Dans cette affaire, il avait tout bonnement suivi les injonctions de son supérieur, le procureur général.

De retour à mon bureau, je réfléchis. J'ai deux options : la première, je persiste dans mon analyse juridique, renvoie le mis en cause devant une juridiction de jugement et entre en conflit avec mon procureur, en le mettant lui-même en difficulté avec sa hiérarchie ; la seconde, je renonce. La mort dans l'âme, je décide de me conformer à sa demande et de suivre les instructions de classement sans suite du parquet général. Je cède, mais j'en suis malade. Aujourd'hui encore je m'interroge. Pourquoi me suis-je rangé à l'avis de mon supérieur ? Pur respect de ma hiérarchie ? Ou bien était-ce un manque de courage ? Quoi qu'il en soit, ce jour-là je prends conscience des problématiques de l'indépendance de la justice et de la gestion des affaires sensibles. Une marque durable pour le restant de ma carrière.

Dix-huit mois plus tard, un signalement arrive sur mon bureau. En France, tout citoyen ou toute administration est en droit de signaler auprès du parquet ses soupçons sur des faits possiblement délictuels ou criminels. Au regard des premiers éléments, je constate que les faits dénoncés sont à peu près identiques au dossier du pépiniériste : il est question d'usage abusif des pouvoirs sociaux et, tiens encore, de la caisse régionale du Crédit agricole ! Cette fois, c'est le directeur régional qui est dans le viseur, et là encore, il s'avère qu'il a bénéficié d'une ristourne d'intérêts à la suite d'une délibération du conseil d'administration à laquelle il a participé.

Mon sang ne fait qu'un tour. Je vois là l'occasion inespérée de réparer la blessure professionnelle du premier dossier. J'ai maintenant un peu d'expérience, davantage de confiance en moi. Alors, après tout, pourquoi ne pas être stratège ? Le Code de procédure pénale recèle tant de possibilités…

Déterminé à ne pas me faire doubler une seconde fois par des considérations extérieures au droit, j'opte pour une stratégie différente. Lorsque les faits sont suffisamment étayés et que l'affaire peut être jugée sans délai, on peut choisir la voie de ce que l'on appelle la

« citation directe », c'est-à-dire un acte d'huissier invitant à comparaître directement devant le tribunal. C'est une procédure qui permet de gagner du temps, en s'exonérant d'une enquête forcément plus longue menée par un juge d'instruction*. Mais c'est aussi une prise de risque pour le parquet, car tout se joue lors des débats à l'audience, avec une enquête moins étayée en appui d'une demande de condamnation.

Je fonce. Déjà, cela m'évite de suivre la voie classique du rapport à ma hiérarchie, laquelle me contraint à faire part de mon intention d'engager des poursuites pénales, et donc la possibilité (le risque) d'une injonction contraire. Un nouveau procureur est arrivé à Carcassonne et cette fois il me laisse faire. Je vois bien qu'il a parfaitement saisi le sens de ma démarche juridique. Une fois la machine judiciaire lancée, je peux tranquillement aviser mon procureur général que j'ai délivré une citation directe devant le tribunal.

Quelques semaines plus tard, lorsque j'arrive à l'audience, j'ai travaillé le dossier sur le bout des doigts. Je le connais dans les moindres détails et j'ai particulièrement soigné mon réquisitoire. Lorsque le délibéré tombe, le tribunal condamne tous les prévenus. Cette fois, c'est bien le droit qui l'a emporté.

Après cet épisode, je ne peux m'empêcher de dresser un premier bilan des relations entre la justice et le politique. Sur le plan de la doctrine, je sais parfaitement que l'on ne peut pas donner d'instructions négatives, c'est-à-dire de classement sans suite. Pourtant, j'en ai fait l'amère expérience, découvrant aussi toutes les subtilités possibles lorsque l'on veut contourner les règles. Ainsi, lors de la première affaire, mon procureur général s'était montré habile : il avait rédigé sa dépêche arguant que les faits n'étaient pas constitués sur le plan juridique, évitant ainsi de donner une consigne indue dont il savait qu'elle aurait été contraire au droit. Je me fais le serment que cet épisode me servira de leçon. Ce sera bien la première et la dernière fois de ma carrière que je m'y laisserai prendre.

Ces deux affaires m'ont également fait prendre conscience de l'importance des relations humaines au sein de l'appareil judiciaire. Se faire confiance, respecter les compétences de chacun contribuent de manière essentielle à une bonne administration de la justice.

La dyarchie, c'est-à-dire l'administration d'un tribunal par le président et le procureur, ne fonctionne malheureusement pas toujours bien. Un jour, il me faut avec l'un de mes collègues du parquet intervenir pour séparer le procureur et le président du tribunal, dont les dissensions récurrentes les ont presque conduits à en venir aux mains ! Cela me persuade, s'il en était encore besoin, de l'importance de bien s'entendre avec son président et de savoir prendre de la hauteur pour surmonter les éventuelles divergences de vue et n'œuvrer que pour l'intérêt de la juridiction dont on a la charge.

Le substitut arrête un braqueur en fuite

Moi aussi un jour, dans un tout autre contexte, j'en viens aux mains. Ce jour-là, je m'apprête à quitter le tribunal les bras chargés de dossiers pour me rendre à une audience au tribunal de police* de Limoux, quand, en descendant les escaliers, j'entends un énorme raffut en provenance du premier étage. Cris et bruits de cavalcade pour le moins inhabituels dans ces lieux. J'ai à peine le temps de chercher à comprendre qu'alors que j'atteins la porte de sortie, un homme fonce droit sur moi, tentant de sortir ou, plutôt, de s'enfuir. Sans réfléchir, je me mets en travers du sas, de dos, pour lui barrer la route et le bloquer, façon rugbyman, lâchant mes paquets de dossier qui volent en l'air. Le fuyard est ralenti, quelques petites secondes mais qui suffisent aux deux policiers de son escorte, pas tout jeunes et passablement essoufflés, pour lui remettre la main au collet, armes pointées sur lui. L'individu est un braqueur qui devait être présenté à un juge d'instruction pour un interrogatoire mais qui, devant le bureau du juge, mal attaché au montant du banc où il attendait, avait réussi à extraire son poignet de la menotte pour tenter de se faire la belle. Quelle surprise, le lendemain, lorsque je découvre dans la presse, en gros titre : « Le substitut du procureur arrête le braqueur » !

La colère des viticulteurs

L'autre contentieux marquant de cette période concerne les viticulteurs. La filière viticole est en pleine crise et, pour lutter contre les importations massives de vin italien meilleur marché, rendues possibles par la déréglementation européenne, les viticulteurs se fédèrent autour du comité d'action viticole. Ils mènent de nombreuses actions, aussi violentes que désespérées : ils cassent tout, vident les cuves, interceptent des camions venus de l'étranger et percent même les citernes. Ils n'hésitent plus à s'en prendre physiquement à des chauffeurs totalement étrangers au conflit. Les forces de l'ordre n'ont que très peu de consignes des autorités et ne relèvent même plus systématiquement les plaques d'immatriculation des fauteurs de troubles pour les communiquer à la justice. Elles subissent les conséquences d'une gestion très politique de la crise, qui découle directement du changement de majorité, passée en 1981 de Giscard à Mitterrand, pour qui le département de l'Aude constitue un véritable fief. Le parti socialiste y recueille régulièrement des scores qui dépassent les 65 % aux élections.

Mais, un jour du printemps 1984, à Montredon, une manifestation dérape entre les viticulteurs et les CRS. Un mort dans chaque camp et un choc pour tout le monde. Consigne est donnée par le ministère de la Justice de relancer les enquêtes.

Nous nous y attelons tous d'arrache-pied, jusqu'au moment où les enquêteurs parviennent à identifier des auteurs présumés. Deux viticulteurs sont renvoyés en correctionnelle pour avoir vidé un camion-citerne à un péage d'autoroute.

Le jour du procès, tout le monde viticole se donne rendez-vous au tribunal de Carcassonne. Des milliers de viticulteurs sont présents. La pression est telle que l'État positionne deux escadrons de CRS, l'un au sein même du palais de justice et l'autre devant la préfecture pour la protéger. Dans la salle comble, l'ambiance est électrique. Les viticulteurs ne cessent de haranguer les juges, de protester à haute voix contre le moindre fait d'audience, c'est intenable. Totalement débordé, le président du tribunal n'a pas d'autre issue que de faire évacuer la salle. Encore plus furieux d'être expulsés, les viticulteurs laissent exploser leur colère à l'extérieur. Pas de chance, juste devant le tribunal se trouve un chantier de construction où sont stockés divers matériaux, notamment des parpaings. Chauffés à blanc, les manifestants s'en saisissent et attaquent les portes du tribunal, y mettent le feu et cassent toutes les vitres en lançant leurs projectiles. À l'étage, médusés, nous assistons, impuissants, à ce déchaînement de violence sous nos fenêtres. Le président, qui avait laissé sa voiture sur le parking, ne peut que la regarder s'embraser, encore chargée du matériel de ski familial après un retour de week-end. Sous la pression des CRS, les manifestants s'éloignent en direction de la gare SNCF dont ils saccagent toutes les installations informatiques.

Quelques semaines après ces événements, dans la soirée du 20 avril, les viticulteurs prennent pour cible un hypermarché Leclerc à l'entrée nord de Carcassonne : le bâtiment, totalement brûlé, laisse ses deux cent cinquante employés au chômage. Quelques mois plus tard, les auteurs sont identifiés par la police judiciaire, inculpés et placés en détention provisoire, attisant la colère du comité d'action viticole. Le juge d'instruction en charge de l'enquête refuse à plusieurs reprises les demandes de remise en liberté présentées par les avocats des coupables. Pourtant, curieusement, lorsque le ministre de l'Agriculture annonce sa visite, les hommes sont remis en liberté par la chambre d'accusation de Montpellier, qui vient infirmer la décision du juge d'instruction conformément aux réquisitions du parquet général : pas question que la visite du ministre se déroule sous tension. Encore une fois, la politique a parlé plus fort que la justice.

Un étudiant pas comme les autres

On le voit, très tôt je me suis retrouvé confronté aux réalités du terrain. Tous ces épisodes ont contribué à m'aguerrir bien plus vite que je ne l'aurais imaginé. Jamais je n'aurais pensé que tout s'enchaînerait aussi rapidement lorsque, en janvier 1977, j'ai franchi les portes de l'École nationale de la magistrature (ENM) à Bordeaux.

Je suis alors tout jeune ; Même si je suis déjà marié et père d'un petit garçon de six mois, je n'ai que vingt-trois ans et j'ai encore une tête de gamin. Le jour des résultats du concours d'entrée, je suis extrêmement soulagé d'être reçu. Dès l'obtention de ma maîtrise en juin, je m'étais lancé dans les révisions pour les épreuves écrites du concours d'entrée à l'ENM début septembre. J'avais passé toutes les vacances d'été chez mes parents, enfermé dans ma chambre. Puis j'avais enchaîné avec les révisions de l'oral. Devenir auditeur de justice [1] va me décharger de mes obligations militaires – le service militaire était alors obligatoire – en me permettant de rester soutien de famille et d'accéder à la première marche de mon idéal de justice.

Je ne suis pas devenu magistrat par vocation mais par choix mûrement réfléchi, et par passion de la justice. En troisième année de droit, au terme de longs mois de réflexion, il m'est apparu que la magistrature serait la voie qui me conviendrait le mieux. L'autre alternative s'offrant à moi était d'embrasser la carrière d'avocat,

---

1. On appelle « auditeurs de justice » les élèves de l'École nationale de la magistrature.

mais cette option me mettait mal à l'aise pour deux raisons : avocat, je devrais négocier la valeur de mon travail en convertissant mes heures en honoraires à facturer à un client, et transiger avec la vérité, la première qualité d'un avocat consistant à défendre son client plutôt que celle-ci. Or je me connais. J'ai une exigence de pureté, de vérité et de liberté, que je ne me sens pas prêt à abandonner au profit des intérêts d'un client.

Me voilà donc à Bordeaux, installé en famille dans un appartement HLM du quartier résidentiel de Caudéran, alors que mes camarades, tous célibataires, sont logés en résidence universitaire. Je me rends vite compte que nous ne menons pas la même vie : le matin, j'arrive très tôt à l'école après avoir déposé mon fils chez sa nounou, tandis que les autres arrivent fatigués de leur soirée de la veille. Je vais prendre mon café à la buvette tenue par Lily, une pimpante trentenaire, fonctionnaire de l'École. C'est là que, chaque matin, je rencontre le directeur des études, Pierre Truche, qui va devenir mon mentor. Le contact est facile avec cet homme à la crinière blanche, simple et bienveillant. Au long de mes mois d'études, j'apprends à connaître ce magistrat d'exception, visionnaire, au très haut niveau éthique. Il nous dit souvent : « Vous allez exercer un métier dangereux ; pas pour vous, pour les autres. » Le matin, à cette heure-là, je suis le seul auditeur de justice présent à l'École et je me retrouve au milieu de nombreux maîtres de conférences, à tenter timidement de participer à des discussions qui me propulsent déjà dans le métier : vie de l'École de la magistrature, évolutions de la Justice, lois nouvelles, etc.

Le soir, ma vie n'est pas davantage insouciante : au lieu d'aller après les cours rejoindre mes copains de promotion pour boire un verre, je file chez moi pour contribuer à la vie domestique. Mon épouse, en stage de greffière à la cour d'appel de Bordeaux, rentre souvent plus tard que moi, et il n'est pas rare que j'aie le temps de faire une course ou de lancer une lessive avant son arrivée. Le week-end, alors que mes condisciples se retrouvent sur la dune du Pilat, je reste à Bordeaux dans mon HLM.

Même si je suis heureux de ma vie, je mesure à quel point elle est trop sage pour mon âge. Vingt ans plus tard, en 1997, j'aurai l'occasion de rattraper toutes ces soirées manquées : pour le vingtième anniversaire de la promotion, à Bordeaux, je ferai la fête pendant deux jours !

En attendant, je suis un auditeur assidu et impliqué. Je m'engage au sein de l'un des syndicats professionnels en adhérant en 1977 à l'Union syndicale des magistrats, le syndicat modéré et majoritaire dans la magistrature. Une adhésion de courte durée car, en 1982, je claque la porte, choqué par la nomination en janvier de son fondateur et longtemps président, André Braunschweig, comme président de la chambre criminelle de la Cour de cassation. Ce grand magistrat aux qualités personnelles et professionnelles reconnues avait instruit l'affaire de l'attentat de l'Observatoire qui avait visé François Mitterrand dans la nuit du 15 au 16 octobre 1959. Une polémique avait rapidement éclaté, François Mitterrand étant accusé d'avoir monté de toutes pièces cet attentat pour gagner la faveur de l'opinion publique. André Braunschweig avait alors été chargé d'instruire ce dossier dans lequel le futur président avait été inculpé d'outrage à magistrat. L'affaire avait été clôturée par un non-lieu quelques années plus tard. À cette époque, le président de la République présidait le Conseil supérieur de la magistrature et désignait neuf de ses membres. Je n'ai pas aimé l'apparence de suspicion et de mélange des genres créée par cette nomination : j'ai donc rendu ma carte et n'ai plus jamais été syndiqué. De même, je n'ai jamais appartenu à un parti politique ni à aucun réseau d'aucune sorte, franc-maçon ou autre.

À ce rythme intense de travail doublé d'une vie de famille déjà riche, les mois d'études bordelaises ont passé très vite. Et c'est comme ça que je suis arrivé au parquet de Carcassonne : très jeune, peut-être un peu trop sérieux et pétri d'idéal, reçu à l'un des postes que j'avais cochés dans la liste de ceux disponibles à l'issue des études. En tant que substitut du procureur, je considère que, conformément à ma vision dynamique et collégiale du travail, je monte à bord d'une équipe au sein du parquet. Sept ans plus tard, après des années qui resteront sans doute comme les plus heureuses et sereines de mon parcours, des années de vraie qualité de vie au travail, où les relations entre la magistrature et le barreau étaient encore simples et faites de loyauté, de facilité et de considération mutuelle, je vais attaquer les vraies responsabilités.

Les tenailles de Montbrison

Cela fait maintenant sept ans que je suis à Carcassonne en tant que substitut et que l'envie de devenir procureur, chef et responsable de mon propre parquet, me taraude. Depuis plusieurs années, je me frotte déjà à l'exercice grâce à quelques expériences par intérim dans des petits tribunaux du ressort de la cour d'appel de Montpellier lorsqu'il faut remplacer un procureur en vacances, et j'ai beau être le plus jeune magistrat du parquet de la région, je n'ai jamais failli à ma mission, même sans effectifs pour me seconder. À Millau, par exemple, en 1981, deux ans après mon arrivée, j'ai géré au parquet les suites judiciaires des manifestations de paysans et d'opposants à l'extension d'un camp militaire, alors qu'à l'époque ça chauffait encore beaucoup sur le plateau du Larzac. Puis je suis allé à Narbonne, Béziers, Rodez... Bref, aujourd'hui, je me sens prêt. Au bout de cinq ans de fonction, les règles de mutation de la magistrature permettent de postuler ailleurs et, surtout, de changer de grade. Alors je me dis : « François, pourquoi ne pas tenter le coup sur les postes de procureur ? » Sauf que bien vite un peu de pragmatisme me ramène à la réalité : je ne vais pas être le seul candidat et avec ma petite expérience je ne serai pas le mieux placé, tant s'en faut. Au pire je serai recalé, au mieux je risque d'atterrir dans des villes peu demandées. Il est vrai que, dans ces conditions, même un poste de procureur ne me fait pas rêver… Je décide d'attendre.

Et puis je ne suis pas malheureux à Carcassonne. Et si l'envie de grimper dans la hiérarchie me taraude, il est d'autres sommets qui m'appellent. Ceux-là sont d'une autre nature. Une passion que je découvre sur le tard, à l'âge de trente ans. Dans le cadre de la formation continue, nous devions effectuer un stage d'une semaine, en choisissant parmi un catalogue élaboré par l'École nationale de la magistrature, en partenariat avec une centaine d'entreprises et d'administrations. Mais nous avions aussi la possibilité d'organiser notre stage nous-mêmes et de le soumettre pour approbation à l'École. J'ai alors contacté un peloton de gendarmerie de haute montagne (PGHM) pour lui demander s'il m'accepterait en stage individuel, puis, muni de leur accord, j'ai soumis mon idée à l'École, qui l'a acceptée. C'est ainsi que j'ai passé une semaine dans une unité de secours en montagne à Osséja, dans les Pyrénées-Orientales. Émerveillé, j'ai découvert successivement la randonnée, puis le ski de randonnée et enfin l'escalade, l'alpinisme et les cascades de glace. J'ai même fait le « cobaye », c'est-à-dire le client, lors d'une formation pour les futurs aspirants-guides et guides en formation à l'École nationale de ski et d'alpinisme, située à Chamonix. Ils sont testés sur le terrain en conditions réelles, avec des volontaires comme moi. Ça m'a tellement plu que deux ans plus tard, je recommençai, et, cette fois, mon premier de cordée était un certain François Damilano, grand alpiniste et glaciériste. Très vite, au fil des expériences, la montagne est devenue plus qu'un loisir, une passion. Chaque fois que je peux me dégager du temps, je m'arrange pour débusquer des stages auprès des PGHM, qui me permettent de nouer des relations d'amitié avec un certain nombre de guides de ces unités. C'est ainsi qu'au moins une fois par mois je m'absente pour filer dans les Pyrénées ou dans les Alpes, avec la bienveillante compréhension de mon épouse. Durant ces sorties, j'apprécie l'esprit de la cordée où l'on tisse des liens très forts d'amitié, de responsabilité et de solidarité entre alpinistes. On y partage tout, le plaisir mais aussi le risque, dans le cadre d'une aventure collective où l'on n'est rien l'un sans l'autre. La montagne, c'est une école de la volonté, elle invite à se sublimer, à aller au-delà de nos limites. Elle nous place dans des situations de danger qu'il faut accepter et s'efforcer de maîtriser et dépasser. Cette approche m'a beaucoup aidé à gérer le stress dans mon travail et a renforcé ma confiance en moi. Si j'ai acquis une certaine maîtrise dans les situations dramatiques auxquelles j'ai pu être confronté dans la suite de ma carrière, c'est bien à la montagne que je le dois. Elle m'a appris à sortir de ma zone de confort et à gérer mes émotions afin de faire face avec sang-froid aux moments de crise.

Des expériences humaines qui me marquent au point que je décide de « renvoyer l'ascenseur » en quelque sorte. Après tout, ma spécialité, c'est le droit : j'entreprends de me plonger dans les problématiques juridiques du secours en montagne, et même d'en faire un livre ! Édité en tirage limité par l'Association d'études et de recherches de l'École nationale de la magistrature, je l'offre à tous mes amis guides. Pour le reste, je n'en vends quasiment aucun. C'était juste ma façon à moi de remercier les montagnards pour tout ce qu'ils m'ont appris, et de témoigner de leurs qualités et de leur engagement au quotidien au service des autres. Dans le même esprit, je me rendrai pendant plusieurs années au Centre national d'instruction et de ski et d'alpinisme de la gendarmerie (CNISAG) de Chamonix pour participer à des formations destinées à des commandants de groupement de gendarmerie en zone de montagne.

« *Montbrison, piège à con* »

Ces moments d'évasion couplés à la réalité des postes accessibles me conduisent donc à patienter encore deux ans à Carcassonne, le temps de pouvoir prétendre à des postes de procureur dans des régions qui m'attirent davantage, notamment en montagne, dans les Alpes, les Pyrénées et l'Auvergne. Finalement, un peu partout où l'on trouve du relief et où je pourrai m'adonner à ma passion.

En 1986, j'établis donc ma liste de desiderata : je candidate à tous les postes de procureur de la République des petits tribunaux de la moitié sud de la France, soit une vingtaine de postes et, en dernier choix, je coche Montbrison, dans la Loire. Dans ma tête, je m'imagine déjà escaladant les tenailles de Montbrison, l'une des plus belles falaises calcaires de France.

Le candidat qui devait initialement être nommé à Montbrison après avis du Conseil supérieur de la magistrature vient de renier sa signature à la dernière minute. Sa mère vient de décéder et il doit rester auprès de son père, très âgé, qui a besoin de lui. Figurant en deuxième position sur la liste des postulants, c'est donc logiquement moi que la Chancellerie décide de nommer à ce poste. C'est alors que je comprends, trop tard, mon erreur : en réalité, les tenailles de Montbrison sont situées bien plus à l'est, dans le massif des Écrins, lequel ne se situe naturellement pas dans la Loire mais au nord des Hautes-Alpes, près de Briançon ! Une confusion qui va me conduire dans cette petite ville de 10 000 habitants, totalement dépourvue de sommets même si elle a son charme. « Montbrison, piège à con », disait mon beau-frère…

Nous voici donc partis fin août 1986 pour une ville que l'on appelle dans la région « le petit Nice ». Le climat y est très agréable, sain et sec, bien que très froid l'hiver. Malgré la satisfaction d'avoir été nommé procureur dans un petit tribunal – qui n'existe d'ailleurs plus depuis la réforme de la carte judiciaire en 2007 –, je ne tarde pas à m'y ennuyer. Je passe la moitié de mon temps seul, sans substitut à mes côtés, à assurer la permanence à plein temps, ce qui pourrait me plaire mais l'activité de la juridiction n'est guère passionnante : l'essentiel des contentieux porte sur des chèques sans provision ou des problèmes d'alcoolisme, notamment au volant, dans des proportions bien plus importantes que celles que j'avais connues dans le Midi.

La jurisprudence du comptoir

De vieilles histoires circulent dans les couloirs du tribunal. Je suis à peine installé dans mon nouveau poste que les fonctionnaires du greffe me racontent les frasques de cet ancien procureur, buveur invétéré, pilier des bistrots de la place centrale de la ville. Le magistrat avait la triste habitude de terminer sa journée tellement saoul qu'il fallait parfois le ramener à son domicile... Ce n'est pas tout à fait l'image que je me fais de la vie d'un procureur et je les rassure, je ne devrais pas leur poser ce genre de problème !

Je rentrerai chez moi facilement au volant de ma voiture, à ceci près que cette dernière ne semble pas vraiment avoir été prévue sur le parking du tribunal. Tous les matins je perds ainsi un temps précieux à jongler avec les places disponibles, quand il en reste...

Dès les premiers jours, un aimable assesseur d'audience correctionnelle, en prenant mille précautions, s'efforce de m'initier aux pratiques en vigueur au tribunal de Montbrison.

« Monsieur le procureur, il faut que je vous prévienne... Vous risquez d'être un peu surpris par le fonctionnement du mor... je veux dire du président... Oui, ici, nous avons un peu détourné son nom... Ce n'est pas de très bon goût, je vous l'accorde, mais voilà, nous le surnommons "morpion valseur"... »

Je lève un sourcil, naturellement peu habitué à ce genre d'attitude au sein de l'institution judiciaire, attendant la suite.

« Et donc, monsieur le procureur, je vous disais qu'il a adopté une méthode de fonctionnement aussi adaptée à sa paresse que contestable sur le plan déontologique : dans les procès civils, il demande carrément à chaque avocat de lui proposer un jugement… »

Là, je suis estomaqué.

« Comment ça ? Depuis quand les avocats proposent-ils un jugement au président du tribunal ?

— Oui, monsieur le procureur, comme je vous le disais, ce n'est pas du tout déontologique… Et donc, à la fin de l'audience, après les plaidoiries, si un avocat, généralement un avocat extérieur, ne lui a pas remis le document espéré, le président le lui rappelle : "Avez-vous pensé au projet ?

— Mais quel projet, monsieur le président… ? questionne alors, surpris, l'avocat extérieur, évidemment peu au fait des pratiques locales.

— Eh bien, le projet de jugement, voyons ! répond le président… »

Les bras m'en tombent.

Normalement, en matière civile, les avocats rédigent ce que l'on appelle des « conclusions », c'est-à-dire un argumentaire exposant les prétentions de leur client, conclusions dont le tribunal tient compte à l'issue des débats, avant de rédiger son propre jugement. Il va de soi que celui-ci n'est pas forcément conforme aux conclusions des avocats de l'une ou l'autre des parties…

Cette drôle de méthode montbrisonnaise permet en réalité au président de ne pas travailler ou, en tout cas, d'en faire le moins possible.

Mais le pire, sans doute, c'est cette histoire que l'on me raconte au sujet du délibéré, ce moment où le tribunal se retire après l'audience pour élaborer le jugement : à

Montbrison, c'est plutôt « la jurisprudence du comptoir » qui fait loi. Tout le monde sait ici que le président, toujours le même, a pour habitude de se retirer après le procès dans la loge du concierge du tribunal, et d'y « mûrir » sa décision entre plusieurs verres de vin rouge.

Décidément, à Montbrison il semble que les magistrats aient de la peine à se tenir debout ! Et moi qui avais espéré trouver ici l'ivresse des sommets...

Lors de cette petite conversation avec l'assesseur, j'ai appris comment le président avait accédé aux fonctions qu'il occupe aujourd'hui. Il n'est pas passé par l'École de la magistrature, mais a suivi une voie parallèle des plus directes : ancien avoué, il a fait jouer ses relations, qu'il avait solides, pour basculer du côté de la magistrature, qu'il a intégrée, sans passer par aucun échelon intermédiaire, au grade de président d'un tribunal.

Même si, bien sûr, ceci n'explique pas forcément cela...

Et ce qui est fort de café dans tout ça, c'est que ce président est le seul à avoir, par arrêté municipal, un emplacement de stationnement réservé, pour sa voiture, à l'entrée du tribunal !

« Le procureur, lui, n'en a pas et doit se garer là où il peut... », m'informe l'assesseur à la fin de notre entretien.

J'avais remarqué...

« On a perdu le président ! »

Le fait est que les anciennes générations ont assurément de drôles de pratiques. Cela me semble tellement loin de ce que l'on m'a enseigné ! Où sont la déontologie, la rigueur ? Le professionnalisme ? Tout ce que l'on nous apprend à l'ENM ? C'est que, parmi les magistrats que je côtoie depuis Carcassonne, certains, à l'instar de notre cher président et notamment les plus âgés, ne sont pas passés par l'École de magistrature, créée seulement en 1970. Ceux-là sont donc issus d'autres horizons, avec une entrée dans la magistrature obtenue grâce à un système d'équivalence assez approximatif, quand ils n'ont pas tout simplement bénéficié de relations bien placées.

Un jour, en début d'après-midi, un collègue entre dans mon bureau, paniqué :

« On a perdu le président du tribunal pour enfants ! Il est censé présider l'audience de 14 heures, il n'est pas là et on n'a aucune nouvelle de lui. Qu'est-ce qu'on fait, Monsieur le procureur ? »

Interloqué et tout de même un peu inquiet, je décide de lancer des avis de recherche. Je distribue les tâches :

« Quelqu'un s'occupe de la SNCF, et toi tu alertes les services de police et de gendarmerie de la région. »

Moins de deux heures plus tard, nous arrive le fin mot de l'histoire : parti de Carcassonne, notre président a eu faim, tout simplement ! Alors il s'est arrêté à Castelnaudary, où il s'est offert un bon cassoulet pour le déjeuner, et il l'a si bien arrosé – encore ! – qu'en reprenant le train, heureux et repu, notre cher collègue s'est endormi. Il a loupé l'arrêt Carcassonne et s'est réveillé à Montpellier. Fantastique !

Il faut imaginer qu'à l'époque, sur un effectif d'une douzaine de magistrats à Carcassonne, la moitié est capable de ce type de prouesses. C'est ainsi qu'à plusieurs reprises j'assiste, estomaqué, à des tentatives de « départ anticipé » de l'un des assesseurs du tribunal. Il se trouve en effet que l'un des trois juges qui composent la juridiction de jugement a très souvent une autre priorité en fin de journée : pas question pour lui de rater son train pour rentrer à la maison, à Perpignan. Aussi, chaque fois que l'occasion se présente, c'est-à-dire quand le tribunal s'attaque à des dossiers dont les prévenus ne sont pas venus à l'audience, et où il n'y a donc pas d'avocat, il se sent moins concerné. Et de filer à l'anglaise avant la fin. Avec mes deux collègues du parquet, nous sommes exaspérés par cette manie récurrente, à laquelle le président de l'audience ne trouve rien à redire. Un jour, le procureur Georges Truchi prend un malin plaisir à faire durer le supplice et à rallonger la durée de l'audience : au cours de ses réquisitions dans les affaires où les prévenus sont présents, il fait exprès de lire dans leur intégralité tout un paquet de procès-verbaux, sans aucun intérêt. Le malheureux juge, impatient, se tortille sur son siège, il est bien obligé de rester : impossible de quitter l'audience en plein milieu des réquisitions du procureur, même si elles sont trop longues et que l'heure du train approche !

Quant aux sessions d'assises, tout est possible.

« Tu sais ce qui m'est arrivé un jour ? me raconte un ancien président de cour d'assises. Figure-toi que lors d'un procès à Perpignan, il y a une cinquantaine d'années, l'un des jurés tirés au sort se trouvait exercer le métier de berger. Il vivait toute l'année en montagne et, l'été, il avait l'habitude de garder ses moutons sur les pentes du Canigou. Il est certain que le cérémonial de la cour d'assises le changeait de cadre, mais après tout… On n'allait pas le récuser pour ça. Le procès se déroule et, comme la plupart des jurés, il assiste silencieux aux débats. C'est la stupéfaction lors du délibéré, quand le président l'interroge sur son intime conviction, car il doit voter : le berger n'a rien compris, il ne parle pas un mot de français, uniquement le catalan. Personne ne s'en était rendu compte. »

À l'époque, la loi ne prévoit pas la possibilité, comme aujourd'hui, de tirer au sort des jurés supplémentaires ou suppléants pour assurer de façon certaine la continuité des débats et du procès. Mon collègue poursuit :

« Normalement, il aurait fallu tout reprendre à zéro, composer un nouveau jury et refaire le procès. Eh bien non, le président de la cour a procédé autrement : mon collègue, qui était assesseur et parlait couramment catalan, a été chargé de prendre le malheureux berger dans un coin et de lui résumer les débats. Le juré a ensuite été prié de délivrer son avis sur la culpabilité et la peine. »

Fin de l'histoire.

Nous, les jeunes magistrats du tribunal tout frais sortis de l'école, nous vivons de manière assez ambivalente ces situations pour le moins cocasses. Il nous arrive bien sûr d'en rire de bon cœur mais, en même temps, nous avons bien conscience que ces attitudes sont inadmissibles. La magistrature d'aujourd'hui, rigoureuse, professionnelle et très respectueuse de la procédure et de la déontologie, ne permettrait plus de tels comportements rocambolesques.

« Allô, Molins ? »

À Montbrison, dans la Loire, les hivers sont rudes. Les mois passent lentement. Par manque de travail et de dossiers intéressants, je m'ennuie. Je commence à ruminer et déjà je pense au prochain poste que je pourrais occuper. Dans ces circonstances, on est ouvert à toutes les propositions. Pourtant, quand un ami avocat, Alain Pouchelon, propose de m'embaucher dans son cabinet, je n'hésite pas longtemps. L'opportunité n'est pas inintéressante mais, comme je l'ai expliqué, je ne suis pas à l'aise avec l'idée de demander des honoraires. Une autre option s'offre à moi, plus en accord avec mes valeurs et mon parcours : rester magistrat mais changer de fonction. La magistrature est un corps composé de deux sortes de magistrats : les magistrats du siège (président, vice-président, juges de tribunal, président de chambre et conseillers de cour d'appel), qui rendent des décisions, des jugements, et les magistrats du parquet, qui représentent la société et l'intérêt général, dirigent la police judiciaire, exercent les poursuites devant les juridictions pénales, requièrent des peines et font exécuter les condamnations prononcées. Au lieu de poursuivre ma carrière au parquet, je pourrais passer au siège, en devenant président ou assesseur de chambre correctionnelle ou de cour d'assises. Je serai inscrit au tableau d'avancement en 1990, je vais donc avoir l'occasion d'émettre à nouveau mes desiderata. Je fais le calcul de miser sur une cour d'appel : il me semble que, pour le parquetier que je suis, le passage au siège y serait moins complexe et plus facile à réaliser puisqu'en appel on statue sur un litige qui a déjà été examiné et jugé en première instance ; cela requiert donc une autonomie moindre. J'en suis à ce stade de mes réflexions, au printemps 1988, lorsqu'un coup du destin vient changer le cours de ma vie.

« Allô, Molins ? »

Il me faut à peine une seconde pour reconnaître la voix calme et cordiale à l'autre bout du fil. Et puis, qui d'autre que Pierre Truche, mon procureur général à Lyon, pour m'appeler par mon seul nom de famille ?

« Le poste de procureur de Villefranche-sur-Saône se libère à la fin de l'été. C'est un poste plus important et plus intéressant que Montbrison et j'ai pensé à vous. Cela vous intéresse ? »

Dans quelques mois, Pierre Truche va soutenir l'accusation dans le procès conduit contre Klaus Barbie, chef de la Gestapo de Lyon, accusé de crimes contre l'humanité dont, notamment, la déportation de centaines de Juifs et la rafle des enfants d'Izieu. Autant dire qu'il n'a pas de temps à perdre en conversation.

Pierre Truche, ce n'est pas seulement mon mentor, c'est mon modèle. Depuis notre toute première rencontre à l'ENM, lorsqu'il était directeur adjoint de l'École et moi simple auditeur de justice, il m'impressionne. Mes années à Montbrison me donnent régulièrement l'occasion de le croiser. Il est simple, attentif aux personnes et me demande toujours des nouvelles de ma famille. En m'accueillant dans son magnifique bureau à la cour d'appel de Lyon lorsque j'ai été nommé procureur de la République à Montbrison, il m'avait glissé : « Heureux de vous retrouver, Molins, nous sommes déjà de vieux magistrats ! » Nous maintiendrons toujours des relations personnelles, même après son départ à la retraite. Attaché à l'authenticité, il me disait souvent qu'il appréciait que je sois toujours resté le même magistrat que le procureur de Montbrison et de Villefranche qu'il avait connu.

À l'époque, lors des réunions de procureurs qu'il anime sur des sujets de fond souvent difficiles, il laisse chacun s'exprimer pour, à la fin, obtenir l'adhésion de tous quant à la meilleure façon de traiter un problème et la politique pénale préconisée. Au quotidien, il démontre que si les magistrats ont par fonction, légalement, le pouvoir de restreindre des droits, rien ne les autorise à se placer au-dessus des lois. Le juge, insiste-t-il, « n'est digne de lui-même que s'il reconnaît la dignité de l'autre, son droit à la parole ». Et ce, quelles que soient les circonstances. Notre qualité de magistrat nous impose des devoirs : « ce qui fait notre légitimité, c'est la recherche objective d'une solution juste, c'est la loyauté envers les autres parties, c'est l'impartialité, c'est le désintéressement et c'est la clarté du débat public dans laquelle s'inscrivent nos réquisitions ». Et c'est cet homme-là, qui porte si haut la fonction de magistrat, qui incarne l'autorité, la justice et l'intégrité, qui aujourd'hui m'appelle pour me proposer un poste de procureur. Là encore, quelques secondes me suffisent.

« J'accepte, monsieur le procureur général. »

Du tribunal de Villefranche à la confrérie du Beaujolais !

À partir de là, tout s'accélère : ma candidature est retenue par le ministère de la Justice et ma nomination est validée par le Conseil supérieur de la magistrature. En juillet 1988, je suis nommé procureur de la République du tribunal de Villefranche-sur-Saône.

Nous voilà donc installés dès le début de septembre 1988 dans le Beaujolais, à vingt-cinq kilomètres au nord de Lyon. Faute d'un nombre suffisant de collègues sur qui m'appuyer, je travaille sans relâche. En fait, pendant plusieurs mois je me retrouve seul magistrat du parquet ! Le poste de substitut du procureur n'est le plus souvent pourvu qu'à mi-temps, il me revient donc de compenser cette semi-absence. Je pense que c'est de cette époque que date mon habitude de ne jamais prendre le moindre retard dans mon travail et de traiter mon courrier au jour le jour. Heureusement, je suis assisté par un greffier et une secrétaire de très grande qualité.

Il y a d'autant plus de travail qu'en 1989, afin de désencombrer les prisons de Lyon, une maison d'arrêt de 750 places sort de terre à Villefranche. Inutile de dire que cela vient ajouter une charge considérable en termes d'exécution et d'aménagement des peines, mais aussi d'incidents : je ne compte plus le nombre de dimanches après-midi passés à la prison à cause de détenus refusant de réintégrer leur cellule à l'issue de la promenade, nous contraignant à faire appel aux unités de CRS ou de gendarmes mobiles. Bref, c'est un engagement permanent, non stop, tous azimuts, dans tous les domaines : pénal, commercial et civil, à Villefranche-sur-Saône bien sûr, mais aussi devant la cour d'assises de Lyon, où je dois régulièrement me rendre afin de soutenir l'accusation dans mes dossiers criminels. Nul doute que ces intenses années caladoises ont particulièrement contribué à mon apprentissage de la fonction de procureur de la République.

Si la proximité de l'agglomération lyonnaise génère des affaires intéressantes de droit commun et de belles affaires criminelles, les dossiers les plus sensibles concernent le symbole de la région : le Beaujolais et ses viticulteurs. J'ai régulièrement des dossiers de fraudes diverses (sucrage illégal, fausses appellations d'origine ou tromperies diverses sur la qualité de la marchandise), qui me font travailler avec le service de la répression des fraudes. Face à l'afflux des dossiers, je décide d'en réunir une dizaine et de leur consacrer une audience entière du tribunal correctionnel. Il y a là de nombreux dossiers de vinification frauduleuse et de négoce, le tout grâce à la complicité de huit épiciers et supermarchés établis dans les villages du Beaujolais et qui, entre 1987 et 1988, ont vendu plus de deux mille tonnes de sucre sans acquit, c'est-à-dire sans reconnaissance écrite du paiement. Ni vu, ni connu. L'un des dossiers sort de l'ordinaire : il s'agit de la première cuve clandestine dans l'histoire judiciaire du Beaujolais ! Cachée dans la propriété, on y accédait en soulevant une trappe sous le gravier de la cour, devant les bâtiments où vivait le viticulteur. Là se trouvait dissimulée une partie de la récolte, laquelle excédait probablement le rendement autorisé pour bénéficier de l'appellation Beaujolais. La veille de l'audience, cinq mille viticulteurs du Beaujolais ont manifesté à Villefranche-sur-Saône pour demander la modification de la réglementation sur la chaptalisation. Le jour de l'audience au tribunal, le député de la circonscription et de très nombreux maires des villages du Beaujolais, écharpe tricolore fièrement arborée en bandoulière, sont assis au premier rang, « par solidarité de terroir ». Une manière ostensible de tenter de faire pression sur la justice. Aucun des magistrats présents n'accepte de tenir une audience dans ces conditions. Avec le président Gérard Gaucher, nous menaçons de refuser de juger l'affaire jusqu'à ce que les élus finissent par accepter de retirer leurs écharpes. Dans mes réquisitions, je mets en garde contre toute généralisation hâtive à l'encontre d'un vignoble mondialement connu et je demande des condamnations afin que l'on en finisse avec ces pratiques illégales qui déshonorent toute une profession. Tous les prévenus sont condamnés, les uns à des peines d'amende, les autres à de la prison avec sursis et à des amendes.

Quelques semaines plus tard, le président du tribunal de commerce, qui est aussi négociant en vin et avec lequel, au-delà de nos excellentes relations professionnelles, j'ai noué des liens d'amitié, me contacte.

« Bonjour, Monsieur le procureur. Vous voyez ! Les viticulteurs ne sont pas rancuniers et ont compris votre sens de la mesure et de la justice. La confrérie du Beaujolais serait très honorée que vous acceptiez de devenir l'un de ses membres. Elle voudrait vous introniser comme chevalier au cours de son prochain chapitre. »

Ravi mais prudent, je préfère attendre de ne plus exercer mes fonctions dans la région pour accepter. Je ne veux pas voir mises en cause mon intégrité et mon impartialité. Je lui réponds que je suis honoré et ravi de la proposition, mais que j'accepterai seulement quand je quitterai mon poste. Et lorsque quelques mois plus tard j'obtiendrai mon affectation en Corse, je tiendrai ma promesse, curieux et gourmand d'entrer dans la confrérie du Beaujolais. C'est ainsi que, fin juin 1991, je me retrouve dans une cave, à Lacenas, où les compagnons, habillés d'un tablier vert, d'une vareuse noire et coiffés d'un chapeau avec un petit ruban vert, m'intronisent lors d'une cérémonie que l'on appelle un chapitre. En levant un tastevin en argent, une sorte de tasse de dégustation ouvragée, je prononce le serment attendu : « Je jure de me comporter en franc et fidèle compagnon du Beaujolais… », tout en noyant ma promesse dans un certain nombre de verres.

Depuis, Villefranche reste associée à la naissance de mon troisième enfant, ma fille Stéphanie, petite Beaujolaise de naissance, au vin que je commande chaque année depuis plus de trente ans au même viticulteur, et à cette habitude que j'ai conservée toutes ces années de fêter le beaujolais nouveau, le troisième jeudi de novembre, avec mes collègues de travail.

La Corse

Ce dernier jour de juin 1991, un lit de camp, un petit frigidaire et un réchaud entassés dans le coffre de notre vieille Renault 4 bleue, me voilà en route pour la Corse. Direction Marseille, puis le ferry de nuit de la SNCM, et enfin l'arrivée, au petit matin, à Bastia, baignée de soleil et de lumière. À peine débarqué du bateau, déjà sous le charme du Vieux-Port, au pied de la citadelle, je remonte vers la vieille ville, avec ses façades délavées où le temps semble s'être arrêté. « A Madunnetta », une statue de la vierge, placée dans une niche de la jetée, apporte sa protection aux marins et aux pêcheurs de Bastia. Je ne peux m'empêcher d'espérer qu'elle me protège moi aussi et ma famille lors des années à venir sur l'île. Tout en haut du boulevard Paoli, le palais de justice, flanqué de son magnifique bougainvillier en fleur, m'attend : dans quelques heures, l'audience qui tient lieu de cérémonie d'installation doit débuter. À 11 heures, ce 1er juillet 1991, je serai officiellement l'adjoint du procureur général.

Le soir même, j'emménage dans l'appartement que nous avons loué pour toute la famille. Il est un peu excentré par rapport à la vieille ville, sur les hauts de

Bastia, dans le quartier de l'Annonciade. C'est une résidence neuve de standing, habitée essentiellement par des Corses. Il est encore totalement vide, et je m'y installe avec mon campement rudimentaire, le temps que mon épouse, mes enfants et le déménagement arrivent à la fin du mois d'août, après les vacances. Peut-être sont-ils déçus que je n'aie pas préféré l'autre option que l'on m'avait proposée, une villa avec piscine à quelques kilomètres au nord de Bastia, mais j'ai fait le choix de vivre au cœur de la ville, et au plus près des Corses. Les Corses qui se montrent d'ailleurs très accueillants, avec toutefois une approche un peu particulière du droit. Un soir, chez des amis communs, l'un d'eux m'explique gentiment :

« Vous savez, ici, il faut faire preuve de souplesse pour appliquer le droit : il y a la lettre de la loi, mais surtout l'esprit. »

Me voilà prévenu !

En attendant, je ne regrette pas mon choix de résidence ; j'ai très rapidement le sentiment qu'il vaut mieux ne pas trop se montrer lorsqu'on est un *pinzutu*, un étranger venant du continent, et éviter d'arborer tout signe ostentatoire de statut social.

Dans notre immeuble, nous nous lions avec notre voisin du dessus. Il est gendarme et c'est lui qui commandait la brigade d'Aléria lors des premiers affrontements entre nationalistes et forces de l'ordre. Ce jour-là, le 22 août 1975, des militants de l'Action régionaliste corse occupent à Aléria une cave viticole appartenant à un pied-noir. Ils veulent dénoncer les trafics des colons pieds-noirs qui détiennent la plus grande partie du vignoble corse. Valéry Giscard d'Estaing est alors président de la République, et Jacques Chirac, Premier ministre. En réponse à cette action militante, sur ordre du ministre de l'Intérieur, Alain Poniatowski, les autorités envoient des centaines de CRS et de gendarmes avec des blindés afin de donner l'assaut. Le bilan de la fusillade qui s'ensuit est lourd : deux morts et quatre blessés chez les gendarmes et CRS, un blessé grave du côté des militants. Cet épisode est souvent considéré depuis comme l'acte fondateur du nationalisme corse moderne.

À part ce voisin gendarme et les Corses de notre immeuble, nous ne fréquentons pas grand monde. Quelques invitations réciproques avec un couple d'amis que j'ai connus au collège à Toulouse vingt ans plus tôt, et c'est à peu près tout. Les enfants sont inscrits respectivement en maternelle, collège et lycée, et petit à petit ils se font quelques copains. Tout semble parfaitement organisé pour cette nouvelle vie.

Elle a démarré par un coup de fil, au printemps 1991.

J'occupe alors le poste de procureur de la République à Villefranche-sur-Saône depuis trois ans. Inscrit au tableau d'avancement, je suis en attente d'affectation après avoir coché un certain nombre de demandes de postes dans des parquets de montagne, dans les Alpes et les Pyrénées. Bastia ne figure pas dans mes desiderata. Et j'ai déjà refusé, un an auparavant, en 1990, pour des raisons familiales, la proposition du cabinet du garde des Sceaux de m'envoyer prendre la tête du parquet de Nouméa, à une époque alors très troublée en Nouvelle-Calédonie. J'en suis donc là lorsque Pierre Truche, qui décidément joue encore une fois un rôle déterminant dans la conduite de ma carrière, me contacte.

« Bonjour, Molins. Je voudrais vous proposer un poste qui me paraît intéressant. Jean-Louis Nadal vient d'être nommé procureur général à Bastia et il cherche un magistrat pour en faire son adjoint direct. »

En quelques phrases, je perçois l'intérêt du poste. Il s'agit de seconder le procureur général dans toute l'action publique qu'il s'apprête à déployer en matière de lutte contre le terrorisme, le banditisme et ses corollaires, criminalité organisée et financière et blanchiment, tout cela dans un contexte difficile de restauration de l'État de droit sur l'île.

Je connais Jean-Louis Nadal depuis ma scolarité à l'École nationale de la magistrature à Bordeaux, où il était alors directeur des stages. Avec son physique de demi de mêlée de rugby, il détonne un peu parmi les magistrats, mais il se distingue encore davantage par sa personnalité cordiale et très charismatique. Son sens de la formule et ses fulgurances intellectuelles lui ont d'ailleurs valu à l'École le surnom de « fusée pédagogique ». Il a formé des centaines d'auditeurs de ma génération.

La proposition de Pierre Truche m'oblige à réfléchir vite : accepter ce poste, c'est non seulement la garantie de travailler en tant qu'adjoint d'un magistrat que j'admire, mais c'est aussi l'assurance d'avoir des attributions complexes, passionnantes, et surtout uniques dans une carrière, et ce dans un cadre hors norme pour ce qui est de la densité et de la difficulté des affaires judiciaires. L'aventure, en quelque sorte !

J'en parle à mon épouse, elle est d'accord.

Le lendemain, je rappelle Pierre Truche pour lui donner ma réponse : j'accepte.

C'est une manière de choisir que j'ai toujours suivie dans mon évolution de carrière. Je ne suis pas carriériste. Mes choix n'ont jamais été fondés sur leur positionnement hiérarchique, mais bien sur le seul intérêt du poste. Je n'ai jamais été déçu.

Restaurer l'État de droit sur l'île, tel est précisément le sens de la mission de Jean-Louis Nadal, mandaté pour relever ce qui constitue un défi permanent dans une société insulaire bloquée et paralysée par des contradictions profondes. La vie sociale de l'île est traversée de tensions incessantes auxquelles la presse accorde la plus large place, tensions qui s'expriment par des dérives aux évolutions souvent imprévisibles, ou par des débats interminables n'engendrant, hélas, ni résultats concrets, ni courant de pensée susceptible d'ouvrir les mentalités insulaires à la modernité.

Le culte de l'insularité, la tradition de violence et le jeu des solidarités familiales font en permanence obstacle à la promotion d'un ordre juridique. Si la majorité de la population reconnaît bien cet ordre comme nécessaire à l'exercice des libertés ou à la construction du développement économique de l'île, elle n'adhère pas aux modes de régulation des conflits par la loi. Bien souvent, c'est l'omerta, la loi du silence, qui règne et rend particulièrement compliqué le recueil de témoignages dans les affaires criminelles. La recherche d'un compromis constant entre les devoirs de la citoyenneté et les contraintes issues des liens insulaires se fait ainsi souvent au détriment du principe de légalité. Une situation qui pèse lourdement sur le fonctionnement normal des institutions démocratiques, entravant l'affirmation de l'autorité de l'État en général et de l'autorité judiciaire en particulier. L'application du droit peut être allègrement bousculée, voire oubliée. J'en aurai l'illustration peu de temps après mon arrivée, lorsqu'une arme de poing judiciairement saisie à un nationaliste qui la détenait illégalement et s'entraînait au tir dans le maquis lui sera rendue sur instruction de la préfecture de police ! C'est dire le poids de la loi et du Code de procédure pénale...

Un climat agité

Lorsque j'arrive en Corse, l'époque est marquée par un très haut niveau de violences sur l'île. On n'y dénombre pas moins de cinquante assassinats et meurtres par an, d'un vol avec port d'arme et deux attentats à l'explosif par jour. Des attentats dont on ne sait s'ils obéissent à une logique terroriste sur fond d'impôt révolutionnaire, ou à des mobiles crapuleux. À la fin des années 1980, le terrorisme corse a donné lieu à des relations troubles et houleuses avec l'État, suspecté par certains d'alimenter les nationalistes avec des valises de billets afin d'acheter le calme et éviter la commission d'attentats.

Le nationalisme corse est aussi le théâtre de règlements de comptes sanglants entre organisations terroristes. Le début des années 1990 voit ainsi l'organisation FLNC déchirée par une série de guerres internes meurtrières, liées à des querelles de personnes ou des rivalités politiques. Elles opposent, dans le cadre d'une lutte féroce et sanglante, le FLNC Canal historique, dont la vitrine politique est la Cuncolta naziunalista, le FLNC Canal habituel, dont la vitrine politique est le Mouvement pour l'autodétermination dit MPA, et le dernier-né, Resistenza, dont la vitrine légale est l'ANC. Les négociations avec le gouvernement à Paris sont serrées, et sur l'île débute une décennie sanglante de guerre fratricide et d'actions terroristes avec, notamment, les opérations commando du FLNC Canal historique contre des complexes touristiques dans la nuit du 2 au 3 janvier 1991, l'attentat à l'explosif contre le palais de justice d'Ajaccio en juillet 1992 ou l'exécution de dealers par le même FLNC, et des « nuits bleues », nuits marquées par une série d'attentats – dirigés contre des dizaines de perceptions et résidences secondaires dans l'île. Au printemps 1991, un événement a particulièrement frappé les esprits : l'attentat à l'explosif qui a totalement détruit à Bastia l'immeuble du conseil général de Haute Corse, mitoyen de la préfecture, le 29 mai, quelques jours seulement après l'arrivée de Jean-Louis Nadal et un mois avant ma prise de fonctions.

À la rentrée, mon fils aîné est en seconde au lycée du Fango, et même dans le cadre très protégé de l'Éducation nationale il est impossible d'ignorer le contexte politique houleux : la vie de sa classe est régulièrement troublée par des irruptions de militants nationalistes, encagoulés et porteurs d'armes de poing, qui interrompent les cours pour distribuer des tracts. Mon fils semble se débrouiller, comme il l'a toujours fait jusqu'à présent au gré de mes nominations. C'est un élève brillant, que l'on n'a jamais dû aider pour faire ses devoirs. Pourtant, au bout d'à peine deux mois, juste avant les vacances de la Toussaint, il tombe malade. Une grippe, pensons-nous au début avec mon épouse. Sauf que la maladie s'éternise et cache une réalité autrement plus inquiétante : notre fils déprime. Bon élève, il se fait racketter ses devoirs, une situation qu'il vit de plus en plus mal. À la fin des vacances, il nous annonce qu'il ne veut pas rester en Corse. Il ne va pas bien, vraiment, et c'est ce qui nous décide à prendre la décision douloureuse de le rapatrier sur le continent. Des amis proches acceptent de l'héberger et vont l'entourer à notre place, comme une seconde famille. Il fait donc sa rentrée de janvier à Carcassonne, où il restera jusqu'à la fin de l'année et la suivante, en première. Deux ans de séparation, pour notre famille l'épreuve est rude. Il vient nous voir en février, à Pâques, l'été… uniquement pour les vacances scolaires, comme s'il était en pension. La petite dernière, elle, ne pose pas de problèmes, elle n'a que trois ans. Quant au deuxième, vif et intelligent, peut-être se sent-il un peu trop à l'aise dans cette société corse où l'enfant est roi ? Toujours est-il qu'il commence à se relâcher au collège, auquel il préfère de loin les parties de pêche au mulet sur le Vieux-Port avec ses copains corses…

Au travail, je prends mes marques, avec prudence cependant. Nous sommes quatre magistrats au parquet général de Bastia : le procureur général, un avocat général corse et deux substituts généraux. Mon poste est effectivement celui d'adjoint de fait du procureur général, ce qui va me conduire, chaque fois qu'il n'est pas là, notamment au cours de ses déplacements à Paris une semaine par mois, à occuper – à sa demande expresse – son bureau et être, en son absence, le correspondant de la haute hiérarchie parisienne ainsi que de la direction centrale de la police judiciaire. Je n'ai que trente-huit ans, je suis le plus jeune de l'équipe, et cette responsabilité par intérim ne manque pas de susciter quelques remous, lesquels vont hélas se transformer en rancœurs. Pourtant, j'ai eu le plaisir de retrouver dès mon arrivée un camarade de promotion de l'École de la magistrature, Roland Mahy, qui est procureur de la République à Bastia. J'ai tout de suite reconnu Roland, avec sa collection de lunettes originales, et il m'a accueilli très cordialement. Dans son bureau, il travaille toujours accompagné de son chien, un boxer. Malheureusement, les relations cordiales vont se distendre proportionnellement à la place qu'à son détriment je vais prendre auprès de Jean-Louis Nadal. Avant ma prise de fonctions début juillet, Roland était au quotidien un interlocuteur très proche du procureur général, il traitait directement avec lui. Ma nomination est venue modifier ce mode de fonctionnement et, de fait, je commence à prendre beaucoup de place…

Restaurer l'État de droit : un super « procurator » sur l'île

J'arrive à Bastia au moment où le gouvernement entend renouer le dialogue avec les nationalistes et prépare, en concertation avec ces derniers, un nouveau statut pour l'île. Autant dire que tout ce qui se passe sur place est scruté de près à Paris, que ce soit en matière de sécurité ou en matière de justice.

L'heure est à la restauration de l'État de droit. C'est l'objectif fixé par le nouveau locataire de la place Beauvau, Philippe Marchand, qui prépare le nouveau statut pour l'île en reprenant le dialogue avec les nationalistes corses. Avec Jean-Louis Nadal, nous nous concentrons sur la restauration du droit et sa mise en œuvre par le parquet général et les deux parquets de Bastia et d'Ajaccio, auxquels je demande beaucoup. La situation est d'autant plus particulière qu'en Corse le parquet général n'occupe pas tout à fait la même place que sur le continent. En effet, compte tenu de la situation insulaire, de la sensibilité des dossiers et de la proximité avec les deux parquets de Bastia et Ajaccio, le procureur général est une sorte de super procureur, un « *procurator* ». Ainsi, bien davantage que le préfet de police Bernard Bonnet, Jean-Louis Nadal est en réalité l'homme fort de l'île et son poids politique est considérable.

Je m'engage donc totalement dans mon travail. Je passe des journées entières le nez plongé dans les dossiers ou sur le fax crypté situé dans le bureau du procureur général, sur lequel arrivent les notes confidentielles de la sixième division de la direction centrale de la police judiciaire, en charge de la lutte antiterroriste, envoyées par son chef, Roger Marion. Il sera toujours avec nous d'une parfaite loyauté et nous évitera bien des embûches.

Nous sommes bien sûr en permanence en contact avec le procureur général de Paris, Pierre Truche, et son avocat général central, ainsi qu'avec le procureur de Paris, Bruno Cotte, et la section antiterroriste. Il convient en effet, face à chaque action revendiquée ou attribuée aux organisations nationalistes, d'informer étroitement nos collègues parisiens, et de décider ensemble si les faits commis doivent être qualifiés de terroristes. Si tel est le cas, cela entraîne *ipso facto* la saisine du parquet antiterroriste. La qualification ne va pas toujours de soi, tant sur l'île sont mêlés terrorisme, affairisme et crime organisé.

En travaillant au quotidien aux côtés du procureur général, je vais trouver en Jean-Louis Nadal plus qu'un chef ou un Pygmalion, un grand frère spirituel avec lequel je collaborerai jusqu'à la fin dans une proximité et une communauté d'esprit qui ne se démentiront jamais et se doubleront d'indéfectibles liens d'amitié.

Le verdict de la honte

Aux assises, où je suis amené à « monter » régulièrement pour soutenir l'accusation dans de nombreux dossiers, c'est-à-dire à assurer le poste d'avocat général, je découvre les difficultés récurrentes posées par la justice populaire en Corse. Déjà, les assises ici revêtent un caractère particulier : c'est une île, tout le monde se connaît plus ou moins. Il y a des clans, des villages, des familles. La justice peine parfois à réunir un jury populaire : certains jurés appelés – tirés au sort sur les listes électorales, comme c'est la règle – ne répondent pas à l'appel. Et une fois que l'on est parvenu à réunir le jury, il arrive que lors du délibéré de la cour des jurés refusent de participer aux discussions qui déterminent la culpabilité des accusés et la peine à prononcer, et votent sans justifier leur choix. Sans trahir le secret des délibérations, plusieurs présidents de cour d'assises m'ont fait part de ce type de difficultés rencontrées avec des jurés qui avaient vraisemblablement été « contactés » par la famille ou les proches de l'accusé, arrivant avec une idée bien arrêtée sur le verdict et n'entendant ni en changer, ni même participer aux discussions au cours du délibéré, ce qui est tout à fait contraire à l'esprit de ce dernier qui vise justement à échanger et à confronter les points de vue avant de voter.

Bref, il faut faire avec ces aléas qui peuvent amener à des verdicts parfois loin de correspondre aux éléments du dossier.

Je l'ai vécu en 1993, avec un dossier de meurtre en réunion qui concentre tous les clichés que l'on peut malheureusement entendre sur la Corse et qui m'a dégoûté, le mot n'est pas trop fort, de la justice pendant plusieurs jours à l'issue du procès. Devant la cour d'assises de Bastia, trois hommes comparaissent pour meurtre. La victime est un ouvrier marocain, tué à coups de couteau après une soirée arrosée au bistrot, le soir de sa paye. Dans le box, j'observe les trois accusés : un autre Marocain, un continental originaire de Lyon et un Corse, défendus par leurs avocats respectifs. Le soir du meurtre, la victime a été entraînée sur la plage de l'Arinella, après avoir été largement encouragée à boire. Le Marocain et le Lyonnais reconnaissent avoir été présents, mais pas le Corse. À la barre, ce dernier nie, appuyé par son avocat et soutenu par un large public tacitement favorable à l'insulaire. Il affirme que les deux autres mentent, qu'il n'était pas avec eux. Pour prouver sa bonne foi, son avocat produit à l'audience ce qui est vraisemblablement un faux alibi, construit de toutes pièces grâce à des complicités insulaires : un certificat d'admission à l'hôpital pour se faire poser un plâtre suite à une fracture du bras, et il affirme que cela a eu lieu juste avant que le meurtre ne soit commis, rendant supposément impossible sa participation à ce dernier. Certificat doublé d'une flopée de témoignages douteux de membres de sa famille et d'amis.

Selon moi, l'alibi ne tient pas et de nombreux éléments du dossier le contredisent. C'est ce que je m'attache à tenter de prouver pendant mon réquisitoire, en m'appuyant sur un dossier d'accusation qui me semble suffisamment crédible et étoffé pour faire condamner les trois accusés dont le rôle est quasiment identique. Au terme de deux heures de réquisitoire, je demande donc la même peine pour les trois, vingt ans de réclusion criminelle. Après les plaidoiries, le verdict tombe : vingt ans pour le Marocain, dix ans pour le Lyonnais et… un acquittement pour le Corse, le tout sous les vivats d'un large public corse tout acquis à la cause de l'accusé originaire de l'île !

Ce verdict est une telle caricature que les deux magistrats assesseurs qui siègent autour du président et avec les jurés populaires refusent de revêtir leur robe en revenant prendre place dans la salle d'assises pour rendre le verdict tant ils le trouvent scandaleux ! Tout comme le président de la cour, ils arborent un visage blême de consternation et de dépit, et semblent subir la lecture du verdict qu'ils prononcent, après « délibération » avec les jurés. Je n'ai jamais vu cela depuis dans toute ma carrière. C'est le verdict de la cour d'assises mais, pour moi, il s'agit d'un dysfonctionnement majeur de la justice. J'ai presque honte d'avoir participé à ce qui ressemble à une parodie de justice. J'en ai honte encore aujourd'hui. C'est la raison pour laquelle je soutiens l'idée que pour les affaires les plus graves de criminalité organisée, assassinats et meurtres en bande organisée, il serait non seulement plus judicieux mais aussi nécessaire de faire juger ces dossiers comme le sont les affaires criminelles de trafic de stupéfiants : par cinq magistrats professionnels, et sans jury.

Ce n'était pas la première fois que ce type de situation se produisait devant les cours d'assises de Bastia et d'Ajaccio, mais cette expérience me sert de déclic : pour contrecarrer ce genre de déconvenues, je mets en place, avec l'aide du parquet général de la Cour de cassation et de son secrétaire général, une méthode aussi pugnace qu'efficace. À la faveur de mes allers et retours parisiens, soit à peu près un jour par mois, je « monte » avec mes dossiers sous le bras faire le point avec Bruno Cotte – procureur de la République de Paris et donc en charge de la lutte antiterroriste –, et surtout avec mon ami Vincent Lesclous, alors secrétaire général du parquet général de la Cour de cassation. À Bastia, nous avons pris l'habitude patiemment, méthodiquement, d'éplucher les décisions litigieuses des cours d'assises pour vérifier qu'il n'y ait pas un vice de procédure qui pourrait conduire à un pourvoi en cassation. À l'époque, la possibilité de faire appel après un verdict n'existe pas. La seule voie de recours possible est celle du pourvoi en cassation. La loi sera modifiée en 2001, permettant un procès en appel. Mais en attendant, le seul moyen de rejuger une affaire c'est de déceler, dans le cours du procès ou dans la décision, une erreur de droit, un vice de procédure, qui permette de casser le jugement et de renvoyer l'affaire devant une nouvelle cour d'assises.

Dans le dossier du meurtre de l'ouvrier marocain, nous n'avons hélas rien trouvé. Mais il est aussi arrivé que ce travail porte ses fruits, comme dans cette affaire de viol. Trois hommes, des Corses, avaient violé une touriste néerlandaise à la sortie d'une boîte de nuit. Ils avaient été condamnés par la cour d'assises à des peines de… deux ans avec sursis !!! Nous avons donc repris chaque étape de la procédure et cet examen nous a permis de découvrir des anomalies dans la feuille des questions auxquelles la cour avait répondu pour se prononcer sur la culpabilité des accusés. J'ai formé un pourvoi en cassation et rédigé un mémoire, c'est-à-dire un argumentaire ; l'arrêt de la cour a donc été cassé, et la chambre criminelle de la Cour de cassation a renvoyé les trois individus devant la cour d'assises de Saint-Omer, dans le Pas-de-Calais, où ils ont été rejugés et condamnés chacun à une peine de dix ans de réclusion criminelle.

La catastrophe de Furiani

Au-delà de la densité et de la difficulté des affaires au quotidien, mon passage en Corse est surtout marqué par le dossier de la catastrophe de Furiani, le 5 mai 1992. Ce soir-là, il est 20 heures et je suis chez moi, avec Jean-Louis Nadal que j'ai invité à dîner et à regarder le match de la demi-finale de la coupe de France de football opposant le SC Bastia à l'Olympique de Marseille. À Bastia, l'ambiance est en feu depuis plusieurs jours. Je crois n'avoir jamais vu autant d'excitation avant une rencontre sportive. En ville et dans toute l'île, les gens ne parlent que de ça ! Face à l'ampleur de l'événement, les dirigeants du club ont décidé de remplacer la vieille tribune Claude-Papi de 750 places du stade Furiani par une tribune métallique afin de porter la capacité du stade à 18 000 places.

Assis devant le poste de télévision, nous découvrons sur les images d'avant-match un stade plein à craquer. Les spectateurs ont tous les âges, beaucoup sont venus en famille, habillés aux couleurs du club. Juste avant le coup d'envoi, pour chauffer l'ambiance, ils tapent des pieds dans les tribunes pour encourager leur équipe, comme des tambours accompagnant les chants des supporters. Dans tous les stades, il y a un speaker, une espèce de maître de cérémonie qui lance les matchs, puis annonce les buts, usant de son micro avec plus ou moins d'emphase. Ce soir-là, avant le début de la rencontre, à plusieurs reprises, il exhorte les spectateurs à la retenue : « Arrêtez de taper des pieds sur la tribune ! Arrêtez ! » Peine perdue… Les avertissements ne servent à rien et les pieds tambourinent de plus belle. À peine quelques minutes plus tard, le scénario du pire se produit. À 20 h 23, les tribunes métalliques construites à la hâte pour l'événement s'effondrent, entraînant la chute et l'écrasement de centaines de personnes. Pétrifiés devant l'écran, nous assistons en direct au drame, comme des millions de personnes. Le bilan définitif se montera à 19 morts et 2 357 blessés.

Immédiatement, nous cherchons à obtenir des informations mais le réseau téléphonique est totalement saturé. Nous décidons alors de nous rendre sur place. L'accès au stade est rendu très compliqué par l'organisation des secours d'une part, et la foule des spectateurs rescapés qui veulent quitter les lieux au plus vite d'autre part. Au bout d'une heure qui en paraît dix, conduits par un inspecteur des renseignements généraux qui a accepté de nous emmener, nous accédons enfin au stade Armand-Cesari.

Il règne un silence sidérant, glaçant dans ce lieu qui, quelques heures plus tôt, résonnait de la clameur des supporters. Un silence terrible, seulement rompu par la noria d'hélicoptères qui décollent et se posent les uns après les autres sur la pelouse pour évacuer les blessés. Sous des couvertures de survie, ils sont des centaines, couchés sur des brancards alignés sur la pelouse du stade. Ils sont tellement nombreux que les hôpitaux de l'île ne suffisent pas et qu'il faut les transférer dans les hôpitaux de Marseille, Nice et Toulon.

Du côté de l'enquête, c'est le procureur de Bastia, Roland Mahy, qui dirige l'action judiciaire. Il nous explique avoir confié les investigations aux services de la gendarmerie. Mais très vite, dans les heures qui suivent, devant la complexité de ce dossier, il décide de désigner un juge d'instruction pour la suite de l'enquête.

Très rapidement, l'enquête va mettre en évidence la responsabilité des plus hautes autorités administratives de l'île, rien de moins que le préfet et le sous-préfet de Bastia en charge de la commission de sécurité. À cette époque – la loi devait changer en 1993 –, un préfet mis en cause à l'occasion d'actes susceptibles de constituer un délit commis dans l'exercice de ses fonctions bénéficie d'un privilège de juridiction* lui évitant d'être jugé par le tribunal du lieu où il exerce. Ce n'est cependant pas systématique et c'est toujours à la chambre criminelle de la Cour de cassation qu'il revient de désigner la juridiction qui sera chargée de l'instruction du dossier, en l'occurrence une chambre d'accusation.

Se pose ainsi très vite la question de savoir où ce dossier doit être instruit, puis jugé. En Corse ou ailleurs ? Les habitants de l'île exigent que ce soit sur l'île, arguant que le dépaysement de l'affaire constituerait une dépossession et une volonté d'empêcher la justice corse de faire son travail. À l'inverse, les autorités parisiennes plaident en faveur du dépaysement dans une autre cour d'appel, puisque le préfet du département est mis en cause.

De son côté, Jean-Louis Nadal comprend parfaitement l'intérêt politique d'un maintien du dossier en Corse : c'est une marque de confiance dans l'institution judiciaire de l'île, qui calme du même coup les organisations nationalistes qui auraient très mal vécu un dépaysement du dossier dans une juridiction du continent. Il parvient à convaincre le ministère de la Justice. Nous préparons donc une requête à la chambre criminelle sollicitant la désignation de la chambre d'accusation de Bastia. C'est moi qui ai la charge de porter personnellement, par avion, le dossier à la Cour de cassation lors d'un aller et retour dans la journée. Quelques jours plus tard, la chambre criminelle de la Cour de cassation valide notre proposition, et je vais donc assurer, en direct, le suivi de cette affaire.

Pendant plusieurs semaines, je m'attelle sans relâche à rédiger le réquisitoire définitif*, le document qui synthétise l'argumentaire de l'accusation. Je demande le renvoi devant le tribunal correctionnel de douze personnes, autorités administratives, sportives, pompiers, responsables d'entreprises du bâtiment et du contrôle technique, ayant toutes concouru à la catastrophe par leurs fautes d'imprudence et de négligence. L'instruction sera clôturée dans un temps record, en janvier 1993. Mon rôle s'arrêtera là. En janvier 1995, lorsque s'ouvrira le procès devant le tribunal correctionnel de Bastia, j'aurai quitté la Corse.

Comment je suis entré au couvent !

Malgré ces événements particulièrement intenses, j'apprécie mon poste en Corse. Police et justice ont fort à faire avec la spirale de la violence des années 1990, qui trouve son point de bascule avec l'assassinat, le 15 juin 1993, de Robert Sozzi, militant du FLNC et de la Cuncolta, par ailleurs employé de la société Bastia Securita. Robert Sozzi s'était violemment opposé à ses frères d'armes au sujet de la catastrophe de Furiani ; le différend portait sur la protection par le FLNC de Jean-François Filippi, président du Sporting de Bastia, le club de football de la ville, lequel avait pourtant une lourde responsabilité dans la catastrophe. Cet assassinat sera revendiqué par un commando encagoulé du FLNC, lors des journées nationalistes de Corte.

J'apprécie donc mon poste mais il y a une ombre à ce tableau corse. Si le travail est passionnant, notre situation familiale, elle, se détériore. Et depuis quelque temps, malgré l'intérêt professionnel des enquêtes dont j'ai la charge, je sens bien que tout cela ne peut pas durer éternellement, et je ne veux pas prendre le risque de voir ma famille exploser. Alors que mon fils aîné est expatrié sur le continent, le cadet entre dans la délicate période de l'adolescence, et nous voulons lui donner les meilleures conditions possibles de scolarité.

J'envisage de demander ma mutation. Lorsque j'en touche un mot à mon supérieur, Christian Raysseguier, qui a succédé à Jean-Louis Nadal, parti à Lyon, et avec qui je travaille dans un climat confiant et amical, je perçois son angoisse de me voir partir, mais je suis déterminé. Je n'ai pourtant aucune garantie ni certitude quant à une quelconque affectation sur le continent, encore moins concernant son calendrier, mais je prends la décision de faire rentrer mon épouse et nos deux enfants sur le continent. Le 1er septembre 1993, ils s'installent à Lyon pour la rentrée scolaire.

Je reste donc seul à Bastia. Enfin, pas tout à fait.

Depuis son arrivée sur l'île, mon épouse a eu l'occasion de faire la connaissance de la mère supérieure du couvent des Bénédictines d'Erbalunga, Mère Marie de la Passion. De cette rencontre va naître la solution de mon hébergement.

À l'époque, une poignée de Bénédictines résident encore dans ce monastère, situé à quelques kilomètres au nord de Bastia, niché sur les hauteurs du Cap Corse dans un écrin de verdure aux arbres centenaires et aux multiples senteurs mêlées de maquis et d'eucalyptus. Dans les quelques chambres de l'hôtellerie, elles accueillent des pèlerins, croyants ou pas, qui sont à la recherche d'un havre de paix, assurant le gîte et le couvert. C'est ainsi qu'avec l'accord de Mère Marie de la Passion, femme charismatique au regard doux et bienveillant, j'entre au couvent !

Pour les deux mois et demi qu'il me reste à passer sur l'île, la mère supérieure met à ma disposition l'appartement de passage de l'évêque. Après mon travail, je vis au monastère au rythme des offices. J'ai le privilège de pouvoir me rendre dans la « clôture », l'espace d'ordinaire réservé aux religieuses, et de participer avec les sœurs, tous les soirs, à l'office des complies, la dernière prière du jour après le coucher du soleil. Le temps de ces deux derniers mois et demi sur l'île, je baigne dans la sérénité et une forme de bonheur intérieur paisible jamais expérimenté jusque-là. Je suis chouchouté par les sœurs qui, me sachant loin des miens, se montrent particulièrement attentives à mon bien-être, allant jusqu'à prendre soin de mon linge ! Après mon départ, je garderai, jusqu'à sa mort, un lien très fort avec Mère Marie de la Passion et avec sœur Dominique, son « adjointe », qui la suivra à Marseille pour sa retraite, le faible nombre des sœurs et leur âge avancé ayant conduit à la fermeture du monastère.

Vis-à-vis de ma hiérarchie, ma décision de renvoyer ma famille sur le continent sonne un peu comme une forme d'ultimatum. Mais loin de m'en tenir rigueur, Jean-Louis Nadal, toujours lui, devenu entre-temps procureur général à Lyon, m'appelle comme secrétaire général auprès de lui en novembre 1993. Je suis heureux de retrouver ma famille, mon épouse et mes enfants dans un climat plus serein.

Lyon : le shérif de la Duchère

À l'automne, nous voici enfin réunis avec mon épouse et mes enfants. Je suis rentré de Corse comme j'y étais arrivé deux ans et demi plus tôt, par bateau, puis par la route, le 11 novembre 1993. Fidèle à mon habitude, je ne perds pas de temps : dès le lendemain, le vendredi 12 novembre au matin, je prends officiellement mes nouvelles fonctions de substitut général près la cour d'appel de Lyon, et plus précisément de secrétaire général du procureur général. Ce n'est pas exactement ce que j'espérais, un poste de procureur m'aurait permis d'être plus en prise avec le terrain, mais rejoindre ma famille était la priorité. Et puis je suis très heureux de retrouver Jean-Louis Nadal et de travailler sous sa direction, d'autant que l'équipe qu'a constituée le procureur général, composée de fortes personnalités et de fins juristes, a des allures de *dream team* : il y a les avocats généraux François-Louis Coste, Didier Boccon-Gibod et Christian Cadiot, ou encore l'avocat général Jean-Olivier Viout qui avait assisté Pierre Truche, alors procureur général de Lyon, lorsqu'il avait représenté l'accusation au procès Barbie. Très vite, nous apprécierons de nous retrouver tous ensemble pour réfléchir au droit et à la jurisprudence à partir de nos dossiers, nous penchant sur chaque cas avec une précision et un sens du détail s'apparentant à un véritable travail d'horlogerie sur des mécanismes complexes, des réflexions poussées et constructives qui nous seront bien utiles dans certains dossiers emblématiques à venir.

Le travail au parquet général de la cour d'appel n'est pas le même qu'au parquet où le procureur a en première ligne la charge de lutter contre la délinquance en y apportant des réponses pénales adéquates et en temps réel. Les procureurs de la République, eux, sont chargés de l'action publique, c'est-à-dire des poursuites pénales, et ils assurent la direction de la police judiciaire. Ce sont eux qui animent la politique pénale dans leur département. La cour d'appel, c'est le deuxième regard, les procès en appel, l'étape suivante. Mais le parquet général a aussi une responsabilité particulière : celle d'animer et de coordonner la politique pénale menée par les différents parquets de la cour d'appel. Et je dois avouer que concilier les points de vue entre les parquets et les parquets généraux ne va pas toujours de soi. Cela génère parfois des tensions, voire des conflits entre procureur général et procureurs, sur fond d'enjeux de pouvoir [1].

C'est une autre forte personnalité, spécialisée dans les affaires financières, le juge d'instruction Philippe Courroye, qui traite le plus souvent les affaires les plus sensibles et qui décide, le 12 octobre 1994, de placer en détention provisoire l'ancien ministre Alain Carignon.

---

1. J'ai conscience que la juxtaposition de ces termes de l'appareil judiciaire, proches d'un point de vue lexical mais recouvrant des fonctions bien distinctes, peut apparaître complexe au lecteur profane. Il pourra se reporter au lexique et à l'arborescence qu'il trouvera à la fin de cet ouvrage.

Ce soir-là, il est près de 21 heures. Nous avons travaillé tard avec Jean-Louis Nadal et il me propose de me déposer chez moi avec son chauffeur. Nous ne savons rien encore de ce qui est en train de se passer dans le bureau voisin du juge Courroye. Mais alors que nous gagnons la sortie pour rejoindre le véhicule de fonction du procureur général garé dans la cour du vieux palais de justice de Lyon, nous nous retrouvons bloqués par un fourgon de police, immobilisé sous les voûtes conduisant à la porte de sortie de la cour. L'arrière du fourgon est face à nous, sa porte arrière est ouverte, avec un escabeau métallique pour y monter. C'est alors que dans la nuit noire nous distinguons une silhouette qui se détache très nettement sous les éclairages jaunis, celle d'un homme qui arrive dans la cour intérieure, les poignets menottés et le visage défait : nous reconnaissons immédiatement Alain Carignon, l'ancien ministre et maire de Grenoble, qui a démissionné le 19 juillet dernier, lorsque sa mise en examen pour recel d'abus de biens sociaux, finalement prononcée six jours plus tard, est devenue inéluctable. Sidérés, nous regardons l'ancien édile qui quitte le bureau du juge pour monter directement dans le fourgon, direction la prison Saint-Paul.

Quelle image saisissante que celle d'un élu déchu, ancien ministre d'un gouvernement toujours en place, manifestement placé en détention provisoire à l'issue de son audition par le juge, mis en examen pour corruption et abus de bien sociaux dans l'affaire dite « Dauphiné News » après que le juge Courroye eut obtenu du procureur Lathoud un réquisitoire supplétif compte tenu des nouveaux éléments apparus dans le dossier.

Au-delà de la sidération, je comprends non seulement que cela signe le basculement irréversible d'une carrière, mais surtout que le traitement judiciaire des affaires politico-financières ne sera plus jamais le même : désormais, sous l'impulsion de celui que la presse surnommera bientôt « le juge de fer », la justice ose s'attaquer aux symboles.

Le droit, un travail d'orfèvre

Parmi les scandales qui secouent la vie politique lyonnaise de ces années 1990, qui n'a pas entendu parler de l'affaire Noir/Botton ? Dans cette affaire au fort retentissement médiatique, Michel Noir, alors maire de Lyon, était soupçonné d'avoir perçu de façon illicite 8 millions de francs qui lui auraient été versés par des sociétés du bâtiment et travaux publics, sur des comptes ouverts en Suisse par son ex-gendre, l'homme d'affaires lyonnais Pierre Botton.

Et c'est précisément le parfait exemple de ce travail d'orfèvrerie juridique dont je parlais plus haut, qui nous occupe beaucoup. Car sur le strict plan du droit, il existe un sérieux risque que Michel Noir, qui a été mis en examen en mars 1993 par le juge Courroye, parvienne à échapper aux poursuites. Et comment justifier cela auprès de nos concitoyens ?

C'est purement technique mais c'est imparable : les deux hommes sont poursuivis ; Pierre Botton pour délit d'abus de biens sociaux, Michel Noir pour le recel de cet abus de bien sociaux, le second étant donc la conséquence du premier. Or le Code de procédure pénale est ainsi fait que les deux délits ne répondent pas au même régime de prescription*.

À l'époque, le recel se prescrit dans un délai de trois ans à compter du moment où il a commencé, c'est-à-dire du jour où les fonds détournés ont été remis et ont profité à Michel Noir. Pour l'abus de biens sociaux, en revanche, si le délai de prescription est le même, trois ans, il ne démarre que le jour de la découverte des faits. Une particularité qui trouve son origine dans une jurisprudence séculaire de la Cour de cassation, maintes fois confirmée. Résultat des courses : dans l'affaire Noir/Botton, l'infraction de conséquence – le recel d'abus de biens sociaux reproché à Michel Noir – serait donc prescrite car remontant à plus de trois ans, alors que l'infraction d'origine – l'abus de biens sociaux reproché à Pierre Botton – ne serait pas prescrite car venant à peine d'être constatée ! C'est totalement absurde.

C'est ce genre d'incongruité qui me passionne dans le droit. Me refusant à laisser passer ce qui m'apparaît indéfendable, je consacre des heures entières, le nez plongé dans des kilomètres de littérature juridique, à me documenter en matière de doctrine et de jurisprudence. Au terme de jours et de nuits de recherches, je crois être en mesure de proposer à mon procureur général une nouvelle approche dans ce dossier : selon moi, et en toute logique, le délai de prescription du recel ne peut démarrer qu'au moment où l'infraction dont il découle a pu être constatée. C'est une question de bon sens. Il faut donc faire évoluer cette jurisprudence séculaire. Mes collègues ne sont pas tous d'accord, car cette approche n'est pas celle de la chambre criminelle de la Cour de cassation, mais Jean-Louis Nadal tranche : il décide de me suivre.

J'avoue que j'en suis d'autant plus fier qu'à quarante et un ans je suis le benjamin de l'équipe !

Cette analyse va donc suivre le parcours juridictionnel classique : juge d'instruction, puis chambre d'accusation, pour finir à la Cour de cassation qui décidera, quelques années plus tard, le 6 février 1997, d'un revirement de jurisprudence, validant ainsi les poursuites engagées contre Michel Noir et consorts. Malgré certains ego mis à mal, les collègues comprennent rapidement l'intérêt de cet avis : il permet d'asseoir les poursuites et d'obtenir une condamnation. Cela sert aussi l'image de l'institution, si souvent suspectée d'être instrumentalisée par les politiques. Tout le monde y trouve finalement son compte, sauf bien sûr Pierre Botton et Michel Noir, qui seront l'un et l'autre condamnés pour ces infractions.

De mon côté, je sais que cette émulation intellectuelle ne me quittera plus. Faire évoluer le droit est pour moi impératif si l'on veut être en mesure de répondre avec justice et équité aux problématiques de notre société, elle-même en pleine mutation.

Objectivement, hors de tout regard de spécialiste, n'aurait-il pas été profondément injuste et incompréhensible que, contre toute raison, cet homme politique n'ait pu être ni poursuivi ni condamné, et ce du seul fait d'une incohérence du droit et de la jurisprudence ?

La montée de l'islamisme

Les trois années que je vais passer au parquet général de Lyon correspondent aussi à la montée de l'islamisme dans les banlieues lyonnaises. Jean-Louis Nadal n'y est pas insensible et, contrairement aux habitudes des procureurs généraux, plus éloignés du terrain, il ne rechigne pas à se déplacer lorsqu'un événement grave survient.

Le jeudi 7 septembre 1995, à 16 h 35, à l'heure de la sortie des classes, un véhicule piégé explose devant l'école juive de la rue Jean-Claude Vivant, à Villeurbanne, dans la banlieue lyonnaise. Jean-Louis Nadal m'appelle : je dois le rejoindre au plus vite pour me rendre sur place avec lui. Nous partons aussitôt retrouver le procureur de Lyon, Jean-Amédée Lathoud, et les représentants du parquet antiterroriste parisien qui sont arrivés sur les lieux pour lancer et diriger l'enquête.

Avec un bilan humain de quatorze blessés, essentiellement des passants ou des parents stationnés qui attendaient leurs enfants, et aucun mort, nous comprenons tout de suite que l'on vient d'échapper à un carnage.

Las, ce n'est que le début d'un phénomène encore peu connu, celui de jeunes de banlieue aspirés par un islamisme violent qui, de Lyon à Paris, va grandir silencieusement pendant plusieurs années.

L'attentat sera attribué à l'islamiste Khaled Kelkal, membre du Groupe islamique armé (GIA). Déjà mis en cause dans l'assassinat d'un imam modéré, l'imam Sahraoui, dans sa mosquée à Paris le 11 juillet 1995, il est recherché depuis le début de l'été. Le 15 juillet 1995, il participe avec son ami Karim Koussa à une fusillade contre des gendarmes à Bron, et, bien que traqué, il poursuit les attentats ; il est ainsi impliqué dans l'attentat du RER Saint-Michel à Paris le 25 juillet 1995, qui fait huit morts et plus d'une centaine de blessés. Et c'est à Vaugneray, près de Lyon, au lieu-dit Maison-Blanche, le 29 septembre, que s'achèvera sa cavale dans les bois de Malval : alors qu'il tente de résister un revolver à la main, il sera abattu par les gendarmes.

Ce jeudi soir, de retour à mon bureau, je suis chargé de rédiger un rapport en urgence pour la Direction des affaires criminelles et des grâces à la Chancellerie. Pour la petite histoire, c'est l'une de mes humiliations les plus cuisantes car je suis incapable de me servir d'un ordinateur et d'assurer la mise en forme correcte du document. J'en suis réduit à demander l'aide d'un de mes collègues. Ce sera la dernière fois que cela m'arrivera : dès le lendemain, je m'attelle à l'informatique et deviens rapidement autonome.

De secrétaire général à premier procureur adjoint

Le 24 juillet 1996, Jean-Louis Nadal est nommé procureur général près la cour d'appel d'Aix-en-Provence. Il est remplacé par François Falletti, avec qui je ne vais travailler que très peu de temps comme secrétaire général du parquet général. Le poste de premier procureur adjoint au parquet de Lyon vient en effet de se libérer. Je saisis l'occasion, je postule. Le 1er septembre, je deviens l'adjoint direct du procureur Christian Hassenfratz.

Dans mes nouvelles fonctions, je me retrouve en charge de l'action publique en matière économique et financière, et de la criminalité organisée. Je suis aussi le magistrat-référent de deux maisons de la justice, l'une dans le 8e arrondissement de Lyon, l'autre à la Duchère, dans le 9e arrondissement.

C'est à partir de ce moment-là que j'ai l'occasion de mettre en œuvre, de manière cohérente, une politique pénale à laquelle je crois. Je m'attelle à rédiger pour mes collègues du parquet de Lyon un mémento de politique pénale dans tous les domaines, une sorte de vade-mecum de l'action du parquet. Je commence par collecter tout ce qui est disponible : circulaires, bonnes pratiques, protocoles de travail, d'organisation, de saisine des services de police… Un travail minutieux et solitaire de plusieurs semaines, que je synthétise en une centaine de pages, organisées par contentieux, pour mettre de la cohérence dans les pratiques suivies et dans les choix de poursuites et de classement sans suite. La deuxième édition sera plus participative, prenant en compte les propositions de mes collègues, elles-mêmes inspirées de leur pratique quotidienne. Pour moi, il s'agit avant tout d'améliorer la qualité et la cohérence du travail du parquet, afin de fédérer les personnalités de chacun de ses membres autour d'une action commune et d'une politique pénale identique mise en œuvre par l'ensemble du parquet de Lyon. Cette initiative sera la première d'une longue série que je poursuivrai de Bobigny jusqu'à Paris et la fin de ma carrière.

Afin de gagner encore en efficacité, je m'attache aussi à tenter de voir les choses par un autre prisme. Par exemple, dans le cas de la criminalité organisée, au lieu de toujours partir de l'analyse des faits commis, je vais préconiser de travailler par le biais de leurs auteurs et des personnes suspectées d'appartenir à la grande criminalité. Cela nous conduit à adopter des méthodes d'enquête innovantes d'anticipation, consistant pour le parquet et les services de police et de gendarmerie à travailler de manière proactive sur des infractions d'associations de malfaiteurs commises par des groupes criminels identifiés et ciblés. Nous travaillons aussi étroitement avec le ministère de la Justice à la préparation de ce qui sera la loi du 9 mars 2004, dite loi Perben, qui modifiera profondément le traitement de la grande criminalité organisée et financière. C'est également à cette époque que nous commençons vraiment à prendre conscience des dégâts que peut causer la désinsertion d'individus qui, ne trouvant plus leur place dans la société, basculent dans la délinquance, puis dans la radicalisation et l'intégrisme.

Le shérif de la Duchère

L'idée de créer des Groupes locaux de traitement de la délinquance (GLTD) pour mieux cibler et lutter contre la criminalité des quartiers difficiles de Vaulx-en-Velin, Bron, Vénissieux, Rillieux-la-Pape ou encore la Duchère avec ses barres d'immeubles et sa tour panoramique, s'impose à moi. Lancés par le ministère de la Justice et théorisés dans une circulaire ministérielle de 1996, les GLTD visent à une meilleure prise en charge de la délinquance dans les quartiers où elle met en péril la réhabilitation sociale et constitue un frein à tout projet de réhabilitation. Pour être tout à fait honnête, c'est un commissaire de police, chef de la Sûreté départementale, Michel Guiot, qui m'en fait la suggestion après un drame qui va mettre le feu au quartier de la Duchère.

Tout commence avec l'interpellation d'un gitan qui tourne mal. Ce soir-là, le 18 décembre 1997, les policiers du 9e arrondissement interviennent à la Duchère, dans ce quartier sensible du nord-ouest de Lyon. La Brigade anticriminalité, la BAC, est alertée par les habitants qui viennent d'être témoins d'une agression contre un promeneur. À leur arrivée sur les lieux, les policiers entendent une détonation et localisent deux personnes armées d'un fusil à pompe, qu'ils interpellent et s'apprêtent à emmener lorsqu'un troisième individu, qui se présente comme le demi-frère des deux autres, tente de s'interposer. Arrêté lui aussi pour rébellion, il est conduit, menottes aux poignets, dans le bureau du chef de poste du commissariat du 9e arrondissement, alors que ses deux frères sont entendus dans une autre salle. Très agité, l'individu se montre vindicatif, insultant les policiers. C'est alors que l'un d'eux s'empare du fusil à pompe abandonné sur un bureau, et le braque sur le jeune gitan : « Ferme ta gueule ou je te bute ! » L'autre le défie : « Tire, si tu en es capable. » Le coup part, atteignant le jeune gitan à la tête. Il meurt sur le coup.

Bilan : deux jours d'émeutes et de violences urbaines à la Duchère, particulièrement durs à gérer dans cet arrondissement qui a élu Gérard Collomb, alors en pleine ascension pour prendre la mairie de Lyon à Raymond Barre. Quelques jours plus tard, je décide la création de ce Groupe local de traitement de la délinquance, que je vais mettre en place et suivre avec un jeune et brillant substitut du procureur de Lyon, Cédric Cabut.

Dans ce contexte explosif, il est pour moi hors de question que des personnalités politiques locales de premier plan participent personnellement au GLTD. Le risque de voir instrumentaliser et récupérer politiquement le travail du groupe et ses résultats serait trop élevé. La mairie sera donc représentée par une conseillère municipale, aux côtés de personnels de l'Éducation nationale en la personne de la principale du collège Victor-Schoelcher, Suzanne Bellon, de la commissaire de police du 9e, Isabelle Mercier, et de responsables de l'office des HLM et de la police municipale. L'essentiel de notre mission consiste à examiner le plus finement possible les problématiques du quartier : immigration, urbanisme débridé, délinquance, absentéisme scolaire, pour y apporter des réponses systématiques. La règle, c'est la tolérance zéro. Tout acte répréhensible, quelle que soit sa gravité, doit recevoir une réponse pénale, du rappel à la loi à un déferement au parquet.

Tolérance zéro, concertation régulière entre magistrats, policiers et enseignants, sévérité accrue, lutte contre l'absentéisme scolaire, responsabilisation des parents sont autant de méthodes employées qui vont faire baisser dans des proportions considérables les infractions constatées.

La particularité de la Duchère, quartier de 15 000 habitants, c'est l'existence d'un petit noyau dur de délinquants multirécidivistes sur lequel se concentre l'action de la police et de la justice. Quelques dizaines d'individus tout au plus – à titre de comparaison, au Mas du Taureau, à Vaulx-en-Velin, ce sont plutôt quelques centaines. Cet « effectif » plus réduit facilite notre travail, qui va se dérouler sur trois ans, ce qui est tout à fait inhabituel, les GLTD ayant en général une vie limitée à quelques mois. La discrétion est de mise afin d'éviter une médiatisation contre-productive. Et le fait est que le message passe rapidement : un jour, à mon bureau, je reçois une lettre anonyme qui détaille par le menu l'organisation du trafic de stupéfiants dans le quartier, avec les noms des personnes impliquées et les points de deal !

J'avoue que, sur le moment, je ne cherche pas vraiment à connaître l'auteur de cette dénonciation. En revanche, je décide d'ouvrir immédiatement une enquête que je confie au groupe d'enquêtes antidrogue du commissariat de la Duchère. Les policiers, particulièrement motivés, planquent dans un appartement mis à leur disposition par l'office HLM, qu'ils rejoignent avec leur véhicule personnel afin de ne pas être identifiés. Les véhicules banalisés de police sont tous parfaitement connus des délinquants du quartier. Pendant trois mois, les enquêteurs assistent aux transactions de vente de drogue qui se déroulent dans l'immeuble d'en face. Une caméra prêtée par les douanes permet d'enregistrer les scènes de deal. Au total, 150 personnes, vendeurs et acheteurs, sont identifiées. Lorsque trois mois plus tard l'enquête est bouclée, le 25 janvier 1999 au petit matin, ce sont 19 portes d'appartement qui sont forcées en même temps. L'opération se traduit par de très nombreuses interpellations. Les perquisitions permettent de récupérer des objets volés lors de casse-béliers ou dans des bijouteries en Suisse. Le juge d'instruction nous suit dans notre démarche : sur les 133 personnes interpellées, 42 sont écrouées. L'instruction est bouclée rapidement, de même que le procès, qui est fixé prioritairement devant le tribunal correctionnel de Lyon. De nombreuses et importantes peines de prison ferme sont prononcées et très rapidement mises à exécution. Au terme de trois années de fonctionnement du GLTD, la délinquance a baissé de près de 70 % et le quartier est apaisé. Cela me vaudra un surnom comme *Libération* en a le secret : « le shérif de la Duchère ».

Magistrat de terrain

Tout au long de ces années lyonnaises, je resterai en prise avec le terrain. Ainsi, à Vaulx-en-Velin, deux ou trois fois par an, dans le cadre de réquisitions du parquet de contrôles d'identité et de fouilles de locaux à la recherche d'armes et de produits stupéfiants, je participe avec la police à des visites du quartier, et avec la commissaire de police à des contrôles de box de parking. Aussi, deux fois par an, je tiens la permanence de nuit du parquet durant toute une semaine, du samedi matin au samedi matin suivant. Je passe la dernière nuit du vendredi au samedi à l'hôtel de police de Lyon avec le service de nuit, où je statue sur les prolongations de garde à vue ; j'en profite pour partager, à 4 heures du matin, le repas des fonctionnaires de police, les « nuiteux ». Cela m'aide à mieux comprendre les difficultés et les contraintes auxquelles doit faire face la police dans son travail, tout en assumant mes responsabilités de magistrat du parquet. Si j'entretiens des relations de confiance avec les services de police, celles-ci ne doivent jamais exclure le contrôle. Je me montre ainsi particulièrement vigilant chaque fois que je me retrouve confronté à des violences policières : à la suite de la plainte d'un jeune délinquant dénonçant des violences volontaires au cours de sa garde à vue dans une brigade de gendarmerie au nord de Lyon – il avait été frappé à plusieurs reprises et arrosé à l'eau froide, en plein hiver, dans la cour de la brigade, un traitement inadmissible et indigne –, trois gendarmes ont, à ma demande, été mis en examen et incarcérés par le juge d'instruction que j'avais saisi du dossier.

Il m'arrive aussi parfois, la nuit, d'accompagner les équipes dans ce qu'on appelle des « opérations retours » : il s'agit de se poster à l'entrée de l'agglomération lyonnaise pour coincer les délinquants partis passer la soirée au Macumba, à Saint-Julien-en-Genevois, près de Genève, un club-discothèque où ils ont l'habitude de dépenser leurs liasses de billets, fruit de leurs exactions dans la région, tout en se livrant à du trafic de stupéfiants. La technique policière est bien rodée : à 3 ou 4 heures du matin, nous nous positionnons sur les sorties d'autoroute en bloquant tous les accès à l'agglomération lyonnaise depuis la Suisse. La plupart du temps, cela ne débouche pas sur grand-chose, mais cela témoigne de notre présence et de notre implication avec, je l'espère, un effet dissuasif…

Les maisons de la justice

Si, d'une manière générale, le parquet est surtout connu pour son action répressive, il reste que le volet prévention est tout aussi important et, personnellement, j'y suis très attaché. Dans ce domaine, ces années-là, c'est la grande époque des maisons de la justice et du droit. Ces MJD répondent à un concept de justice douce : en favorisant un rapprochement entre la justice et les citoyens, elles facilitent l'accès au droit dans les quartiers et elles permettent de pacifier les rapports entre les habitants, évitant que des litiges ne dégénèrent et s'attachant à prendre en charge la petite délinquance par des mesures alternatives aux poursuites pénales, c'est-à-dire des rappels à la loi, classements sous condition de soins ou de formation professionnelle, ou des médiations. Les primo-délinquants y sont convoqués pour se faire rappeler la loi et leurs obligations par des délégués du procureur.

Tous les deux mois environ, à la maison de la justice du 8e arrondissement, j'assure moi-même des permanences de médiation, hors de toute procédure pénale, sur la base des conflits de voisinage qui me sont signalés par l'office public des HLM de Lyon. Un jour, je suis amené à régler une banale histoire de nuisances sonores. La solution que je propose aux deux parties peut prêter à sourire et sembler d'une simplicité biblique, et pourtant ! Je réussis tout simplement à convaincre le locataire du dessus de troquer ses chaussures contre une paire de pantoufles en feutre pour faire moins de bruit lorsqu'il marche sur son plancher. Ce qui me vaudra une magnifique corbeille de fleurs, reçue à mon bureau deux jours plus tard. Sur un plan déontologique, il est formellement interdit à un magistrat d'accepter quoi que ce soit s'apparentant à un cadeau ou une faveur à l'occasion de ses fonctions juridictionnelles, je la fais donc aussitôt retourner à l'envoyeuse par la police. Cela n'empêchera pas cette dame de m'adresser chaque année des cartes postales à l'occasion de ses voyages ou des fêtes de fin d'année : j'ai encore reçu dernièrement un courrier à la Cour de cassation, une petite carte d'anniversaire très kitsch qui joue de la musique lorsqu'on l'ouvre ! J'avoue être à présent davantage touché que gêné par ces petits gestes souvent bien innocents, à condition bien entendu de ne pas me sentir « remercié » pour mon travail.

Alors que s'achèvent ces années lyonnaises, je peux dire que les seules incartades que je me sois accordées furent mes sorties d'escalade et de ski de randonnée. Je vais avoir tout le temps de réfléchir à ces similitudes entre mes deux passions, mon métier et la montagne, puisque, à peine parti de Lyon en septembre 2000 pour mon prochain poste de procureur de la République à Angers, je me casse le calcanéum. Les médecins appellent ça « la fracture de l'amant surpris », en référence à une époque où l'amant tombait d'une échelle ou d'un arbre en quittant trop précipitamment la chambre de sa belle illégitime ! Mon histoire est moins romantique, j'ai fait une mauvaise chute à la salle d'escalade… J'ai tout de même bien failli rester handicapé à vie. Heureusement, bien opéré, j'ai pu récupérer l'usage de ma cheville… et j'ai repris l'alpinisme et l'escalade six mois plus tard !

93, le « département monde »

Une Ferrari rouge

Une Ferrari rouge au pied d'une barre d'immeuble située au cœur de Bobigny, entre la préfecture et le palais de justice… L'image prise au vol à l'arrière de ma voiture de fonction est saisissante de contraste entre le luxe de la voiture et les bâtiments tristes de cette banlieue de Seine-Saint-Denis. La scène me semble tellement surréaliste que je demande à mon chauffeur de ralentir pour noter l'immatriculation. Quelques secondes qui me permettent d'apercevoir le « camion atelier » stationné à quelques mètres de la voiture et qui a sans doute servi à changer les plaques d'immatriculation… Ça sent le trafic à plein nez.

Dès que j'arrive à mon bureau, j'appelle Bernard Pasqualini, le chef de la sûreté départementale : « Bonjour, monsieur Pasqualini, Molins à l'appareil. Dites, je viens de voir quelque chose d'étrange, je pense que rien ne colle. On devrait ouvrir une enquête… »

Quelques semaines à peine suffiront aux enquêteurs pour découvrir le pot aux roses. La « propriétaire » de la Ferrari a été identifiée, il s'agit d'une jeune femme dont la situation financière est totalement incompatible avec la valeur de la voiture. Et, de fait, il s'agit d'une gigantesque affaire d'escroquerie ! Très vite, l'enquête s'oriente vers une véritable filière de blanchiment, un type de dossier complexe qui relève de magistrats spécialisés : la lutte contre la criminalité organisée, et c'est bien là ce dont il s'agit, c'est le lot quotidien des juges de la JIRS* (Juridiction interrégionale spécialisée) de Paris. Le parquet de Bobigny se dessaisit donc de l'enquête à leur profit et, en quelques mois, ils parviendront à démanteler toute la filière et à mettre hors d'état de nuire des truands d'Europe de l'Est qui sévissaient dans le milieu de la vente de yachts de luxe.

Comme quoi, à Bobigny plus encore qu'ailleurs, quand on est magistrat du parquet, il faut conserver l'instinct du chasseur !

Pluie et coulées de yaourt, un tribunal délabré

Bobigny, ce n'est pas un tribunal comme les autres. Beaucoup de nos concitoyens l'ignorent mais c'est le deuxième tribunal de France après celui de Paris, avec un volume d'activité presque équivalent. Le « 9-3 », c'est aussi le département où le taux de criminalité est le plus élevé. C'est enfin un « département monde », où se côtoient pas moins de 135 nationalités. L'histoire si particulière de ce tribunal compte pour beaucoup dans l'esprit des lieux. Une histoire récente puisque, d'abord logé dans des préfabriqués, le tribunal est né en septembre 1972, après que le département de la Seine, originellement « Département de Paris », a été découpé en quatre départements que nous connaissons aujourd'hui : Paris, les Hauts-de-Seine, le Val-de-Marne et la Seine-Saint-Denis. Trois nouvelles juridictions, Bobigny, Nanterre et Créteil, ont alors vu le jour. Le bâtiment de Bobigny actuel, avec ses façades vitrées censées symboliser la transparence de la Justice, encadrées par une armature en béton et en métal bleu électrique, date de 1987. Partant de rien, tout était à inventer, et l'esprit novateur et pionnier de ces débuts a traversé les années. C'est ainsi que les équipes de Bobigny se renouvellent sans cesse et sont toujours majoritairement composées de jeunes magistrats : deux tiers des effectifs du parquet n'ont pas sept ans d'ancienneté, et ils insufflent beaucoup de dynamisme dans le travail au quotidien.

Je crois qu'au fond de moi, depuis les années 1990, j'ai toujours su que j'irais. Ce département, pour un magistrat, c'est un défi. Je n'ai jamais regretté ce choix et aujourd'hui encore j'y reste très attaché. En 2004, je suis depuis trois ans directeur adjoint des affaires criminelles et des grâces au ministère de la Justice. Nos missions sont d'élaborer les normes, lois et décrets en matière pénale, d'établir et de conduire la politique pénale sur l'ensemble du territoire national et d'assurer la direction du casier judiciaire national. Après trois ans en administration centrale, j'ai envie de retourner en juridiction. J'ai cinquante et un ans, et vingt-cinq ans de fonction au parquet ; je pourrais prétendre à un poste de procureur général dans un ressort de cour d'appel de taille modeste. Mais, procureur général, c'est déjà un peu loin du terrain. Et moi j'ai toujours envie de rester au cœur de la cité, de travailler au cœur de l'action, de diriger une équipe et de mettre en œuvre une politique pénale adaptée aux problématiques d'un territoire. Je préfère donc passer mon tour pour le titre de procureur général et décide de me porter candidat pour le poste de procureur à Bobigny. Je pense avoir mes chances : la difficulté de la tâche et la mauvaise réputation du département n'attirent pas les foules et nous sommes donc peu nombreux à candidater. Ma candidature est retenue par le garde des Sceaux et reçoit l'avis favorable du Conseil supérieur de la magistrature et, en octobre 2004, je suis nommé procureur à Bobigny.

À mon arrivée, je découvre l'état de délabrement des locaux : le président du tribunal, Philippe Jeannin, m'explique tous les dysfonctionnements et toutes les anomalies du bâtiment. Infiltrations, chutes de fenêtres à l'extérieur. Il arrive aussi qu'il pleuve dans certaines salles d'audience, et il y a pire encore : dans un bureau situé au sous-sol, juste sous la pièce où sont stockés les produits alimentaires du restaurant administratif du palais, des infiltrations et des écoulements de produits frais viennent détériorer les minutes [1] des jugements qui y sont conservées dans un coin ! Philippe Jeannin ne décolère pas : « Jamais je n'ai vu ça en trente ans de carrière, mon cher François. Dans quelle galère vit-on ! »

Mais je ne suis pas au bout de mes surprises. Quelques semaines après mon arrivée, mon secrétaire général, Denis Fauriat, m'appelle : « Monsieur le procureur, nous venons de découvrir dans un bureau qui était

1. La minute est l'original du jugement. Elle est conservée au greffe qui ne doit en délivrer que des copies.

fermé à clé 70 000 procédures de police, essentiellement des plaintes contre X, qui n'ont jamais été enregistrées et n'ont donc jamais été traitées… »

Je suis sidéré. Il faut savoir que dans un parquet, toutes les procédures qui arrivent font aussitôt l'objet d'un enregistrement par ce que l'on appelle le « bureau d'ordre », composé de greffiers et de fonctionnaires. Cet enregistrement consiste à donner un numéro à chaque procès-verbal d'infraction et permet de suivre chaque étape de la procédure lorsque celle-ci part en enquête et en revient. Il permet de tenir les victimes informées des suites données à leur plainte. Je comprends que ces 70 000 procédures ont tout simplement été… oubliées ! J'accuse le coup et tente de réfléchir de manière pragmatique. Honnêtement, avec le temps qui s'est écoulé, plusieurs années pour certaines d'entre elles, elles n'ont plus aucune chance d'aboutir un jour. Que faire ? En concertation avec mes adjoints, j'opte pour ce qui m'apparaît la seule option envisageable, une décision peu satisfaisante, radicale : nous nous résignons à les classer en l'état, sans les enregistrer, pour repartir sur des bases saines. Et comme il n'est pas question qu'une telle situation, honteuse pour la justice et les citoyens, se reproduise, je décide de réorganiser totalement le bureau d'ordre. Au prix de moyens humains renforcés placés sous la direction d'un greffier, je fixe des objectifs : parvenir à un délai d'enregistrement des procédures dans les huit jours suivant leur arrivée au parquet. Pour motiver les fonctionnaires, je m'impose de passer régulièrement au bureau d'ordre, au moins une fois par mois pour faire avec eux un point de situation.

Contrairement à l'idée reçue, impossible n'est pas fonctionnaire : en quelques mois, l'objectif fixé sera atteint. Et lorsque ce jour-là nous nous retrouverons tous au bureau d'ordre, ce sera pour sabler le champagne !

Souder les équipes

Chaque année, au début du mois de septembre, les jeunes magistrats tout juste diplômés de l'ENM débarquent en nombre, ça peut aller jusqu'à quinze, au parquet de Bobigny. En moins de cinq ans, j'en accueillerai ainsi plus de cinquante fraîchement sortis de l'École. Ces jeunes ont besoin d'être formés, aidés, accompagnés, encadrés. Cette jeunesse, c'est ce qui fait à la fois la force et la faiblesse du parquet de Bobigny composé en octobre 2004 de seulement trente-quatre magistrats. Ils sont cinquante-six aujourd'hui. Si lorsqu'ils arrivent ils sont certes inexpérimentés, une fois lancés et soutenus ils donnent le meilleur d'eux-mêmes. Leur énergie, leur enthousiasme et leur dévouement compensent l'insuffisance des effectifs.

Il est important d'accompagner ces jeunes, plongés tout débutants dans un département hors norme. Je m'interroge : comment les aider ? Pourquoi ne pas organiser, sur le modèle de ce que font certaines grandes écoles, une sorte de « stage d'intégration » ? À ceci près que « mon » stage ne serait pas du tout destiné à faire la fête ni à s'adonner à un quelconque bizutage de plus ou moins bon goût. Au contraire, il serait très studieux, exigeant l'effort de tous dans un esprit de solidarité et d'amitié. L'idée serait de passer, à la fin du mois d'août, trois jours ensemble, lesquels seraient donc pris sur leur temps de vacances estivales et sur le mien.

C'est ainsi que dès la deuxième année, en août 2005, j'accueille à Bobigny mes premiers stagiaires. Les deux premiers jours sont consacrés à un séminaire de travail qui se tient au parquet. Je prends le temps de leur expliquer la politique pénale du département, avec toutes ses spécificités : à la fois ambitieuse et pragmatique, elle est adaptée à la capacité de jugement du tribunal et permet de traiter au mieux les 150 000 plaintes et procès-verbaux que nous recevons chaque année. Nos priorités sont la lutte contre la criminalité organisée et les différents trafics, notamment de stupéfiants, les violences, la délinquance sexuelle, l'habitat indigne et la délinquance des mineurs ainsi que l'enfance en danger. Il s'agit aussi de développer la troisième voie qui consiste, pour les délinquants primaires et les faits de moindre gravité, à privilégier les mesures alternatives aux poursuites que sont le rappel à la loi et la médiation, dans les six maisons de la justice du département.

Le troisième jour, j'embarque la petite troupe à Roissy. En effet, le premier aéroport international de France et second d'Europe génère des contentieux d'un type bien spécifique qu'il faut absolument connaître, axés sur le droit des étrangers, le droit douanier et la criminalité organisée à travers le trafic de stupéfiants et le pillage organisé des bagages des voyageurs. Jusqu'à mon départ de Bobigny, je plaiderai sans relâche pour la création d'une antenne du parquet au sein même de l'aéroport de Roissy. Hélas, j'ai quitté trop tôt la Seine-Saint-Denis pour la mettre en œuvre et le projet n'a jamais abouti. Il m'aura manqué quelques mois. À mon départ, les postes de magistrats nécessaires avaient été créés, malheureusement mon successeur n'a pas souhaité donner suite à ce projet auquel elle n'adhérait pas. La mise sur pied d'une telle antenne aurait pourtant soulagé le poids de la juridiction balbynienne, sous-dimensionnée, et permis au parquet de mieux remplir ses missions à l'aéroport de Roissy, lequel constitue de fait une sorte de second département. Dommage.

Quoi qu'il en soit, ces stages d'intégration organisés chaque année ont facilité la prise de fonctions des nouveaux parquetiers, soudant les troupes dès le départ et les sensibilisant aux spécificités de la Seine-Saint-Denis. Dans les années qui suivront, certains de ces jeunes deviendront mes plus proches collaborateurs. L'expérience m'a convaincu de la nécessité d'un engagement fort et d'une vraie présence du procureur pour diriger une équipe. Je prends ainsi l'habitude de descendre plusieurs fois par jour sur les plateaux de permanence téléphonique où, au moins une fois par trimestre, toute une journée, je tiendrai la permanence à leurs côtés, le casque sur les oreilles pour recevoir les appels téléphoniques des policiers et décider des suites à donner aux différentes affaires. Un peu surpris au début, mes collègues sont très heureux que leur chef partage ainsi leur quotidien. Certains policiers m'ayant reconnu sont un peu tétanisés d'avoir le procureur au téléphone, mais la majorité ne réalisent pas et me prennent pour un substitut lambda !

Toujours pour les mêmes raisons, dès mars 2006, je décide d'organiser chaque année une sorte de week-end « d'aération » cette fois, ou de *team building* comme diraient les Anglo-Saxons, en emmenant skier un groupe d'une dizaine de jeunes magistrats du parquet.

C'est ainsi qu'au fur et à mesure des années un petit groupe d'amis s'est constitué et qu'aujourd'hui, dix-sept ans plus tard, en dépit des mutations de chacun dans des tribunaux différents, nous continuons de nous retrouver sur les pentes enneigées des Alpes. C'est l'esprit « Bobigny ».

Un fonctionnaire indélicat

Dès mon arrivée à Bobigny, j'ai été rattrapé par la gestion de l'actualité délictuelle et criminelle du département, marquée par la délinquance des cités et un très haut niveau de violence. Les « stups », comme on dit, figurent en bonne place des problématiques à traiter. Au quotidien, les affaires s'enchaînent. Du classique, pourrait-on dire, avec sa cohorte de jeunes dealers des quartiers. Pourtant, pour habituelles qu'elles soient, l'une d'elles a bien failli me faire tomber de ma chaise.

Au sein du tribunal, il existe ce que l'on appelle un « service des scellés ». C'est un service extrêmement sensible puisque chargé du stockage de toutes les saisies réalisées au cours des enquêtes, y compris celles d'argent et de drogue. L'accès est bien entendu sécurisé, étroitement surveillé par caméra vidéo et restreint aux seules personnes habilitées. Mais voilà que, régulièrement, de la drogue disparaît. Je pense d'abord à un dysfonctionnement, tel qu'une erreur d'enregistrement du scellé concerné, d'autant qu'aucun retour des enquêteurs de la police judiciaire du 93 n'a permis d'identifier un quelconque voleur. Jusqu'au jour où les policiers de la brigade des stups (BSP) obtiennent un renseignement de la part de dealers de la place Stalingrad, à Paris : un homme de Seine-Saint-Denis vendrait de la cocaïne à prix cassé. Je saisis la PJ de l'enquête. Un jour, alors que j'ai rendez-vous à Paris avec un ami avocat pour déjeuner près du palais de justice, mon portable vibre. C'est le commissaire de la BSP : « Monsieur le Procureur, je vous avise que nous venons d'interpeller, en flagrant délit, à la sortie du tribunal de Bobigny, le fonctionnaire chef du service des scellés et pièces à conviction du tribunal. Il est porteur de cinq kilos de cocaïne. »

Le chef du service des scellés ? Cinq kilos de cocaïne ?! Les bras m'en tombent. Je quitte précipitamment mon déjeuner pour rentrer à Bobigny et rejoindre les policiers pour la perquisition qui va être effectuée au domicile du fonctionnaire interpellé. Celui-ci, effondré d'avoir été identifié et interpellé par la police à la sortie du tribunal, se réfugie dans le mutisme et ne me donne aucune explication sur ses actes. Nous trouvons à son domicile de l'argent partout, réparti dans plusieurs enveloppes, en tout 70 000 euros en liquide, du matériel hi-fi dans tous les coins et, cerise sur le gâteau, des documents prouvant que l'homme se fait construire une maison aux Antilles, un carbet, grâce à l'argent de la drogue ! Cette affaire mettra un terme aux nombreuses disparitions de stupéfiants et d'argent liquide que nous déplorions depuis des mois dans le service des scellés et pièces à conviction du tribunal.

Les marchands de sommeil : une cellule dédiée

L'actualité quotidienne en Seine-Saint-Denis, c'est aussi l'habitat indigne et insalubre. Le département connaît une situation particulièrement difficile et tendue en matière de logement : près de 50 000 demandes de logements sociaux ne sont pas satisfaites. Des petits malins ont saisi l'occasion pour développer une activité de marchand de sommeil au sein de grands ensembles immobiliers construits à la fin des années 1950 sous forme de copropriétés privées. Ils ont acheté dans ces résidences des appartements qui se vendent désormais à bas prix, dont ils louent chaque chambre pour un loyer de 500 à 600 euros. Ce sont des familles entières qui s'entassent dans ces pièces d'à peine dix mètres carrés. Le même phénomène se développe dans des pavillons que rachètent des marchands de sommeil souvent originaires des pays de l'Est, dont chaque pièce est louée à une famille différente. Si les maires sont très engagés dans la lutte contre ce type de trafic, en tant que procureur je suis investi d'une mission de protection des personnes les plus vulnérables. Lutter contre l'habitat indigne, c'est lutter pour le respect de la dignité humaine, ce qui constitue le cœur du métier de magistrat. Sur fond de crise du logement et de difficultés des migrants à trouver un toit, les marchands de sommeil pullulent, tirant profit de ces conditions de faiblesse. Sur un plan personnel, je suis profondément indigné de ces trafics qui prospèrent sur le dos des personnes les plus pauvres et les plus fragiles, au mépris de leur dignité. Je ferai de la lutte contre l'habitat indigne en Seine-Saint-Denis un combat prioritaire tout au long de ces années.

Je me rapproche de Mathias Vicherat, le sous-préfet du département. Nous obtenons de la gendarmerie la création d'une cellule d'enquête spécialisée de six gendarmes afin de mener à bien, et dans des délais très performants, toutes les enquêtes nécessitant des investigations complexes. Les résultats du travail de cette cellule, aussi méconnue qu'efficace, ne se font pas attendre : en une année, le nombre d'enquêtes est multiplié par six et de nombreuses poursuites pénales sont engagées devant le tribunal correctionnel, sanctionnées par des décisions de condamnation significatives, allant même jusqu'à la confiscation à Bondy d'un immeuble entier et au placement en détention d'un trafiquant louant de très nombreux logements indignes alors qu'il habitait, lui, à Paris, dans un hôtel particulier du 16e arrondissement !

La prévention, mon autre mission

Je ne suis pas qu'un procureur répressif. Je suis aussi très attaché à la prévention, ainsi qu'à l'éducation. C'est un autre aspect du travail de procureur, qui me plaît et dans lequel je m'investis. En Seine-Saint-Denis, cela se traduit par de nombreuses participations à différents GLTD (groupes locaux de traitement de la délinquance), ce mécanisme que j'ai expérimenté en région lyonnaise.

Parmi les actions de terrain que je mène, de Stains à Saint-Denis en passant par Pierrefitte-sur-Seine, La Courneuve et Montfermeil, il y a les formations des gardiens d'immeuble et des agents des services publics de proximité. Dans les quartiers gangrenés par la délinquance, la tendance générale consiste plutôt à en voir le moins possible, à fermer ses yeux et ses oreilles pour ne pas avoir d'ennui. Et même s'ils sont théoriquement au service de l'ordre et de la tranquillité dans leur immeuble, les gardiens des offices HLM ne font pas exception. Pourtant, s'ils ferment souvent les yeux, ils voient beaucoup de choses ! Et de fait, ils constituent une formidable source d'information pour la police et la justice. Il y a donc un enjeu majeur à les accompagner et les former. Tout le travail consiste à leur expliquer la loi et la manière dont peut s'articuler leur rôle, en collaboration avec la police et la justice. Cela peut sembler simple, pourtant cela ne va pas du tout de soi : peu d'entre eux connaissent le fonctionnement des institutions. C'est pourquoi, avec Pascale Dubois, commissaire divisionnaire de Saint-Denis, nous passons des après-midi entiers auprès des gardiens d'immeuble des offices publics des GLTD des quartiers, Floréal, les Saussaies et la Courtille, à déployer toute notre énergie et notre force de conviction pour les sensibiliser à l'importance de leur rôle et les rassurer sur la protection dont ils bénéficieront grâce à plusieurs dispositions du Code de procédure pénale et notamment le témoignage anonyme.

Dans un gymnase, assis en rond, face à face avec une vingtaine de gardiens d'immeuble qui nous expliquent les difficultés qu'ils vivent au quotidien et insistent sur les dangers qu'ils encourent s'ils collaborent avec nous, nous les rassurons. Nous leur expliquons l'aide que nous pouvons leur apporter et les meilleures façons de communiquer avec la police sans se faire repérer par les délinquants du quartier.

Je crois profondément à l'efficacité de cette stratégie, qui consiste à parler directement aux acteurs sur le terrain, à sortir de son bureau pour être dans la cité, en prise directe avec les élus, les habitants et leurs problèmes. Lorsque je me rends à la Cité des 4000, à La Courneuve, pour la première fois dans une voiture de police, les vitres à demi baissées pour éviter qu'elles n'éclatent en cas de jets de pierre, je ne parle à personne. Lorsque, quelques semaines plus tard, dans le cadre de mes visites de présentation aux maires du département, je retourne dans cette même cité, accompagné cette fois de Gilles Poux, maire de La Courneuve, je me retrouve à marcher dans la rue au milieu des gens, sans protection policière. On entre partout, on discute avec tout le monde. Même constat lorsque, toujours sans protection, je me déplace aux Bosquets, l'un des quartiers les plus difficiles du « 93 », seul avec la déléguée du parquet pour la politique de la ville : je suis en imperméable, costume cravate, pourtant nous n'aurons jamais aucun problème, même en rentrant dans les barres d'immeubles. Mais pas de provocation non plus, j'ai choisi le créneau horaire de la fin de matinée, quand tout est encore tranquille et que les délinquants ne sont pas encore levés ! D'où cette évidence : rien ne vaut la visite d'un quartier et le contact avec ses habitants pour comprendre leurs problèmes quotidiens.

Tout au long de ces années, je m'attache à réunir les quarante maires du département trois fois par an afin de leur expliquer la politique pénale du parquet pour lutter contre la criminalité. Chaque réunion est structurée autour d'un ordre du jour, déterminé en fonction des évolutions de la délinquance, des progrès que nous accomplissons et des problèmes survenus au cours des quatre mois précédents. Mais surtout, je les réunis pour les écouter. Je sais combien les élus sont des partenaires essentiels. Ils sont les meilleurs connaisseurs des territoires de leur commune : ils y sont au quotidien, au plus près des habitants. Et c'est ce « au plus près » que je m'attache à pratiquer dans la limite de mes possibilités. On ne règle pas les problèmes derrière les vitres d'un fourgon blindé.

L'affaire Zyed et Bouna : l'embrasement des banlieues

L'affaire Zyed et Bouna, c'est le souvenir le plus douloureux de ces quatre années à Bobigny. Ces deux jeunes garçons électrocutés dans un transformateur EDF, après une course-poursuite avec la police, je ne pourrai jamais les oublier. Je repense souvent à ces destins tragiques, à l'absurdité de leur mort et à la manière dont on aurait pu gérer la situation autrement. Aurait-on pu éviter cela ? Aujourd'hui encore, je n'ai pas la réponse.

Cette affaire débute par un quiproquo. L'archétype récurrent des mauvaises relations entre les jeunes et la police en Seine-Saint-Denis : des jeunes qui n'ont rien fait de mal et qui se mettent à courir dès qu'ils aperçoivent des uniformes s'approcher.

Ce 27 octobre 2005, à Clichy-sous-Bois, ce sont bien ces uniformes, ceux de policiers de la Brigade anticriminalité, qui ont provoqué la fuite d'un groupe d'adolescents qui passaient à proximité d'un terrain de chantier alors qu'ils rentraient à pied d'un match de foot. Dans leur course, trois d'entre eux pénètrent dans l'enceinte d'un site EDF. L'équipage de la BAC les suit, les appelle, les perd de vue, mais cela, on ne le sait pas encore. Car lorsque la nouvelle de la mort par électrocution de deux d'entre eux, Zyed et Bouna, et des blessures très graves du troisième, Muhittin, se répand dans le quartier, ce que l'on entend, c'est que c'est la faute de la police, d'une course-poursuite qui aurait poussé les trois jeunes à se cacher dans un endroit pourtant signalé comme dangereux.

Je donne ma première conférence de presse le lendemain du drame. Je tente de restituer le déroulement des faits avec des mots simples, d'être le plus factuel possible. Les informations qui me remontent ne semblent pas sujettes à polémique : pour moi, il est évident que les policiers n'avaient pas de visibilité sur l'entrée de l'enceinte EDF et qu'ils n'avaient donc pas pu voir les jeunes y pénétrer ; il est également évident pour moi que, s'ils les avaient vus, ils auraient tout tenté pour les sauver d'une mort certaine, pour autant que ça ait été encore possible, et auraient aussitôt avisé EDF et appelé les pompiers.

Fin de mon allocution. Vient alors le temps des questions de la presse. Un journaliste de *Libération* se lève, on lui tend un micro. Il m'interroge sur la responsabilité de la police : « Monsieur le procureur, pouvez-vous nous confirmer qu'il y a eu une course-poursuite de tous ces jeunes avec la police ? »

Dans ma réponse, sans voir le danger, je m'enferme dans une querelle sémantique et je conteste l'expression

« course-poursuite », car pour moi il est absolument évident qu'il n'y a pas eu de course à vue : si les policiers cherchaient les jeunes, c'était forcément qu'ils ne les avaient pas dans leur champ visuel. J'insiste : ils les *cherchaient*.

C'est cette question précise, course-poursuite ou pas, qui va mettre de l'huile sur le feu, un feu encore attisé par les déclarations du ministre de l'Intérieur Nicolas Sarkozy, qui dès sa première prise de parole exclut la faute policière et déclare que les trois victimes n'étaient pas poursuivies par la police. Le lendemain 28 octobre, en déplacement à Nancy, il va plus loin, affirmant que, « lors d'une tentative de cambriolage, lorsque la police est arrivée, un certain nombre de jeunes sont partis en courant ». Une version confirmée ensuite par le Premier ministre, Dominique de Villepin, qui affirme : « Il s'agit, selon les indications qui m'ont été données, de cambrioleurs qui étaient à l'œuvre. »

Compte tenu de la sensibilité de l'affaire, nous saisissons immédiatement le service départemental de police judiciaire de Seine-Saint-Denis. Les premières nuits sont particulièrement violentes, rien ne semble pouvoir apaiser les émeutiers. Des jets de cocktails Molotov visent la caserne des pompiers. La colère se propage dès le premier soir et va durer plusieurs semaines, essaimant bien au-delà de la Seine-Saint-Denis. De nombreux mouvements de rue ciblent les forces de l'ordre et les sapeurs-pompiers. Les émeutiers incendient les véhicules automobiles et commettent des actes de vandalisme contre des centaines de bâtiments publics, notamment de l'Éducation nationale. Le 8 novembre, le gouvernement proclame l'état d'urgence en Île-de-France et dans les grandes agglomérations, lequel sera prorogé la semaine suivante pour trois mois supplémentaires par le président de la République Jacques Chirac. Nous sommes tellement dépassés par la situation que le difficile travail de maintien de l'ordre devient notre priorité. Toutes les nuits, les fonctionnaires de police procèdent à des dizaines d'interpellations. Très vite, je me rends compte que l'organisation habituelle de la permanence téléphonique de nuit du parquet, qui se fait d'ordinaire depuis le domicile d'un magistrat, via le téléphone portable de permanence, n'est pas adaptée à la situation. Dans le cadre des émeutes, les comptes rendus téléphoniques faisant suite aux interpellations sont trop nombreux, cela devient vite ingérable. Je décide alors d'instituer une permanence spécialement dédiée aux violences urbaines, qui se tiendra dans les locaux de la Sûreté départementale. Les magistrats du parquet seront avisés au plus vite des faits les plus graves ainsi que des placements en garde à vue, un dispositif qui permettra de statuer immédiatement sur leurs suites.

Chacun notre tour, une nuit sur trois, avec mes deux procureurs adjoints Solange Moracchini et Patrick Poirret, et un substitut – les jeunes magistrats du parquet ont insisté pour être à nos côtés –, nous assurons la permanence et suivons en direct les échanges des patrouilles qui relatent les violences urbaines à mesure qu'elles se produisent dans le département ainsi que les interpellations menées.

Les nuits d'émeutes se succèdent et bien souvent je termine mon travail entre 4 et 5 heures du matin. Cette nuit-là, je suis vraiment fatigué. Pour rentrer plus vite, je décide de traverser les zones industrielles de Pantin et d'Aubervilliers. Je suis seul dans ma voiture, sans protection, et me retrouve au milieu de nombreux feux de poubelles. Je prends la mesure du danger et ne commettrai pas mon erreur deux fois : désormais, quels que soient l'heure et l'épuisement, je rentrerai par l'autoroute A3, trajet plus long mais moins risqué. Et je ne pourrai m'empêcher de noter le décalage avec le niveau de protection des officiels lorsque, huit jours plus tard, et alors que nous n'avions jusque-là reçu aucune manifestation de soutien de la part de notre hiérarchie, nous avons vu débarquer au tribunal « pour nous soutenir » le ministre de la Justice et le procureur général, ultra-protégés et entourés de policiers de la BRI armés comme des porte-avions.

Chaque nuit, dans notre QG de la DDSP, en présence de Bernard Pasqualini, chef de la sûreté, les communications radio nous font clairement prendre conscience de la peur des fonctionnaires de police face à une situation d'extrême violence qui peut basculer à tout moment. Progressivement, les émeutes se transforment en guérillas urbaines. Les faits prennent de l'ampleur jusqu'à atteindre un tour dramatique lorsqu'une handicapée physique est gravement brûlée dans l'incendie d'un bus à Sevran. De très nombreux commerces et édifices publics sont attaqués, un poste de police et une concession automobile à Aulnay-sous-Bois, le tribunal d'instance d'Aubervilliers et le conseil des prud'hommes de Bobigny sont incendiés. La préfecture du département, de nombreux collèges et lycées de la Seine-Saint-Denis sont aussi brûlés et ciblés par des jets de cocktails Molotov, sans compter les 1 300 véhicules incendiés en quelques semaines. Les seuls sites qui restent à l'abri des violences sont… des lieux de trafic : pas un débordement au Clos Saint-Lazare à Stains, par exemple, où les trafiquants ménagent leur business. Il reste que ces nuits nous laissent exsangues au parquet. Si l'on doit tout de même dégager un point positif dans ce cauchemar, c'est qu'il se révèle un ciment qui va souder pour longtemps les équipes, les jeunes et les moins jeunes.

Le 2 novembre, vers 15 heures, ma procureure adjointe Solange Moracchini reçoit un appel de Thierry Huguet, le numéro 2 de la police judiciaire du département : il a enfin pu récupérer et exploiter, dans l'heure qui a précédé son coup de fil, les bandes des conversations radio des policiers au cours de l'après-midi du 27 octobre. Dans ces enregistrements, on entend clairement parler l'un des membres de l'équipage qui cherche les deux jeunes : « S'ils entrent à l'intérieur, je ne donne pas cher de leur peau. »

Cette phrase laisse entendre que les policiers auraient vu les jeunes entrer dans le site EDF. La PJ saisit immédiatement la portée de cette découverte : c'est un point de bascule. Toute la communication faite jusqu'alors est mise à mal.

Il faut gérer la crise à venir. Entre le 2 novembre après-midi et le 3 novembre dans la nuit, conformément à mes instructions, la PJ effectue une retranscription écrite des bandes radio pour les intégrer dans la procédure. Les fonctionnaires de police concernés sont entendus jusqu'à 3 heures du matin. À 8 heures, les enquêteurs me transmettent leur procédure. L'après-midi même, je tiens une nouvelle conférence de presse et j'annonce que le parquet ouvre une information judiciaire contre X pour mise en danger de la vie d'autrui avec la désignation d'un juge d'instruction, garantie de l'indépendance de l'enquête.

Les jours et les semaines qui suivent, je m'enferme dans un sentiment d'incompréhension face aux critiques. On me reproche d'avoir tardé à désigner un juge d'instruction, insinuant que j'avais voulu garder l'enquête entre les mains d'un parquet qui, à l'époque, peut encore recevoir des instructions du ministre, et donc du pouvoir. C'est totalement faux. Objectivement, tant que je n'avais pas connaissance du contenu de ces conversations radio, je n'avais aucune raison d'ouvrir une information judiciaire confiée à un juge d'instruction. Mais dans cette affaire, il y a un tel décalage entre le trouble à l'ordre public et le contenu du dossier judiciaire que l'équation semble insoluble.

Dix ans plus tard, le procès des policiers aura lieu à Rennes. Il a été « délocalisé » dans un autre tribunal pour assurer la sérénité des débats, et pour des raisons évidentes de risque de trouble à l'ordre public s'il se tenait en Seine-Saint-Denis. Je ne serai pas étonné de la relaxe des deux policiers, poursuivis pour mise en danger de la vie d'autrui. J'ai toujours su, au regard du dossier, que ça finirait comme ça. S'ils avaient réellement vu entrer les jeunes dans le site EDF, ils seraient intervenus. Mais un procès public et contradictoire était évidemment nécessaire, autant pour les familles que pour la compréhension de tous dans la société.

De ces quatre années et demie en Seine-Saint-Denis, je ne regrette aucun moment. Elles furent aussi riches que difficiles. C'est à Bobigny que j'ai posé les premiers jalons de ce qui allait fonder ma communication de procureur à Paris quelques années plus tard. C'est à Bobigny aussi que j'ai rencontré tous ces jeunes magistrats qui m'accompagneront lors de mes postes suivants. Et en ce matin de juin 2009, dans la salle de réunion où j'ai convié tous mes collègues, je suis à la fois heureux et triste. Dans cette salle, nous avons partagé tellement de pots conviviaux, le vendredi soir pour décompresser après une rude semaine, ou en novembre pour fêter le beaujolais nouveau… Les fenêtres donnent sur l'aéroport de Roissy et sur les avions qui décollent. La gorge nouée, j'annonce à mes collègues que le temps est venu pour moi aussi de m'envoler. Je pars vers d'autres fonctions, appelé auprès de la ministre de la Justice Michèle Alliot-Marie comme directeur de cabinet. C'est ma dernière journée, je les quitte dès le lendemain.

Un pas de côté

Ces deux années et demie passées dans les cabinets ministériels vont constituer ce que je considère aujourd'hui comme une parenthèse dans mon parcours, ou un pas de côté, tant les fonctions de directeur de cabinet sont différentes de celles d'un magistrat. Après avoir beaucoup hésité, passant deux jours entiers à peser le pour et le contre, je les ai finalement acceptées, considérant que fort de mon expérience de procureur en prise avec la réalité du terrain je pourrais être utile à la Justice de mon pays en œuvrant au sein même de son ministère. Cette nomination à connotation politique a beaucoup surpris nombre de collègues : je n'appartenais à aucun parti et n'étais pas syndiqué.

S'il est vrai que le directeur de cabinet, choisi par son ministre, n'a pas forcément un engagement politique, il reste qu'il a une obligation particulière de loyauté à son égard. C'est un peu le chef de l'administration, chargé de veiller à la mise en œuvre des décisions et des choix politiques, et notamment budgétaires. En toutes circonstances, et en particulier à la moindre difficulté, il doit s'interroger et faire la part de ce qui relève de son niveau et de ce qui doit être porté à la connaissance de son ministre.

Ces deux ans et demi aux côtés de Michèle Alliot-Marie, puis de Michel Mercier, vont voir se succéder des faits divers dramatiques comme l'assassinat de Laëtitia Perrais, en Loire-Atlantique, en 2011, et les polémiques qui s'ensuivront. En effet, son meurtrier, Tony Meilhon, plusieurs fois condamné, avait été libéré après avoir purgé la majorité de sa peine sans que son suivi judiciaire par un conseiller d'insertion soit mis en place, faute de moyens suffisants des services de probation. Nicolas Sarkozy accusera l'institution judiciaire, menaçant de « sanctionner ceux qui ont couvert ou laissé faire cette faute ». Une attaque frontale particulièrement mal vécue par le monde judiciaire qui se met en grève du zèle durant quelques semaines, ne jugeant que les affaires les plus urgentes. En quelques jours, ce ne sont pas moins de 170 tribunaux qui relaient la grève et, le 10 février, des manifestations rassemblent près de 8 000 magistrats et fonctionnaires de justice partout en France.

Cette période se caractérise aussi par un énorme travail législatif, à travers de nombreuses réformes dont celles de la garde à vue, de la modernisation des professions du droit, de la réforme pénitentiaire, de l'amélioration des conditions de vie des détenus et de la prévention des suicides en prison.

La principale, entre 2010 et 2011, concerne le projet de réforme de la procédure pénale. Ces travaux vont nécessiter un fort investissement de ma part comme de celle du cabinet et de la Direction des affaires criminelles et des grâces. Ils doivent permettre la réécriture complète du Code de procédure pénale. Hélas, ce chantier restera inachevé, tant le projet suscite d'emblée une vive opposition de l'ensemble des syndicats de magistrats et de la doctrine universitaire : il prévoit en effet la suppression du juge d'instruction et l'instauration d'une procédure dans laquelle le parquet serait doté de pouvoirs d'enquête supplémentaires, sous le contrôle d'un juge, pour les actes les plus attentatoires aux libertés. Les opposants à la réforme y voient une tentative de mainmise du pouvoir sur les enquêtes. En réalité, pour que cette réforme soit à la fois efficace et équilibrée, et qu'elle fasse taire les critiques, il aurait fallu renforcer les garanties d'indépendance du parquet. Mais ce n'était pas prévu ; le projet n'était pas accompagné du projet de réforme constitutionnelle qui aurait été nécessaire pour le faire accepter. Je vais ainsi présider ou assister à plus de cinquante réunions pour un projet dont j'ai compris assez vite qu'en l'absence de réforme du statut du parquet, il était condamné d'avance.

Je garde de cette époque un sentiment de frustration d'autant plus vif qu'en janvier 2011 Nicolas Sarkozy, président de la République, devait finalement annoncer que s'il était réélu il mettrait en œuvre le projet de réforme constitutionnelle sur le statut du parquet. Que ne l'a-t-il fait plus tôt !

Au bout de deux ans, usé par les contraintes et la charge de travail du cabinet et agacé par la lenteur des rouages administratifs, dépendant d'arbitrages politiques qui me dépassent et que je ne partage pas toujours, je souhaite reprendre ma carrière de magistrat. Le terrain me manque, et j'en fais part à mon ministre, Michel Mercier. Celui-ci entend mes arguments et décide de soumettre ma nomination comme procureur de Paris au Conseil supérieur de la magistrature, lequel donne un avis favorable. Je reviendrai sur cette nomination qui fera quelques vagues lorsque j'aborderai les relations entre le parquet et le politique [1].

Ces deux ans et demi, pour éprouvants qu'ils furent, m'auront néanmoins été très utiles, m'apportant une connaissance et une compréhension affinées du fonctionnement des institutions de l'État et de ses arcanes, connaissance que je mettrai à profit dès mon installation dans mes nouvelles fonctions en novembre 2011.

---

1. Voir le chapitre suivant, « Le parquet de Paris et le politique ».

Le parquet de Paris et le politique

« La droite se procure un procureur » : suspicion et résilience

Lorsque j'ouvre *Le Canard enchaîné* ce mercredi de novembre 2011, je découvre le dessin du jour. Nicolas Sarkozy me tend une pelle et me désigne une pile de dossiers judiciaires dont celui de l'affaire Karachi : « Tiens, voici ton glaive de la Justice pour enterrer ça. » Le ministère de la Justice vient d'annoncer ma prochaine nomination à la tête du parquet de Paris et je suis représenté, en robe, à la merci du président de la République.

Je comprends qu'une campagne de presse commence contre moi.

Dans le quotidien *La Croix*, la journaliste Marie Boëton écrit qu'il me faudra « beaucoup d'agilité pour affronter les vents contraires, tant [mon] arrivée à la tête du parquet le plus sensible de France fait polémique ». Lapidaire, *L'Humanité* titre à son tour : « La droite se procure un procureur » et précise : « N'est-ce pas parce qu'il y a des affaires à écoper dans l'environnement de l'Élysée ? » En termes explicites, la presse, et à travers elle l'opinion publique, me fait le procès de mes précédentes fonctions en tant que directeur de cabinet de Michèle Alliot-Marie, puis de Michel Mercier, à la Chancellerie. Je ne serais qu'un « homme lige » de la droite. Quant aux syndicats de magistrats, ils voient dans ce projet de nomination un « signal désastreux » soulignant la sujétion du parquet à l'exécutif.

Profondément blessé dans mon amour-propre, je me sens mis en cause dans mon honnêteté, ma rigueur intellectuelle et mon serment de magistrat. Je vis très mal ces attaques répétées et je décide d'anticiper la réaction de ma famille en montrant à mes proches les différents articles de presse. Quelques jours plus tard, un matin, je trouve sur la table de la salle à manger, à côté de mon bol de petit-déjeuner, un mot d'une dizaine de lignes de Stéphanie, ma fille : à vingt-trois ans, c'est elle qui me réconforte. Elle me dit qu'elle croit en mes qualités et n'a jamais douté de ma droiture.

Comme il n'est pas dans ma nature de me laisser décourager, je m'attelle à ma prise de fonctions avec un moral d'acier, bien décidé à prouver à mes détracteurs qu'ils ont tort de me faire ce procès d'intention. Cette volonté ne me quittera plus jamais.

Dès le lendemain de mon décret de nomination, le 23 novembre, j'arrive à 8 heures au tribunal. Le ménage a été fait dans le bureau de mon prédécesseur, je n'ai plus qu'à déballer mes quatre ou cinq cartons remplis de documents personnels et de quelques objets qui me tiennent à cœur, comme ce cadre en verre qui contient un bout de pelouse du Stade de France datant de la Coupe du monde de 1998, que l'on m'a offert à mon arrivée à Bobigny et qui, depuis, me suit partout. En m'asseyant à ce qui est désormais mon bureau, je ressens une immense fierté d'occuper ce poste prestigieux, fierté qui décuple ma motivation. Car il faut bien l'avouer, ce poste de procureur de Paris, à la tête du premier parquet de France, avec des enjeux considérables et forcément sensibles, c'est un peu « le Graal ». À ce moment-là, il concentre encore toutes les compétences qui aujourd'hui se trouvent réparties entre le procureur de Paris, le procureur national financier* et le procureur national antiterroriste. À ce sentiment de fierté viennent s'ajouter une certaine fascination mais aussi une pointe d'angoisse à la perspective de diriger un si grand paquebot.

Pour calmer ce bouillonnement intérieur, je me mets tout de suite au travail ; je quitte la pièce pour aller à la rencontre des équipes, saluer magistrats et greffiers dans les six divisions, les seize sections de permanence et les différentes sections spécialisées (majeurs, mineurs, économique et financier, presse et libertés, santé publique, terrorisme, criminalité organisée, exécution des peines) qui composent le parquet de Paris, lequel compte plus de 120 magistrats et 350 fonctionnaires. J'ai pris cette habitude de débarquer sans prévenir dans les bureaux, considérant que le procureur est chez lui partout dans son parquet. Cette attitude bouscule peut-être les usages mais elle correspond à ma méthode de travail, qui privilégie le contact direct avec tous, quel que soit le niveau hiérarchique, et en face-à-face plutôt qu'au téléphone. J'ai constaté que cela facilitait les échanges sur le fond comme sur la forme. Pour moi, un chef doit s'attacher à connaître ses équipes dans l'exercice quotidien de leur travail, qu'il s'agisse de leur environnement ou de leur personnalité, tant sur le plan professionnel que sur le plan humain. Et pour cela, rien de tel qu'une réelle proximité, de la spontanéité et de l'imprévu.

Il me faudra six mois pour prendre toute la mesure du parquet de Paris. La période n'est pas simple : à mon arrivée, je ne suis entouré d'aucun proche au sein de mon équipe. Je ne pourrai remédier à cette situation que progressivement, l'année suivante, au fil des mois, avec l'arrivée d'anciens de Bobigny, à commencer par Denis Fauriat, mon secrétaire général, que je pourrais qualifier de fils spirituel tant l'on se connaît par cœur après quatorze ans ininterrompus de travail en commun. Puis arriveront Agnès Thibault-Lecuivre, cheville ouvrière de la communication du parquet de Paris jusqu'en 2017, et Laure Vermeersch, l'un des éléments majeurs de la réussite du partenariat entre le parquet et la mairie de Paris dans les domaines de la prévention de la délinquance, de la politique de la ville et de l'aide aux victimes. Enfin, Annabelle Philippe, qui passera quelques mois au parquet des mineurs avant de prendre la tête de la section presse et libertés, section très sensible qui s'occupe de toutes les affaires relatives à la liberté d'expression, mais aussi des violences illégitimes commises par les fonctionnaires de police et les gendarmes. Leur arrivée va m'aider considérablement dans mes responsabilités de procureur du plus grand tribunal de France. J'ai une confiance absolue en ces jeunes magistrats que j'ai connus à Bobigny et qui sont d'une extrême loyauté, sachant toujours me dire quand ils ne partagent pas mon opinion. Tous sont très compétents et se font une haute idée de leur mission au service de la Justice. Leur présence à mes côtés sera pour beaucoup dans la réussite des actions qui seront entreprises pendant ces sept années au parquet de Paris.

En attendant, je prends les dossiers l'un après l'autre, méthodiquement. Mon obsession consiste à prouver à tous mon impartialité et ma résistance à d'éventuelles pressions du pouvoir. Et dès le début de cette année 2012, je vais y être confronté, avec des signaux venus du politique.

Quand Nicolas Sarkozy me demande mes intentions : le dossier Tapie

Un vendredi matin de mars 2012, je suis convié à l'Élysée par Nicolas Sarkozy, qui me reçoit dans son bureau en présence de son conseiller Justice. Il me demande quelles sont mes intentions en ce qui concerne l'enquête en cours au parquet de Paris sur l'arbitrage Tapie. Je sais pertinemment que ce dossier empoisonne la droite, car c'est sous le quinquennat de Nicolas Sarkozy qu'en 2007 la décision de recourir à un tribunal arbitral a été prise par Bercy. Christine Lagarde est alors ministre de l'Économie et des Finances. Pour qui ne connaît pas le dispositif, un arbitrage consiste à recourir à des personnalités qualifiées, des tiers neutres, pour mettre fin à des litiges, la plupart du temps entre personnes ou groupes privés. Cela se pratique couramment dans le monde des affaires, plus rarement lorsque l'État est impliqué. Quoi qu'il en soit, c'est l'option qui a été retenue à l'époque et l'affaire n'en finit pas de durer. Cela fait maintenant des années que Bernard Tapie se bat devant les tribunaux pour obtenir réparation de son préjudice lors de la vente d'Adidas au Crédit lyonnais, banque publique, et cela coûte énormément d'argent à l'État, estime-t-on à Bercy.

Sauf qu'en 2008, lorsque les trois « juges arbitres », c'est ainsi qu'on les nomme, décident d'attribuer près de 403 millions d'euros à l'homme d'affaires, auxquels s'ajoutent 45 millions d'euros au titre du préjudice moral, payables par l'État, et qu'aucun recours n'est lancé par ce dernier, la polémique enfle. La somme, colossale, sera finalement réduite après épuration des dettes de Bernard Tapie, mais Christine Lagarde, qui entre-temps a pris la tête du Fonds monétaire international, se retrouve rapidement dans le viseur de la justice. Sous le coup d'une enquête devant la Cour de justice de la République*, elle sera condamnée en 2016 pour « négligence », mais dispensée de peine.

Si je n'ai aucune prise sur cette procédure qui est suivie par Jean-Claude Marin, le procureur général près la Cour de cassation, il faut bien comprendre qu'il n'en est pas de même sur la seconde enquête, ouverte cette fois au parquet de Paris par mon prédécesseur, et qui met en cause le CDR (Consortium de réalisation), structure publique chargée de gérer les dettes de la banque. Il faut rappeler qu'en 2012 l'exécutif a toujours la possibilité de donner des instructions aux procureurs dans des affaires individuelles, disposition qui ne sera supprimée qu'en juillet 2013, mettant fin à la suspicion dans les enquêtes confiées aux différents parquets. Or l'enquête dont il est question, ouverte au mois de juin 2011, vise implicitement le président du CDR, soupçonné d'avoir sciemment dissimulé des informations à son conseil d'administration dans la décision de recourir à l'arbitrage. Mais, en creux, la justice cherche à savoir si les ordres ne provenaient pas de tout en haut, du président de la République et du secrétaire général de l'Élysée. D'autant que Bernard Tapie n'a jamais caché avoir été très proactif pour faire entendre ses arguments auprès du pouvoir et de Nicolas Sarkozy qu'il avait soutenu lors de l'élection présidentielle de 2007. Autant dire qu'en pleine campagne présidentielle, le sujet est sensible.

L'entretien est courtois. Ma réponse ne le satisfera pas vraiment : « Monsieur le président, l'enquête de police n'est pas terminée, les policiers doivent encore accomplir un certain nombre d'investigations. Je prendrai ma décision à l'issue de cette enquête, lorsque j'aurai tous les éléments en ma possession ». Nous nous quittons là-dessus.

En septembre 2012, à la clôture de l'enquête de la PJ, j'ouvrirai une information judiciaire qui sera confiée à trois juges d'instruction du pôle financier parisien.

Le débat présidentiel du 2 mai 2012

Au mois de mars, les tueries de Montauban et Toulouse perpétrées par Mohamed Merah contre des militaires et une école juive, j'y reviendrai, provoquent un choc immense dans le pays, confronté à la première salve du terrorisme islamiste qui va s'abattre pendant plusieurs années sur la France. La classe politique et la justice commencent à ouvrir les yeux, et entre le pouvoir exécutif et l'institution judiciaire, l'heure est davantage à la cohésion qu'à la suspicion.

Seul accroc dans cette période de trêve : un débat télévisé, en direct, dans la dernière ligne droite de la campagne électorale, entre Nicolas Sarkozy et François Hollande. Ce dernier, et j'ai appris bien plus tard qu'il l'avait regretté, apostrophe son rival en fustigeant sa vision de l'indépendance de la justice avec ma nomination à la tête du parquet de Paris, moi, l'ancien directeur de cabinet de Michèle Alliot-Marie : « Et vous avez fait nommer procureur de la République de Paris le directeur de cabinet du garde des Sceaux, ça ne s'était jamais fait. Ce n'est pas l'homme que je mets en cause, c'est celui qui l'a nommé ! » Sans se démonter, Nicolas Sarkozy lui renvoie un argument imparable : « Le Conseil supérieur de la magistrature a donné son accord pour cet homme d'une intégrité absolument remarquable. »

Du fond de mon canapé, malgré les précautions de langage me concernant, j'ai juste envie de disparaître de honte : être ainsi un point de discorde, montré du doigt au cours du débat pour l'élection présidentielle, un débat suivi par des millions de personnes !

Christiane Taubira, de la méfiance à la confiance

Lorsque la gauche remporte l'élection au mois de mai 2012, Christiane Taubira est nommée au ministère de la Justice. Au démarrage, les relations sont compliquées, empreintes d'une certaine méfiance, essentiellement avec le cabinet de la ministre, à l'affût du moindre faux pas de ma part. Je me sens « sous surveillance » en quelque sorte. Je m'en rends compte lorsque je participe aux préparatifs de la loi antiterroriste du 21 décembre 2012. Il s'agit de la loi qui va étendre les compétences du parquet de Paris en matière de terrorisme, lui permettant de poursuivre l'infraction d'association de malfaiteurs terroriste commise à l'étranger par un Français ou un étranger résident habituel en France, et ce afin de remédier aux failles constatées lors de l'affaire Merah [1]. Eh bien, que ce soit pendant les réunions au ministère de la Justice ou entre les réunions, on ne m'adresse quasiment pas la parole ! Toutes les discussions se font directement avec le chef de la section antiterroriste, Olivier Christen.

Par ailleurs, je m'aperçois que le sort de mon parquet fait l'objet d'un traitement « particulier » : durant les premiers mois, je dois composer avec près de vingt postes vacants de magistrats, soit près d'un sur six, et des dizaines de postes vacants de greffiers !

Enfin, on ne me reçoit jamais au cabinet de la ministre, on ne sollicite pas davantage mon avis sur les nominations au sein du parquet de Paris.

Excédé, je finis par demander un rendez-vous auprès du secrétariat de Christiane Taubira pour me plaindre de cette disgrâce et des nombreuses vacances de postes de magistrats et de greffiers.

La ministre me reçoit et contre toute attente l'entretien est très cordial. Christiane Taubira est une femme cultivée, qui possède une grande élégance d'esprit,

1. Cf. chapitre suivant, « Les tueries de Toulouse et Montauban ».

doublée d'une personnalité riche, charmeuse et très politique. À compter de ce jour, nos relations ne vont aller qu'en s'améliorant. La garde des Sceaux comprend au fil des mois que je travaille loyalement, sans esprit partisan. Et de son côté, tout comme le président François Hollande, elle se montrera toujours très respectueuse de l'indépendance de la justice. C'est elle, rappelons-le, qui portera la loi sur la fin des instructions individuelles dans les dossiers judiciaires. Et lorsqu'en septembre 2012, à l'issue de l'enquête conduite par le parquet de Paris dans l'arbitrage Tapie, je décide d'ouvrir une information judiciaire, cela met un point final à toute suspicion à mon endroit de collusion avec la droite.

Je ne me doute pas qu'un an plus tard je vais avoir une nouvelle occasion de prouver mon indépendance, avec une affaire explosive.

L'affaire Cahuzac, quand Mediapart demande l'ouverture d'une enquête

Nous sommes en pleines vacances de Noël, fin 2012. Le 29 décembre, je rentre en voiture à Paris après avoir passé le réveillon auprès de ma mère, dans les Pyrénées-Orientales. À mi-parcours, je découvre dans ma boîte mail le courrier qui vient de m'être adressé au parquet de Paris par Edwy Plenel : le président-fondateur de Mediapart demande l'ouverture d'une enquête judiciaire sur les faits révélés par sa rédaction le 4 décembre 2012 et qui secouent le gouvernement depuis trois semaines.

Selon Mediapart, Jérôme Cahuzac, ministre délégué au Budget du gouvernement Ayrault, aurait été le détenteur de plusieurs comptes bancaires non déclarés, en Suisse et à Singapour. Mediapart met en ligne un enregistrement présenté comme un échange entre Jérôme Cahuzac et son gestionnaire de fortune, échange qui corrobore les informations publiées par le site. Bien entendu, dès le lendemain de ces révélations le ministre du Budget dément publiquement les accusations, « les yeux dans les yeux », devant l'Assemblée nationale. Et d'annoncer fort logiquement son intention de poursuivre Mediapart en diffamation. La procédure est ouverte dans la foulée.

Mais, dans ce courriel qu'il a rendu public, Edwy Plenel attend tout autre chose : ce qu'il demande, c'est l'ouverture d'une enquête pénale sur le fond. Cela me plonge dans un abîme de perplexité. Car si la procédure en diffamation est lancée et va suivre son cours, il est vrai qu'elle n'est pas de nature à purger le fond de l'affaire : elle permettra « seulement » de dire si les éléments constitutifs du délit de diffamation sont réunis ; mais sa finalité première ne sera pas de mener des investigations pour savoir si Jérôme Cahuzac est, oui ou non, détenteur de comptes bancaires non déclarés à l'étranger. En matière de diffamation, le mis en cause peut en effet apporter la preuve de la vérité du fait diffamatoire, mais seulement sous certaines conditions très strictes et en suivant une procédure extrêmement formaliste.

On ne saurait donc jamais la vérité sur le fond de l'affaire ? C'est intenable.

Je prends une feuille de papier, je trace deux colonnes « avantages » et « inconvénients » pour catégoriser les deux possibilités qui s'offrent à moi. Il n'y a en réalité aucun inconvénient à ouvrir une enquête. Au contraire, ne rien faire serait à l'opposé de ma mission qui consiste à déterminer si une infraction alléguée est constituée ou pas. Ouvrir une enquête m'apparaît comme la seule solution viable pour vérifier la réalité des accusations de Mediapart. Mais la voie est étroite avec le « verrou de Bercy », ce dispositif qui empêche le parquet d'ouvrir une enquête sur des faits de fraude fiscale qui n'auraient pas été dénoncés par le ministère des Finances après avis conforme de la Commission des infractions fiscales. Autant dire que dans ce cas précis cela n'aura jamais lieu !

L'unique possibilité juridique consiste donc à ouvrir une enquête préliminaire des chefs de blanchiment de fraude fiscale.

Je détermine comme angle d'accroche la nécessité de vérifier l'authenticité de l'enregistrement téléphonique entre Jérôme Cahuzac et l'un de ses proches, entretien au cours duquel on entend le ministre évoquer un compte en Suisse. De deux choses l'une : soit l'enregistrement est réel, et il constituera un indice important de la commission de l'infraction dénoncée, soit il s'agit d'une manipulation, et cela tombera sous le coup d'un délit de dénonciation imaginaire. Quoi qu'il en soit, il faut vérifier. Du résultat dépendra la suite de l'affaire, un classement sans suite ou, à l'inverse, une poursuite pénale à l'encontre du ministre du Budget.

J'annonce donc à mon procureur général, François Falletti, mes intentions, et le 8 janvier 2013 j'ouvre une enquête préliminaire pour blanchiment de fraude fiscale et publie un communiqué expliquant les motifs de l'ouverture d'une telle enquête. La décision n'est pas facile à prendre. J'ai beaucoup échangé avec mes collègues sur les fondements juridiques de l'ouverture de l'enquête. Mais j'ai la certitude de prendre la seule bonne décision possible. Il me faut préciser en toute transparence que je n'ai reçu aucune consigne, aucune pression de mon procureur général, pour me faire renoncer à cette décision.

Subtiles pressions : une dépêche de la Chancellerie

Mais le politique utilise parfois d'autres voies, plus subtiles. Ainsi quelques jours plus tard suis-je destinataire d'une dépêche émanant de la Chancellerie, très certainement après une concertation entre ministères, demandant au parquet de Paris d'entamer des poursuites pénales contre Mediapart pour diffamation publique contre un membre du gouvernement.

Le gouvernement cherche à défendre l'un des siens et estime donc à son tour que les écrits de Mediapart sont diffamatoires. Nous refusons de donner suite à cette plainte, car les textes disposent que ce délit n'est constitué que si le ministre est visé à raison de ses fonctions ou de sa qualité, ce qui n'est pas le cas. Les faits reprochés ont été commis par Jérôme Cahuzac avant sa nomination au gouvernement. Nous faisons donc connaître au ministère de la Justice que cette plainte, telle qu'elle est formulée, n'est pas recevable. L'analyse juridique est inattaquable, il faut néanmoins l'assumer.

Le second écueil arrive sous une forme inattendue : quelques semaines plus tard, lors d'un déjeuner près du palais de la Bourse, une journaliste spécialisée me questionne pour avoir la confirmation que le gouvernement suisse a bien transmis à Bercy des informations qui tendraient à blanchir Jérôme Cahuzac. Or, en réalité, cette demande de renseignements adressée aux autorités helvétiques n'émane pas de l'enquête judiciaire, mais directement de l'administration fiscale, qui, dans le cadre de la convention fiscale franco-suisse, s'est tournée vers son homologue helvète. Si, à première vue, le renseignement semble innocenter Jérôme Cahuzac, en réalité il se révèle totalement biaisé, car il ne porte que sur une période donnée, période à laquelle ce compte bancaire était effectivement clôturé. Je me garde bien de confirmer quoi que ce soit à la journaliste et le renseignement sera pris pour ce qu'il est par les enquêteurs à qui Bercy l'a bien évidemment communiqué : un élément à compléter.

Le 18 mars, les conclusions de l'expert attestent de la véracité de l'enregistrement téléphonique au sujet du compte en Suisse. Son analyse renforce de façon significative l'hypothèse que le ministre du Budget est bien le locuteur. Par ailleurs, plusieurs témoins reconnaissent la voix de Jérôme Cahuzac dans l'enregistrement, et l'enquête permet de déterminer que le ministre est en lien étroit avec des personnes spécialisées dans la gestion des patrimoines et des prestations bancaires *offshore*. Par conséquent, une seule issue s'impose : l'ouverture d'une information judiciaire pour blanchiment de fraude fiscale, et la désignation de juges d'instruction pour approfondir les investigations en France et à l'étranger.

Pour la seconde fois dans ce dossier, j'avise mon procureur général, c'est la voie hiérarchique. L'information va remonter jusqu'à la Chancellerie, au gouvernement et jusqu'au plus haut niveau de l'État. Cette fois encore, mon parquet publie un long communiqué, à 15 h 58 exactement, rédigé avec un soin tout particulier, s'attachant à expliquer dans le détail les éléments à charge et à décharge.

L'objectif consiste à être le plus exhaustif possible afin d'être irréprochable d'impartialité, mais le résultat va se révéler dévastateur pour Jérôme Cahuzac. L'exécutif est parfaitement au courant que l'annonce est imminente et choisit de réagir vite. À 19 heures, un communiqué de l'Élysée annonce qu'il est mis fin aux fonctions du ministre du Budget. Je dois avouer que nombre de mes collègues du parquet sont tétanisés : ce sentiment de précipiter la démission d'un membre d'un gouvernement est vertigineux, et tous les arguments raisonnables sur le bien-fondé d'une telle décision ne peuvent l'apaiser. Nous vivons de l'intérieur un moment d'histoire de la vie politique française. Pour ma part, une fois la décision prise, je suis presque « zen », avec la sensation du devoir accompli, et, à l'heure du déjeuner, je pars faire du sport dans ma salle d'escalade pour me vider la tête et faire retomber la pression.

Quant à Jérôme Cahuzac, c'est à partir de là qu'il change radicalement de stratégie de défense. Le jeudi 28 mars, le désormais ancien ministre passe du déni aux aveux avec la publication de sa lettre sur Facebook. Son nouvel avocat, Jean Veil, organise avec le juge d'instruction Renaud Van Ruymbeke la présentation de son client en vue de sa mise en examen.

La naissance du Parquet national financier

Faut-il rappeler à ce stade que c'est ce dossier Cahuzac qui a déclenché, fin décembre 2013, la création du PNF, le Parquet national financier ? Cette nouvelle institution judiciaire s'inscrit dans une politique publique de transparence démocratique et de lutte contre la fraude et les atteintes à la probité. Je l'avoue, j'ai initialement mal vécu ce projet. J'y ai vu une sanction déguisée, qui consistait à soustraire à la compétence du parquet de Paris les dossiers financiers les plus importants. Je m'y suis donc opposé lors de mes auditions par les commissions des lois de l'Assemblée nationale et du Sénat dans le cadre de l'examen du projet de loi déposé par le gouvernement.

Lorsque le 1er février 2014 le Parquet national financier est institué, je commence par résister et préviens que je ne me dessaisirais du dossier Cahuzac qu'en application d'instructions écrites. Je les reçois finalement de mon procureur général et les verse au dossier de la procédure dans un souci de totale transparence.

Il me faut ensuite être bon joueur, respecter la loi et me comporter en digne et loyal magistrat, comme l'exige notre serment : une fois le PNF créé, il est naturel qu'il reprenne certains dossiers, y compris les plus emblématiques, et je l'accepte… Je dois quand même assurer Christiane Taubira, un peu inquiète, de ma loyauté envers ce nouveau parquet spécialisé…

Les années à venir montreront toute la compétence et l'utilité du PNF et j'ai par la suite parfaitement travaillé avec lui, de 2014 à 2018, entretenant les meilleures relations avec sa cheffe, Éliane Houlette. Aucun nuage n'est jamais venu troubler notre coopération qui n'a eu qu'un seul but : améliorer la détection et la répression de la criminalité financière.

L'affaire Bygmalion

En février 2014, un article du *Point* lance une affaire qui va avoir un énorme retentissement médiatique et fortement ébranler la sphère sarkozyste et le parti UMP. Le 27 février, l'hebdomadaire révèle un certain nombre d'éléments factuels laissant penser que le président de l'UMP, Jean-François Copé, aurait favorisé l'agence de communication et d'événementiel Bygmalion, fondée par deux de ses proches, pour l'organisation de la campagne de Nicolas Sarkozy pour les élections présidentielles de 2012.

Comme pour l'affaire Cahuzac et les révélations de Mediapart, impossible de ne pas ouvrir d'enquête. Mais, contrairement à ce qui était le cas pour l'affaire Cahuzac, je ne dispose d'aucun élément tangible : pas d'enregistrement, pas de preuve matérielle ! J'ai seulement l'article du *Point*. Le 5 mars 2014, je décide donc d'ouvrir une enquête préliminaire pour faux, abus de confiance et abus de biens sociaux sur la seule base de cet article de presse, compte tenu des éléments qu'il contient. Il s'agit en quelque sorte d'une « enquête d'environnement », afin de vérifier la crédibilité des éléments dénoncés par l'hebdomadaire avant de pousser plus loin les investigations.

Le 14 mai, c'est le tour du quotidien *Libération*, qui avance de nouvelles accusations, affirmant que des prestations facturées 18 millions d'euros à l'UMP n'auraient en réalité jamais existé. Pour vérifier, le seul moyen est de lancer des perquisitions. Mais pour cela, la loi exige la validation préalable du juge des libertés et de la détention*, lequel nous la refuse, invoquant le manque d'éléments probants qui justifient notre demande.

Le 26 mai, Patrick Maisonneuve, avocat de l'un des directeurs de Bygmalion, organise une conférence de presse : une communication bien orchestrée qui devance l'enquête judiciaire. Confirmant l'émission de 10 millions d'euros de fausses factures, Me Maisonneuve explique que les fausses factures ne seraient qu'un montage pour dissimuler le dépassement des frais de campagne de Nicolas Sarkozy. Bien involontairement, c'est lui qui va nous permettre de débloquer la situation ! En effet, ces informations révélées au grand public vont nous amener à renouveler immédiatement notre demande au juge des libertés et de la détention qui, cette fois, autorise les perquisitions dans les locaux de Bygmalion et de l'UMP.

Dans la soirée, magistrats et enquêteurs investissent le siège de l'UMP. La perquisition, effectuée par la police judiciaire en présence de plusieurs magistrats du parquet, commence peu avant 21 heures, heure limite fixée par la loi pour commencer une perquisition domiciliaire. Elle va se poursuivre toute la nuit. Nous clôturerons rapidement cette enquête préliminaire afin de saisir les juges d'instruction, ce que nous ferons le 27 juin.

Cette affaire génère elle aussi beaucoup de pression autour de chaque décision car les enjeux sont là : derrière Bygmalion se profile la question de la responsabilité pénale de hauts responsables politiques, et notamment de Nicolas Sarkozy.

Le juge, un acteur politique ?

Ces dossiers Tapie, Cahuzac et Bygmalion ne constituent bien sûr que l'échantillon le plus saillant de l'ensemble des affaires politico-financières que je vais avoir à traiter tout au long de mes sept années au parquet de Paris. Elles concernent tous les courants politiques sans exception, de droite et de gauche comme du centre. Toutes seront traitées avec la plus grande neutralité et une totale impartialité. Elles démontrent que la justice pénale est aujourd'hui omniprésente, ce qui explique que les rapports qu'elle entretient avec le monde politique se soient progressivement tendus et détériorés. À l'heure où j'écris ces lignes ils ne sont pas bons, et l'incompréhension entre ces deux mondes est alimentée par un manque de connaissance réciproque. La justice est ainsi accusée de s'immiscer excessivement dans le domaine politique, voire de se substituer aux politiques, alors qu'elle remplit tout simplement son office dans le respect des textes qui le régissent.

Dans le domaine politico-financier, les infractions sont par définition le plus souvent occultes. Le journalisme d'investigation occupe aujourd'hui une place de plus en plus importante, y consacrant des moyens toujours plus conséquents. Des journalistes sont spécialisés dans ce type d'enquête. Lorsque le résultat de leurs investigations est crédible ou mérite d'être vérifié, il me paraît normal que la justice engage des enquêtes sans attendre que l'infraction soit portée à sa connaissance par un signalement des organes de contrôle. L'expérience montre en effet que bien souvent ce dernier est inexistant, ou trop tardif. Qui comprendrait alors qu'un procureur, avisé de telles infractions, s'abstienne d'ouvrir une enquête pour en vérifier la véracité ?

En réalité, ce n'est pas le juge qui est devenu un acteur politique, c'est l'homme politique qui est devenu un nouveau justiciable, et il convient de s'interroger sur les raisons profondes qui ont conduit à cet état de fait. Le temps ne serait-il pas venu de renforcer davantage les contrôles et les garde-fous dans le cadre de la fonction ministérielle ou du mandat électif ? Instituer un déontologue au gouvernement par exemple pourrait envoyer un signal fort. En tout état de cause, il est aujourd'hui nécessaire que chacun se tienne à sa place, dans le strict respect de ses compétences et des règles de la séparation des pouvoirs, afin que puisse être restaurée une relation sereine et constructive entre justice et politique.

L'affaire Benalla

Ce jeudi 19 juillet 2018, c'est le jour de mon anniversaire de mariage. Je pars très tôt chez Bosc, la maison parisienne qui taille les costumes de cérémonie pour les cours, les tribunaux et les universités. À la rentrée prochaine, je prendrai mes fonctions de procureur général près la Cour de cassation, poste prestigieux s'il en est puisqu'il s'agit de l'un des deux plus haut placés dans la hiérarchie de la magistrature. La robe se transmet parfois à son successeur, mais mon prédécesseur a préféré conserver la sienne en souvenir. Le sur-mesure prend du temps, la confection est particulièrement complexe et il faut choisir les tissus et la fourrure, celle-ci étant encore de rigueur malgré l'évolution des mentalités sur la question. Les fournisseurs, c'est regrettable, ne proposent toujours pas de fourrure synthétique. Mon épouse m'accompagne pour me conseiller, et dans la voiture nous écoutons les informations sur Europe1.

C'est donc en me rendant chez le tailleur que j'ai appris ce qu'on appellera bientôt « l'affaire Benalla ». Ce qu'on lui reproche : alors qu'il était présent comme observateur parmi les unités d'intervention lors des manifestations du 1er mai 2018 à Paris, il serait intervenu et se serait livré à des violences sur des manifestants qui avaient jeté des bouteilles sur des policiers.

Quelques minutes plus tard, mon téléphone portable sonne, c'est le préfet de police de Paris, Michel Delpuech, qui m'annonce la nouvelle. Je le remercie de son appel, lui précise que je viens de l'entendre à la radio, que je vais ouvrir une enquête, et je raccroche. Factuel et lapidaire. Aucune réaction au bout du fil.

Inutile de préciser que je suis furieux d'apprendre l'existence de l'affaire dans ces conditions. Normalement, le préfet de police, ou la présidence de la République, au fait de cette affaire depuis plusieurs semaines, aurait dû « faire un article 40 », c'est-à-dire utiliser cet article du Code de procédure pénale qui impose à toute autorité constituée, officier public ou fonctionnaire, d'aviser sans délai le procureur de la République dès lors qu'il a connaissance d'un crime ou d'un délit. Mais là, rien. Sans vouloir insinuer quoi que ce soit, il est permis de s'interroger sur l'hypothèse « pas vu, pas pris ». Ce sentiment m'envahit, une fois de plus, d'une absence de considération des responsables publics à l'égard de l'institution judiciaire, souvent vue comme gênante : il est préférable de ne pas la voir intervenir !

Ravalant ma colère, je saisis de l'enquête la police judiciaire parisienne qui, bien que sous les ordres hiérarchiques du préfet de police, me semble le service enquêteur le plus légitime au regard de ses compétences et de ses attributions. Et j'ai toute confiance en son directeur, Christian Sainte.

Dès le lendemain matin, Alexandre Benalla se présente de lui-même devant les policiers, affichant une volonté de coopération qui va rapidement se révéler de façade. Impossible pour les enquêteurs de savoir où il habite exactement, ni qui est sa compagne. Au cours de la garde à vue, ils apprennent qu'il a fait publier des bans et qu'il doit se marier quelques jours plus tard, mais il refuse de donner les coordonnées de cette compagne, ce qu'il justifie par un souci de protection.

Le vendredi, les policiers procèdent à une perquisition dans l'appartement de fonction qui vient de lui être attribué quai Branly, mais il est vide. Le même jour, l'après-midi, ils tentent d'aller effectuer une perquisition à son domicile privé, dans le Val-de-Marne. Le serrurier qui travaille habituellement avec la PJ de Paris est en congés et celui qui a été requis ne parvient pas à ouvrir la porte avant l'heure limite de 21 heures, ce qui conduit les enquêteurs à figer la scène et à reporter la perquisition au lendemain. Finalement, rien ne sera découvert dans l'appartement.

Le samedi après-midi, à l'issue de sa garde à vue, Alexandre Benalla est déféré au parquet et mis en examen. Une information judiciaire est ouverte.

Du côté judiciaire, tout est en ordre de marche, et j'ai prévu de partir le lendemain en randonnée en montagne avec mon épouse et mes petits-enfants pour les vacances, c'est notre rendez-vous annuel.

En fin de semaine, je suis avisé par mes collègues du parquet que la juge d'instruction envisage de mener une perquisition dans les bureaux d'Alexandre Benalla à l'Élysée. Ce n'est pas tous les jours dans l'histoire judiciaire qu'une telle situation se présente, et le cas précédent des deux juges d'instruction saisies de l'affaire Borrel – un magistrat retrouvé mort en 1995 à Djibouti –, qui, il y a un peu plus de seize ans, étaient arrivés à l'Élysée sans prévenir pour procéder à des perquisitions et s'étaient vu refuser l'accès par les gardes républicains, a laissé des traces. Quoi qu'il en soit, une perquisition effectuée par un juge d'instruction peut se faire en présence du procureur, mais elle peut aussi se faire sans lui. Je décide donc que des collègues du parquet accompagneront la juge d'instruction. C'est à la fois une façon de la soutenir dans leur démarche, mais aussi d'être parfaitement informé du déroulement de la perquisition. La juge d'instruction prévient de son intention de mener une perquisition dans le bureau de Benalla. Aucun problème, l'Élysée se dit prêt à collaborer avec la justice. La perquisition sera réalisée le 25 juillet.

À mesure que l'enquête progresse, l'affaire Benalla devient le feuilleton de l'été. Tout le monde s'en mêle, chacun manifestant la volonté de signaler le moindre détail pouvant être utile à l'enquête dans un empressement inversement proportionnel aux pudeurs initiales des différentes autorités constituées. Certains paieront cher leurs initiatives de transparence et se verront privés de postes qui leur étaient pourtant destinés, mais ce sont là des manœuvres qui se déroulent dans l'arrière-cour du pouvoir et que personne ne voudrait aujourd'hui assumer. À la demande de l'opposition, deux commissions d'enquête parlementaires sont créées, l'une à l'Assemblée nationale, l'autre au Sénat. Elles doublonnent l'enquête judiciaire. En réalité, il s'agit surtout d'une opération politique pour tenter de calmer la polémique : le gouvernement n'avait pas d'autre choix que de l'accepter.

L'affaire Benalla, partie d'une dérive comportementale individuelle, est devenue une véritable crise institutionnelle.

Aujourd'hui, avec le recul, elle résonne à mes yeux comme un facteur majeur de déstabilisation du premier quinquennat Macron. Elle entraînera même des conséquences institutionnelles décisives puisque les polémiques qu'elle suscitera vont mettre le gouvernement en difficulté, ce qui se soldera par l'échec du processus de révision constitutionnelle prévoyant la réforme du statut du parquet. Cette affaire a eu en effet des répercussions directes sur les activités parlementaires puisque les discussions en cours sur le projet de révision constitutionnelle n'ont pu se poursuivre et que, le 22 juillet, l'examen de la réforme constitutionnelle a été suspendu jusqu'à nouvel ordre. On peut le regretter, car cette réforme aurait permis de renforcer les garanties statutaires d'indépendance du ministère public. Elle mettra aussi en échec le projet de suppression de la Cour de justice de la République (CJR). C'est aussi regrettable. La Cour de justice est certes composée de juges professionnels et de juges d'un jour, députés et sénateurs qui font leur travail, mais c'est une juridiction pleine de contradictions structurelles et qui n'est plus adaptée aux exigences de notre temps. Elle est en effet compétente à l'égard des seuls membres du gouvernement, pour les infractions commises en relation avec l'exercice de leurs fonctions, tandis que les juridictions de droit commun restent compétentes à l'égard des responsables non politiques. Un même dossier peut ainsi être scindé et soumis à deux juridictions différentes, avec un risque avéré de non-manifestation de la vérité, de contradiction de décision, et une temporalité différente dans les investigations et les décisions judiciaires. Les délais procéduraux observés devant la CJR sont en effet substantiellement plus longs que ceux observés devant les juridictions de droit commun. Par ailleurs, sa composition peut expliquer le caractère politique de certaines de ses décisions au détriment de la rigueur du Droit. Aucun appel n'est possible contre ses décisions. Seule est ouverte la voie du pourvoi en cassation.

L'affaire Benalla illustre enfin parfaitement l'aggravation du sentiment de défiance de la population envers les plus hautes autorités, accusées d'agir en toute impunité en s'octroyant des passe-droits. Signe tangible de la détestation qui vise le président de la République : à l'été 2018, en une année de présidence d'Emmanuel Macron, le parquet de Paris, qui traditionnellement centralise le traitement de ces affaires, est en charge de davantage de procédures de menaces de mort contre le président qu'en cinq ans de quinquennat de François Hollande. Le personnage semble cristalliser la colère du peuple. Et de fait, l'automne qui va suivre sera secoué par la crise sociale des Gilets jaunes. C'est aussi la période où je passe la main à mon successeur, à qui je transmets ce dossier sensible, sans regret.

Les tueries de Toulouse et Montauban

Les années 2012 à 2018, pendant lesquelles le terrorisme islamiste a violemment frappé la France, ont été des années noires. Elles ont été particulièrement marquantes dans mon parcours personnel et professionnel et méritent qu'on s'y attarde précisément.

Ce dimanche 11 mars 2012, comme chaque jour, j'épluche les dépêches de presse de l'AFP. Le parquet de Paris a des compétences nationales en matière terroriste, ce qui nécessite une vigilance particulière sur les actes criminels commis dans notre pays contre les représentants de la puissance publique, et notamment les policiers et les militaires ; ils constituent des cibles potentielles dans un climat de menaces élevé. Ce jour-là, une information retient mon attention : aux alentours de 16 heures, un certain Imad Ibn Ziaten, militaire de son état, a été tué de sang-froid, quasiment à bout portant d'une balle dans la tête, dans un quartier tranquille au sud-est de Toulouse. Âgée de trente ans, la victime est un sergent-chef du premier régiment du train parachutiste de Francazal. Il a été tué alors qu'il s'était rendu, en tenue civile, au rendez-vous fixé à un acheteur via « leboncoin » pour vendre sa moto Suzuki 650 cm^3. Le parquet de Toulouse a ouvert une enquête et, à ce stade, ce meurtre passe encore pour un fait divers qui n'alerte pas particulièrement l'opinion publique. Pourtant, compte tenu du climat actuel et de la qualité de militaire de la victime, l'affaire m'interpelle immédiatement.

Quatre jours plus tard, le jeudi 15 mars, peu après 14 heures, deux autres militaires, en tenue cette fois, Mohamed Legouad, vingt-six ans, et Abel Chennouf, vingt-quatre ans, sont eux aussi abattus froidement à Montauban alors qu'ils retiraient de l'argent au distributeur en face de leur caserne du 17e régiment du génie parachutiste. Un troisième soldat, Loïc Liber, est très grièvement blessé.

Les témoins décrivent un suspect seul, en scooter, habillé en noir, et le visage dissimulé sous un casque à visière sombre. Les douilles retrouvées sur place sont du même calibre que celles utilisées pour le meurtre de Toulouse, du calibre 11.43.

Cette fois, le choc gagne toute l'armée. Le ministre de la Défense, Gérard Longuet, se rend sur place dans la soirée. L'armée de terre annonce des mesures de protection pour tous les militaires de la région de Toulouse et recommande à ses soldats de ne pas porter l'uniforme en dehors des enceintes militaires. Le parquet de Montauban se dessaisit au profit du parquet de Toulouse, qui est désormais en charge des deux dossiers d'assassinats et cosaisit de l'enquête la Direction régionale de la police judiciaire de Toulouse et la Direction centrale du renseignement intérieur. Un policier de haut rang relève que les victimes sont toutes d'origine maghrébine et antillaise, laissant entendre qu'il n'y a peut-être pas de hasard. S'agit-il d'un tueur fou, déterminé à « se faire des militaires », ou s'agit-il de crimes racistes ?

Toutes les pistes sont ouvertes, mais pas encore celle du terrorisme djihadiste : lorsque nous évoquons la situation avec le procureur de Toulouse, Michel Valet, dans la journée de vendredi, nous convenons de lui laisser la direction de l'enquête. Le parquet de Paris, seul compétent en matière de terrorisme, n'a pas de raison valable de se saisir pour le moment. Petite précaution toutefois : en accord avec nous, le parquet de Toulouse décide d'en rester au stade de l'enquête préliminaire et de surseoir à l'ouverture d'une information judiciaire avec un juge d'instruction. Ce choix procédural facilitera les choses si un dessaisissement au profit du parquet antiterroriste doit intervenir. Cela va se révéler fort utile quelques jours plus tard.

Durant le week-end, la piste de l'extrême droite radicale circule dans les cercles autorisés et fuite dans la presse, sans conviction cependant. Un appel à témoin est lancé, mais le tireur court toujours.

Quatre jours plus tard, le lundi 19 mars, à 8 h 30, en arrivant au bureau, j'apprends que vers 8 h 15 un homme casqué et équipé d'une caméra GoPro est arrivé sur une Yamaha Tmax aux abords de l'école juive Ozar Hatorah (rebaptisée Ohr Torah depuis) dans le quartier de la Roseraie, à Toulouse. Le visage dissimulé sous son casque de motard qu'il n'enlève pas, il tire à plusieurs reprises sur des enfants et un adulte qui se trouvent dans la cour. C'est un carnage. Il abat Myriam Monsonégo, huit ans, Arié Sandler, cinq ans, Gabriel Sandler, trois ans et Jonathan Sandler, trente ans, enseignant à l'école et père d'Arié et de Gabriel. Il blesse une cinquième personne, un jeune garçon de dix-sept ans, Aaron Bryan Bijaoui, avant de repartir, comme il est venu, sur son bolide.

L'attaque fait immédiatement la une de l'actualité. Le président de la République Nicolas Sarkozy décide de se rendre en urgence à Toulouse. Le plan Vigipirate est rehaussé à son niveau le plus élevé, le niveau écarlate, une première en France.

Ces assassinats font radicalement basculer l'enquête : même si nous ne savons pas encore de qui vient la menace, cette attaque hors norme correspond à la définition de l'acte terroriste qui est de « troubler gravement l'ordre public par l'intimidation et la terreur » et justifie donc la saisine de la section antiterroriste du parquet de Paris. J'envoie sur place par le premier avion deux magistrats de la section antiterroriste (le chef de section Olivier Christen et un vice-procureur, Ludovic Lestel), tandis que je reste à Paris pour activer la cellule de crise au sein du parquet de Paris. C'est la première fois que ce dispositif, créé par mon prédécesseur Jean-Claude Marin, est utilisé en France : il permet de mobiliser en urgence des magistrats figurant sur une liste de crise du parquet de Paris. Une fois cette cellule activée, ces magistrats viennent renforcer la section antiterroriste pour mettre en place un dispositif qui va fonctionner 24 heures sur 24 et 7 jours sur 7 aussi longtemps que nécessaire.

La section antiterroriste du parquet de Paris se saisit de l'enquête

Lorsque le parquet de Paris reprend l'enquête, beaucoup de travail a déjà été accompli : durant le week-end, les enquêteurs ont relevé et exploité les 576 connexions internet qui ont interagi avec l'annonce déposée sur « leboncoin » par le sergent-chef Ibn Ziaten pour vendre sa moto.

Parmi les noms qui apparaissent figure celui d'une certaine Zoulikha Aziri, mère de deux garçons connus des services de renseignement, notamment son fils aîné, Abdelkhader Merah, âgé de vingt-neuf ans. Il est signalé pour avoir été en relation avec des individus impliqués dans une filière d'acheminement de djihadistes en Irak en 2007. Quant à son fils cadet, prénommé Mohamed et âgé de vingt-quatre ans, il cumule un épais casier judiciaire de droit commun, avec déjà quinze condamnations à son actif prononcées par la justice des mineurs, ce qui l'a conduit derrière les barreaux durant un an. Surtout, c'est le profil psychologique instable de ce dernier et sa radicalisation salafiste qui intriguent les enquêteurs, d'autant que le jeune homme a effectué deux séjours en Afghanistan et au Pakistan, mais sans emprunter les filières connues des services de renseignement français, et donc sans passer par les facilitateurs habituels ni par les pays surveillés. Au fil des recherches, on découvre que Mohamed Merah a voyagé en utilisant des moyens discrets. Si aucun service spécialisé ne l'a vu partir en 2010, en revanche il a été contrôlé par la police américaine à Kandahar, avant d'être remis à l'armée et renvoyé en France. À l'automne 2011, il est reparti deux mois en zone pakistano-afghane, entre le 19 août et le 19 octobre, avant de rentrer en France, de lui-même cette fois, après avoir contracté l'hépatite A.

Bien davantage que la piste de l'extrême droite, cette direction d'enquête semble prendre corps, et le profil des frères Merah interroge sérieusement. Dans un premier temps, pourtant, nous ne parvenons pas à les localiser sur le territoire et ne relevons aucune trace d'un éventuel contact de l'un d'entre eux avec Imad Ibn Ziaten. Si ce n'est que l'adresse IP de leur mère a bien été utilisée pour une connexion sur l'annonce de vente de la moto du sergent-chef. Nous décidons alors de placer un maximum de membres de la famille sur écoute. Sur décision du juge des libertés et de la détention, ce sont huit lignes de téléphone qui sont « branchées ». Entre-temps, il est avéré que la même arme de calibre 11,43 mm a été utilisée pour commettre les trois crimes.

Les faits, rien que les faits

Le mardi 20 mars, je tiens ma première conférence de presse à Paris, au parquet, dans la salle de réunion réaménagée pour l'occasion avec de nombreuses chaises pour accueillir la trentaine de journalistes présents. Je m'efforce de garder un ton neutre, de ne pas laisser filtrer l'émotion qui m'étreint malgré la sidération causée par ces actes criminels commis contre des enfants. Je dois demeurer factuel, exposer les faits, leur enchaînement, pas le sentiment d'horreur qui m'a saisi.

« Nous nous trouvons face à un individu extrêmement déterminé dans son action qui, armé, agit selon un même mode opératoire, de sang-froid et dont l'action est préméditée au travers du choix de ses victimes et de ses cibles qui sont clairement l'armée, l'origine des victimes ou leur confession. Je rappelle qu'un crime raciste ou antisémite peut être terroriste. L'un n'exclut pas l'autre. »

Ma priorité consiste à rassurer l'opinion publique en délivrant un contenu aussi clair que précis sur les différentes pistes investiguées, sur la direction finalement prise par l'enquête et sur le profil du suspect.

L'identification des frères Merah

Dans la même journée, un témoignage déterminant va donner un coup d'accélérateur à l'enquête. Un concessionnaire Yamaha raconte aux enquêteurs que l'un des frères Merah, Abdelkader, s'est présenté quinze jours plus tôt afin d'obtenir des informations « pour un ami à lui » sur la manière de désactiver un tracker sur un scooter « afin de le repeindre ».

Ce témoignage, croisé avec la connexion informatique de la mère, le profil de son fils Mohamed, l'analyse des vidéos issues des caméras de vidéosurveillance devant le distributeur et l'intuition d'un policier convaincu de reconnaître Mohamed Merah sur les images, confirme les soupçons. Dans l'après-midi, les deux frères sont localisés. Mohamed, le cadet, est logé dans son appartement situé rue Sergent-Vigné, dans un quartier résidentiel de l'est de Toulouse.

Les services de police décident de mettre en place une surveillance autour de son immeuble. Le dispositif doit être discret. Il ne faut absolument pas que Mohamed Merah se rende compte qu'il a été identifié, encore moins qu'il est désormais surveillé. Le problème est qu'à force de se vouloir discret, le dispositif va se révéler inefficace. Le suspect parvient en effet à sortir le soir, selon toute vraisemblance par une autre porte d'accès que l'accès principal de l'immeuble, lequel est surveillé H24, sans que les policiers le voient. Il se rend en ville pour mettre en place la médiatisation de ses crimes. Il dépose un sac chez une connaissance contenant la caméra GoPro avec laquelle il a filmé ses actes et passe plusieurs coups de téléphone depuis une cabine téléphonique pour les revendiquer. Puis il rentre chez lui, autour de 1 heure du matin, sans que personne ait remarqué son échappée nocturne, ce qui figure dans les annales des dysfonctionnements policiers. Dix ans plus tard, je n'ai toujours pas compris comment une telle erreur a pu se produire, avec un dispositif de surveillance policière mis en place autour de l'immeuble...

Compte tenu des éléments de l'enquête, nous décidons, dans la nuit du mardi au mercredi, de l'interpeller avec le concours du RAID. Nous obtenons aussi l'autorisation du juge des libertés et de la détention d'interpeller dans la nuit qui suit le frère et la mère du suspect et de perquisitionner leurs domiciles.

Les policiers du RAID interviennent au domicile de Mohamed Merah à 3 h 30 du matin. Leur intervention se solde par un échange nourri de tirs : alors que le RAID se trouve sur le palier devant l'appartement et tente de faire sauter la porte avec une charge explosive pour entrer par surprise, le suspect, vraisemblablement aux aguets, ouvre le feu sur les policiers, faisant deux blessés, l'un au genou, et le second au niveau du gilet pare-balles. Lors d'une deuxième phase, chaque tentative d'entrer donne lieu à des échanges de tirs en réplique. La troisième phase, à partir de 7 heures du matin, sera celle des négociations : elles vont durer toute la journée de mercredi.

Depuis Paris, toute la nuit, je suis de près les événements. Je suis en lien direct avec mes collègues de la section antiterroriste qui, eux, sont sur place. Le mercredi matin, persuadé qu'il ne s'agit désormais que d'une poignée d'heures pour parvenir à un dénouement, je décide de rejoindre les équipes et saute dans le premier vol pour Toulouse. Je débarque de l'avion dans la matinée avec mon petit cartable et pas même pas de quoi passer la nuit. Une fois sur zone, je prends la mesure de mon erreur d'appréciation : Mohamed Merah a commencé à parler en début de matinée et il a radicalement changé d'attitude.

Avec les négociateurs du RAID, il prend le temps d'évoquer son parcours. Il explique son engagement, sa formation, son départ au Waziristan. Puis il décrit précisément les crimes qu'il a commis, ne cache pas ses regrets de ne pas avoir fait plus de victimes à l'école juive. Il donne spontanément des éléments précis sur les lieux des tueries, les armes utilisées, le scooter qui lui a servi pour s'enfuir, ainsi que sur la GoPro avec laquelle il a filmé ses actes. Il déclare vouloir se rendre dans l'après-midi. L'intégralité de ses déclarations entre 7 heures du matin et 20 heures est enregistrée par le RAID et sera versée à la procédure judiciaire.

Une conférence de presse millimétrée

Durant cette journée de mercredi, je dois tenir une deuxième conférence de presse, la première à Toulouse. Je me sens débordé par l'ampleur de la médiatisation qui dépasse tout ce que j'ai connu jusque-là. Venus du monde entier, les journalistes campent sur place. Nous ne sommes pas préparés à ça. Ma chargée de communication est restée à Paris et mes deux collègues du parquet de Paris, dont ce n'est pas davantage que moi le métier, m'aident à mettre au clair mes notes. Je ne dispose même pas d'un ordinateur. Et quand j'évoque des « notes », le mot est on ne peut plus juste. Ces sept feuilles brouillonnes et manuscrites avec mon écriture en pattes de mouche, que j'ai soigneusement conservées, me font aujourd'hui à la fois un peu honte et sourire. J'ai même du mal à les relire ! Tout est fait dans l'urgence et, à 16 heures, je suis prêt.

Près de 300 journalistes sont rassemblés dans les locaux de la division parachutiste, non loin de la rue du Sergent-Vigné. La caserne Pérignon présente l'avantage de pouvoir tous les accueillir, et c'est beaucoup mieux que la préfecture en termes de préservation de l'image d'indépendance de la justice. Pour le reste, ça a été un peu la débrouille. Pour prévenir la presse de l'heure et du lieu de la conférence, je suis passé par la chargée de communication du directeur général de la police nationale, qui dispose du listing de tous les médias.

M'efforçant de garder ce ton neutre qui va devenir ma marque de fabrique, j'explique la progression de l'enquête. J'énumère chacune des étapes qui ont permis de définir la bonne orientation. Je sais qu'il y a beaucoup d'interrogations sur la difficulté qu'ont rencontrée les enquêteurs à remonter jusqu'à Mohamed Merah. Je rappelle donc la multiplicité des pistes qu'il a fallu explorer avant de tenir la bonne : le règlement de comptes privé pour le premier assassinat, la piste du déséquilibré, du militaire ou du néonazi, voire de l'antimilitariste, et enfin du djihadiste.

« Les enquêteurs ont exploité de très nombreuses investigations : sept millions de données téléphoniques vérifiées, sept cents connexions internet étudiées, trois cent cinquante scellés collectés durant le week-end, assortis de deux cents auditions et d'un millier de procès-verbaux. »

Tout cela, ces chiffres, ces précisions, permettent de mesurer l'ampleur du travail réalisé par les enquêteurs, dont je rappelle qu'ils sont montés jusqu'à 800 hommes et femmes.

Je détaille enfin le coup d'accélérateur dont a bénéficié l'enquête la veille, mardi, de manière très concrète :

« Grâce à l'analyse des vidéos, au signalement sur le scooter Tmax repeint et aux investigations sur le concessionnaire Yamaha qui fournit un témoignage capital : l'un des frères Merah s'est présenté pour demander un renseignement pour un ami à lui : comment désactiver un tracker pour repeindre le scooter ? À ce stade, la piste Merah se confirme. »

Les questions fusent, notamment sur le parcours de Mohamed Merah, son suivi et son évaluation par les services de renseignements.

Des images d'une violence inouïe

Dans l'après-midi, alors que ma conférence est reprise sur tous les médias, je me rends avec mes deux collègues du parquet de Paris dans les locaux de la police judiciaire de Toulouse pour visionner les images des assassinats à l'école Ozar Hatorah. Je me prépare à assister à quelque chose de terrible. Mais ce que je vais voir, personne, jamais, ne peut s'y être préparé.

Les images sont d'une violence inouïe. La caméra de type GoPro, par son grand angle, favorise la profondeur de champ. Les cris des enfants, la détermination du tueur qui, sur le trottoir, achève les petits d'une balle à bout portant. À quoi pensons-nous, chacun dans notre silence ? Nous sommes en état de sidération. Mon expérience de procureur de terrain m'a déjà conduit, hélas, à voir des scènes de crimes commis sur des enfants. Mais jamais, jamais, je n'avais visionné de telles scènes d'assassinats.

Pourtant, pas question de flancher. Très vite, il faut se ressaisir, je dois y retourner, aller retrouver ceux qui parlementent avec celui qui a fait ça. Je décline l'invitation à dîner du préfet de Toulouse qui me loge pour la nuit ainsi que Claude Guéant, le ministre de l'Intérieur. Je me dois de rester sur le terrain, au plus près de mes collègues et des policiers.

De retour dans le périmètre de sécurité autour de l'appartement, dans le camion de pompiers situé dans une rue adjacente à la rue Sergent-Vigné et qui fait office de PC opérationnel, je reprends le fil des négociations en cours entre le terroriste et le négociateur du RAID. Toujours très calme, Mohamed Merah poursuit le récit de son parcours, donnant un tas de détails, laissant penser à tous qu'une reddition est possible.

L'assaut

Vers 20 heures, il réclame un temps de repos. Les discussions cessent jusqu'aux alentours de 23 heures. Mohamed Merah prend visiblement le temps de réfléchir. Lorsqu'il reprend contact, c'est pour dire qu'il avait besoin de se reposer mais qu'il a bien réfléchi : la reddition est contraire à ses engagements. Il souhaite mourir « en moudjahidin », les armes à la main. Il refuse d'être jugé pour mourir en prison.

« Si c'est moi, tant pis, j'irai au paradis ; si c'est vous, tant pis pour vous. »

À ce moment-là, il s'agit de prendre une décision. Amaury de Hauteclocque, le chef du RAID, a parfaitement compris qu'il ne faut pas que le siège du terroriste s'éternise davantage. Plus le temps passe, plus la marge de négociation s'amenuise, et il semble évident qu'il faut intervenir. Amaury de Hauteclocque propose un plan d'assaut à son autorité hiérarchique, le ministre de l'Intérieur Claude Guéant. Mais comme une enquête judiciaire est ouverte, la décision doit être prise en concertation avec le parquet ; je dois également donner mon accord : nous nous trouvons dans une situation hybride de rétablissement de l'ordre public et de police judiciaire pour interpeller l'auteur d'un crime. Je donne bien sûr mon accord. Je fais toute confiance au RAID.

Pour accentuer la pression sur Mohamed Merah, l'eau, le gaz, l'électricité ont été coupés dans l'immeuble assiégé. Depuis 5 h 30 du matin et l'envoi d'une énième grenade assourdissante, il n'y a plus aucun signe tangible de vie dans l'appartement. On ne sait pas si le terroriste est toujours en vie à l'intérieur.

Peu après 10 heures du matin, des snipers ont pris position sur les immeubles en face du balcon de l'appartement de Mohamed Merah, situé en rez-de-jardin. Les colonnes d'assaut du RAID entrent en action. La consigne qui leur est délivrée est de tout faire pour interpeller le suspect vivant et de ne tirer qu'en cas de légitime défense.

Les hommes effectuent une progression au pied du balcon et par la porte de l'appartement qui ne résiste pas longtemps. Alors que les policiers s'apprêtent à entrer par ces deux accès, Mohamed Merah sort brutalement de la salle de bains, tirant en cadence rapide au colt 45 sur les forces d'intervention. Équipé de chargeurs à grande capacité, il vise les colonnes du RAID et, sortant sur son balcon, dirige ses tirs vers d'autres policiers qui, positionnés sous le balcon, ne sont protégés que de leurs seuls casques et gilets pare-balles. Sans bouclier hermès, ils sont plus vulnérables que les colonnes d'assaut à l'étage, le risque est trop important : la riposte est directe. Mohamed Merah est abattu par l'un des snipers positionnés sur les immeubles en face, d'une balle dans la tête.

Pendant cette phase, il faut bien comprendre que, depuis notre PC opérationnel, nous, toutes les autorités judiciaires et administratives, sommes positionnés trop loin pour voir ce qui se passe. C'est un officier de l'unité d'assaut relié au chef du RAID par radio qui nous transmet, en temps réel, le déroulé de l'action. Lorsque les tirs s'arrêtent, on se doute que le suspect est mort. Il est étendu par terre, sous le balcon. Et c'est à cet endroit que nous partons, Claude Guéant, le patron du RAID et moi, reconnaître le corps.

Troisième conférence de presse

Dans la foulée, il faut parler à la presse, à nouveau. Les journalistes sont massés en bas de la rue, à l'extérieur du périmètre de sécurité. C'est Claude Guéant qui s'exprime le premier face à aux caméras. Quant à moi, je donne rendez-vous une heure et demie plus tard dans la caserne parachutiste, le temps de me préparer pour cette nouvelle conférence de presse.

Je comprends que l'exercice va se révéler complexe. Les journalistes attendent des explications, l'opinion publique aussi. Les gens ont besoin de savoir et de comprendre. À nouveau, je ressens cette nécessité de donner un récit qui soit à la fois concis et précis. Une « histoire » avec des détails qui sont importants pour sa construction mais pas nécessairement fondamentaux pour l'enquête. Je dois m'attacher à « donner à voir », à porter une image d'exhaustivité et d'objectivité.

« L'examen du corps du terroriste a permis de constater qu'il portait un gilet-pare-balles sous lequel il était vêtu d'une djellaba noire. Des cocktails Molotov ont été retrouvés sur le balcon, et dans l'appartement ont été retrouvés trois chargeurs de pistolets automatiques 11,43 et un pot de bonbons rempli de munitions de tous calibres... »

Épuisés par ces trois jours et ces deux nuits blanches, nous regagnons Paris le jeudi en fin d'après-midi, après avoir assisté à l'Institut de médecine légale à l'autopsie de Mohamed Merah.

Des failles qui nous ouvrent les yeux

Très vite, je prends conscience de la polémique qui monte. Mohamed Merah n'avait certes jamais emprunté les filières classiques, et donc surveillées par les Occidentaux, pour se rendre en Afghanistan. Était-ce véritablement une excuse suffisante pour exonérer la faillite des services de renseignement ? Cet homme était parvenu à « rouler » tous les services. Une note d'information avait bien été adressée par la direction toulousaine du renseignement intérieur à la direction centrale, seule à même d'évaluer la nécessité de judiciariser, c'est-à-dire passer du stade du renseignement administratif au stade de l'enquête judiciaire, en signalant la situation au parquet antiterroriste ; aucune décision n'avait toutefois été prise en ce sens. Les services de la DCRI ont même pensé qu'ils pourraient le « retourner » à son retour de voyage en zone pakistano-afghane, c'est-à-dire en faire un informateur pour la France, un agent double en quelque sorte ! C'est dire l'ampleur de la méprise…

Pour décrire Mohamed Merah, plusieurs policiers ont utilisé le terme « loup solitaire », pour qualifier son « autoradicalisation » et le fait qu'il ne faisait partie d'aucune organisation terroriste. Je crois bien avoir moi-même utilisé une fois ce qualificatif, avant de comprendre que, là encore, nous avions mal évalué le personnage. En fait de loup solitaire, la suite de l'enquête allait nous ouvrir les yeux et démontrer que le loup n'était pas si solitaire que ça : Mohamed Merah était en contact avec de nombreux djihadistes et, sur zone, il avait reçu une formation au maniement des armes, assortie de consignes pour commettre une attaque sur le sol français, mais sous la forme d'un mandat assez souple lui laissant le choix des cibles. L'organisation terroriste Jund Al Khilafa, affiliée à Al-Qaïda, a de fait revendiqué les tueries de Toulouse et Montauban le

22 mars. Les mots ont une importance capitale et cette expression, très réductrice, de « loup solitaire » a très vite suscité une autre polémique qui a duré jusqu'au procès. Cette théorie est en effet contestée par de très nombreux spécialistes qui estiment qu'elle relève du fantasme car, dans les attentats djihadistes, il y a toujours des soutiens logistiques, des gens qui aident le terroriste. Je retiendrai la leçon pour la suite et n'emploierai plus jamais ce terme.

L'affaire Merah nous ouvre donc les yeux sur l'évolution du terrorisme islamiste avec l'émergence d'un djihadisme individuel théorisé par Al-Qaïda sous le terme d'« armées individuelles » (*Armies of One*). Les individus radicalisés par la propagande de l'organisation terroriste peuvent basculer dans le passage à l'acte de façon isolée, sans qu'il soit besoin pour cela d'appartenir à une cellule ni même d'avoir été recruté. De telles actions isolées sont quasiment indétectables pour les services de sécurité, surtout quand le terroriste, comme l'a fait Mohamed Merah, pratique avec brio la *Taqiya*, l'art de la dissimulation.

Cette affaire nous ouvre aussi les yeux sur la nécessité d'une collaboration plus étroite entre les services de renseignement et la Justice antiterroriste, et sur les insuffisances de la loi française qui, à l'époque, ne permet pas de punir en France la préparation à l'étranger d'actes de terrorisme. Cette anomalie sera corrigée par la loi du 21 décembre 2012, qui étend la compétence des tribunaux français pour les infractions d'associations de malfaiteurs terroristes commises à l'étranger par des Français ou par des étrangers résidant habituellement en France. C'est, enfin, le début d'une époque où l'on commence à prendre conscience des méfaits de ce genre de dérive idéologique comportementale et de l'essor du terrorisme djihadiste.

Dès la fin du mois de mars 2012, un vaste coup de filet permet le démantèlement d'une partie d'un groupuscule islamiste radical et violent dénommé « Forsane Alizza », qui a promis de passer à l'action sur le sol français. C'est ensuite, en septembre 2012, l'affaire de la cellule de Cannes-Torcy – ainsi dénommée car elle est issue de la rencontre de deux cellules, l'une de Cannes, l'autre de Torcy en Seine-et-Marne –, qui vient confirmer la montée en puissance du terrorisme djihadiste avec la commission, le 19 septembre 2012, d'un attentat antisémite à Sarcelles qui ne fera miraculeusement qu'un blessé léger, la grenade lancée s'étant retrouvée coincée sous un chariot du supermarché.

Mais ce n'est là qu'une petite partie émergée de l'iceberg. Depuis 2012, les filières d'acheminement de djihadistes vers la Syrie se multiplient. Un grand nombre de nos concitoyens partent rejoindre les rangs des structures anti-Bachar el-Assad. Mais alors qu'une partie de l'opinion publique y voit une sorte de renouvellement des brigadistes observé lors de la guerre civile espagnole, la réalité est bien différente : les jeunes qui partent sont pour la plupart des individus identifiés comme radicalisés ou proches des mouvances radicales islamistes. L'Armée syrienne libre ne recrute pas, ou très peu, de mercenaires ni d'étrangers. En revanche, se développe un Front « al-Nosra », dont les liens avec Al-Qaïda sont établis, et c'est vers ses rangs que se dirigent nos compatriotes dont, et c'est un fait nouveau, un certain nombre de Français dits « de souche », pétris de convictions djihadistes ou séduits par le discours humanitaire des recruteurs, nous y reviendrons. Les années qui vont suivre vont illustrer de façon dramatique l'ampleur d'un phénomène que l'on n'a pas vu venir, ni su endiguer.

Charlie Hebdo et l'Hypercacher

Lorsque ce mercredi 7 janvier 2015, vers 11 h 30, je reçois un coup de téléphone du directeur de la police judiciaire de Paris m'avisant d'une fusillade dans les locaux du journal, je suis à la fois stupéfait et rattrapé par un terrible pressentiment. Il faut être honnête : l'hypothèse d'un attentat contre *Charlie Hebdo* était redoutée, mais on ne savait ni dans quel contexte, de quelle manière, où et quand elle deviendrait réalité. De ce point de vue, l'attentat contre *Charlie Hebdo* n'a pas été une surprise totale, d'autant plus que les membres du journal satirique, et Stéphane Charbonnier en particulier, constituaient des cibles désignées par Al-Qaïda depuis mai 2010.

Depuis la publication des caricatures de Mahomet en 2006 et le procès intenté contre le journal en 2007, tout le monde sait que les journalistes ainsi que les dessinateurs de la rédaction sont menacés et que certains vivent en permanence sous protection policière. Dans la nuit du 1er au 2 novembre 2011, des jets de cocktails Molotov ont provoqué l'incendie des locaux parisiens de l'hebdomadaire satirique, ce qui a contraint le journal à s'installer rue Nicolas-Appert.

Bouleversé, je raccroche et quitte sur-le-champ ma réunion hebdomadaire avec Jean-Michel Hayat, le président du tribunal au palais de justice de l'île de la Cité, pour me rendre rue Nicolas-Appert, dans le 11ᵉ arrondissement.

La scène de crime

Sur place, il y a déjà beaucoup de monde. Les gens affluent, affolés, incrédules ou juste curieux. Il y a ceux, paniqués, qui viennent aux nouvelles : une connaissance, un proche travaillent à *Charlie*, ils pourraient être là, mais que se passe-t-il ? Ils veulent entrer, savoir, aller voir. Jeannette Bougrab, proche de Charb, est désespérée, en larmes, et veut absolument accéder à l'immeuble, monter à l'étage. Je m'y oppose, pour la préserver. Qui sait ce qu'elle risque de trouver ? Sans savoir encore, je pressens l'horreur. Le président de la République François Hollande et la garde des Sceaux Christiane Taubira sont arrivés. La plus grande confusion règne, il faut absolument tenir tout ce monde à l'écart, épargner aux regards ce que nous n'allons plus tarder à découvrir.

Avec le directeur de la police judiciaire de Paris, Bernard Petit, nous entrons dans l'immeuble. Au rez-de-chaussée gît une première victime, un agent de maintenance que les terroristes ont abattu dès leur arrivée, avant de monter au deuxième étage où se trouve la rédaction du journal. Alors que je monte les marches, mon téléphone portable sonne. C'est mon homologue espagnol, Javier Zaragoza, déjà informé : « *Un fuerte abrazo* », me glisse-t-il. C'est la marque d'une profonde amitié, un réconfort au moment où j'arrive sur le seuil de la porte de la rédaction de *Charlie Hebdo* avec le directeur de la PJ.

De toute ma carrière je n'avais jamais vu ça. C'était une scène de guerre. Une odeur collante de sang et de poudre, les corps enchevêtrés les uns sur les autres sous les tables, des projections de sang sur les murs et jusqu'au plafond. Insoutenable.

Dans ce que j'ai sous les yeux, il n'y a plus rien d'humain.

Je ne pénètre pas dans la pièce, il ne faut pas polluer les lieux avant le travail à venir de la police technique et scientifique. Je reste là, sur le pas de la porte, quelques minutes tout au plus, en silence. Totalement abasourdi. Le temps semble suspendu. Discrètement, j'esquisse un signe de croix. Je ne sais pas si le directeur de la police judiciaire me voit mais je me recueille quelques instants, et je prie. Chacun est libre de réagir selon sa personnalité et ses convictions. Pour moi, il s'agit avant tout d'une forme de respect. Ces instants intenses et comme figés sont en réalité très brefs, et nous redescendons avec une espèce de précipitation soudaine, comme si l'urgence de notre travail et de l'enquête allait nous permettre d'échapper à l'atrocité et de refouler nos émotions.

En redescendant de l'immeuble, au premier étage, je tombe sur un homme en pleine détresse, qui m'interpelle : « Monsieur le procureur, savez-vous si mon ami Michel Renaud se trouve parmi les victimes ? » Il m'explique que son ami, journaliste à Clermont-Ferrand, avait été invité par le dessinateur Cabu à assister ce matin-là à la conférence de rédaction de *Charlie Hebdo*.

Hélas, je ne peux pas lui répondre. Tant que nous n'avons pas identifié formellement toutes les victimes, je ne sais pas. Je lui fais la promesse de le tenir informé.

Les deux terroristes (même si plus tard certains parleront de trois hommes) ont crié « *Allah Akbar* » et se sont félicités d'avoir vengé le prophète. À l'une des rares rescapées de la tuerie, une journaliste de *Charlie Hebdo* épargnée parce qu'elle était une femme et qui le racontera aux enquêteurs, les tueurs ont intimé l'ordre de lire le Coran.

Après une brève concertation avec mes collègues du parquet de Paris présents sur place, je décide de saisir la section antiterroriste, dite « section C1 », et d'activer la cellule de crise qui se met au travail dans l'heure. Elle utilisera, pendant deux semaines, jours, nuits et week-end compris, les ressources et l'énergie de 37 magistrats et 18 greffiers du parquet de Paris. Elle s'est installée dans la salle de crise de la section antiterroriste, ce qui nécessite la mise en place d'une intendance : deux lits de camp prêtés par la protection civile et un système de plateaux-repas à midi et le soir pour ne pas perdre de temps.

La traque

Au sein des services, la traque des terroristes engendre un énorme stress. Dès le mercredi après-midi les attaquants sont identifiés grâce à la carte d'identité de l'un d'eux, Saïd Kouachi, retrouvée dans un véhicule Citroën noir C3 que les fugitifs ont abandonné rapidement après un accident de la circulation dans le nord de Paris. On relève également des empreintes digitales sur des armes et des cocktails Molotov laissés dans le véhicule, lesquelles permettent d'identifier le second, son frère cadet Chérif Kouachi. Nous diffusons immédiatement un avis de recherche dans tous les commissariats de police et toutes les gendarmeries de France. Malheureusement, dans la soirée, l'identité des fugitifs est divulguée sur les réseaux sociaux et reprise dans la presse. Cette « fuite » nous contrarie sérieusement, et en réalité je suis absolument furieux, car il est bien sûr toujours plus aisé de traquer une personne qui ne se sait pas identifiée et recherchée. Mais voilà, ce soir-là, toute la France est au courant de l'identité des Kouachi.

Entre-temps, nous avons lancé des dizaines de réquisitions, d'écoutes téléphoniques, de perquisitions, pour la plupart orientées sur la famille Kouachi. L'environnement proche est toujours la priorité dans ce type d'enquête ; les épouses, les frères et sœurs sont placés en garde à vue et leurs domiciles sont perquisitionnés.

Dès cette première journée, je passe l'essentiel de mon temps à la cellule de crise du parquet. Le rôle du parquet est complexe et multiple : qualifier les faits pénalement (terroriste ou pas), choisir les services d'enquête et leur coordinateur, diriger l'enquête de police judiciaire, la sécuriser juridiquement pour éviter les nullités et irrégularités de procédure, communiquer dans le cadre de l'article 11 du Code de procédure pénale qui donne le monopole de la communication au procureur de la République, prendre les décisions en matière de médecine légale (autopsies, examens des corps, scanners), identifier les victimes et en dresser la liste, les signaler au Fonds de garantie des victimes du terrorisme (FGTI) pour qu'elles soient indemnisées et, enfin, lancer la coopération internationale avec les pays concernés. Ça fait beaucoup.

Mon rôle en tant que procureur n'est pas d'être en lien direct avec les enquêteurs. Ça, c'est le rôle de la cheffe de la section antiterroriste, Camille Hennetier, en qui j'ai une confiance absolue. Mon rôle est de prendre les « grandes décisions » – qualification terroriste des faits, schéma de médecine légale, organisation de travail du parquet, relations avec le procureur général, le garde des Sceaux et le ministre de l'Intérieur, décision de communiquer… –, d'intervenir en cas de difficulté et, surtout, de m'assurer que tout fonctionne bien et que le parquet assume correctement l'ensemble de ses missions. La cheffe de la section antiterroriste me rend régulièrement compte, ainsi qu'à Véronique Degermann, procureur adjoint, des développements de l'enquête ainsi que de toute difficulté qui peut survenir afin que je m'attache à la régler en lien avec les chefs de la PJ, de la DGSI, le procureur général de Paris et les ministères de la Justice et de l'Intérieur.

La salle de crise, située au dernier étage, sous les toits du palais de justice, ressemble à une salle d'état-major militaire. Les murs sont couverts de cartes (Paris, la France, l'Afrique du Nord, la zone saharo-sahélienne, la Syrie et l'Irak). Sur la grande table centrale autour de laquelle peuvent s'asseoir une vingtaine de personnes, des téléphones, des fax et des ordinateurs sont disposés un peu partout. Sur un écran relié à un ordinateur défilent les informations horominutées dont nous disposons en temps réel sur l'évolution des investigations menées par les policiers et sur leur traitement. Les magistrats du parquet qui travaillent dans la salle de crise sont répartis en ateliers : certains se consacrent au téléphone pour répondre au numéro dédié qui a été activé et communiqué à l'ensemble des services de police et de gendarmerie, pendant que d'autres prennent en charge les victimes, la médecine légale, la téléphonie, la géolocalisation ou encore la relecture et l'analyse des procès-verbaux transmis par les enquêteurs.

Un téléviseur est allumé, branché sur les chaînes d'information continue. Dans ces situations, où la moindre information est traitée dans l'urgence, le rôle de la presse n'est pas à négliger. Ainsi, dès le mercredi soir, lorsque nous décidons de faire interpeller à Reims les familles des frères Kouachi et de perquisitionner leurs domiciles, nous n'avons pas encore bouclé le cadre légal avec nos collègues ni eu le temps d'avertir le procureur local de notre intention que déjà les premières images du RAID en train de prendre position apparaissent à l'écran ! Mes collègues et moi sommes très agacés par ces fuites. J'aurai beau essayer *a posteriori*, et avec toute la diplomatie possible, de rattraper les choses auprès de mon collègue de Reims, il restera furieux d'avoir appris ainsi par la télévision ce qui allait se passer sur son territoire, tout comme le maire d'ailleurs. Et je peux le comprendre.

Nous rencontrons rapidement une première difficulté : l'information ne circule pas comme il le faudrait entre les différents services de police, PJ et DGSI, pas davantage qu'entre la police et le parquet, pourtant directeur d'enquête. Les informations nous remontent de façon parcellaire et avec beaucoup de retard.

Face à cette situation, il est urgent que j'intervienne et j'appelle donc mon contact permanent du ministre de l'Intérieur, Jean-Julien Xavier-Rolai, « conseiller justice » au cabinet de Bernard Cazeneuve : « Jean-Julien, serait-il possible qu'un magistrat de la section antiterroriste participe aux réunions qui regroupent l'ensemble des grands patrons du ministère de l'Intérieur à Beauvau ? »

Une demi-heure après, il me rappelle pour me donner l'accord de Bernard Cazeneuve. La présence, dès le lendemain, d'un représentant du parquet de Paris à toutes les réunions se tenant au « Fumoir », ce salon carré situé près du bureau du ministre, qui fait office de salle de réunion pour un cercle restreint de personnes habilitées, va considérablement fluidifier l'échange d'informations entre la police et la justice.

La gestion des victimes, quant à elle, engendre d'autres types de problèmes. Elle n'est pas la priorité des enquêteurs de la brigade criminelle, entièrement dévolus à la traque des terroristes. Or aucun référent victime, exclusivement voué à cette tâche, n'est désigné au sein du service. Certains proches des personnes tuées mettent plusieurs heures à obtenir des informations, comme l'épouse de Frédéric Boisseau, l'agent de maintenance que les Kouachi ont abattu dès leur arrivée. Cette femme a dû traverser Paris plusieurs fois, de la rue Nicolas-Appert à l'Institut médico-légal, avant d'obtenir une réponse. La liste définitive des victimes met beaucoup trop de temps à être établie pour pouvoir informer correctement les proches et, ne serait-ce que d'un strict point de vue humain, c'est inacceptable.

Tous ces dysfonctionnements, je les constate au fil de cette première journée et jusque dans ma courte nuit, interrompue par plusieurs coups de téléphone du ministre de l'Intérieur Bernard Cazeneuve qui cherche, lui aussi, à aplanir les difficultés.

Dans tout ça, il me faut préparer ma conférence de presse. Les médias attendent, l'opinion publique aussi. J'ai encore en mémoire l'exercice complexe que cela avait constitué pour moi à Toulouse, lors de l'affaire Merah. Cette fois, ma chargée de communication, Agnès Thibault-Lecuivre, est toujours à mes côtés, au plus près des événements. Je ne dispose pas d'une très grande latitude, car nous sommes dans un contexte de traque et il faut absolument préserver au maximum l'enquête et la confidentialité des investigations.

La construction de mon discours se fait à plusieurs mains, avec l'aide de mes plus proches collaborateurs qui élaborent une synthèse des éléments objectifs dont nous disposons. Il faut faire le tri, mais également éviter de créer des polémiques inutiles, comme celle qui pourrait survenir concernant le nombre de terroristes. Bernard Cazeneuve, lors de sa première prise de parole, a évoqué le nombre de trois. Nous recroisons tous les témoignages et effectivement, un témoin dit avoir vu trois personnes. Mais nous avons ensuite eu le temps de visionner la vidéosurveillance, et si pour nous il semble clair que les assaillants n'étaient que deux, nous allons tout de même opter pour une formule prudente : ainsi parlerons-nous de « deux individus au moins ».

Dans le contenu de ma déclaration, je m'attache à détailler le plus précisément possible la chronologie des événements, à partir de l'arrivée des terroristes à *Charlie Hebdo* jusqu'à leur fuite, de façon à retracer leur trajet et leurs actes, en nourrissant le récit de détails concrets :

« Vers 11 h 30, un véhicule C3 se présentait devant l'immeuble du siège de *Charlie Hebdo*, duquel descendaient deux individus, habillés en noir, cagoulés et porteurs d'armes automatiques de type kalachnikov. Ces individus demandaient à deux hommes de maintenance se trouvant à l'accueil où se situaient précisément les locaux de *Charlie Hebdo*, puis ils ouvraient le feu et tuaient l'un d'eux. Les individus se rendaient au deuxième étage et se dirigeaient vers la salle de rédaction où se trouvait l'équipe du journal. Les deux hommes ouvraient le feu en rafale et tuaient douze personnes, parmi lesquelles figuraient dix journalistes, un policier du SDLP (Service de protection des personnalités) et un invité. Selon un témoin, les tireurs criaient "*Allah Akbar*" et affirmaient vouloir venger le prophète. »

Je poursuis mon récit jusqu'à la fuite des frères Kouachi rue de Meaux, dans le 19ᵉ arrondissement, où les deux hommes braquent le conducteur d'une Clio et s'enfuient à bord du véhicule. Cela correspond au moment où nous perdons leurs traces.

Selon la méthode déjà éprouvée, le contenu de ma déclaration se veut assez lapidaire : quelques éléments factuels choisis et vérifiés, objectifs, le bilan des victimes, et beaucoup de « remplissage » comme l'activation de la cellule de crise, l'ampleur de la mobilisation du parquet, la prise en charge des victimes sur le plan psychologique et enfin la mise en place d'une plateforme téléphonique.

Le choc est tel qu'il est nécessaire, à mon avis, de délivrer une parole institutionnelle et objective, qui détaille le colossal travail d'investigation lancé. L'exercice est toujours une source de stress.

Je n'envoie le texte définitif de la conférence de presse à mon supérieur hiérarchique, le procureur général de Paris, que quelques minutes avant de pénétrer dans la petite salle dédiée, non loin de mon bureau. Je ne le lui envoie pas pour qu'il le valide, je n'ai jamais procédé de cette manière, mais seulement pour information. Je le transmets dans le même temps directement à la garde des Sceaux.

C'est l'heure, il faut y aller. Les journalistes sont entassés, fébriles et, à l'image de l'ensemble de la population, sidérés par ce qui vient de se produire, d'autant plus déstabilisés qu'il s'agit d'un massacre perpétré au sein d'un organe de presse. J'ai les traits tirés, je suis fatigué physiquement et psychiquement, et le ton de mes premières phrases trahit sans doute mon état. Mais c'est l'un des avantages d'une prise de parole en apparence froide car purement factuelle que de faire rapidement disparaître le stress. À mesure que je délivre les informations, ma voix retrouve un timbre normal et les battements de mon cœur, un rythme régulier.

L'attentat de Montrouge

Le lendemain matin, tôt, jeudi 8 janvier, nous sommes avisés qu'une policière municipale a été victime de coups de feu mortels à l'arme lourde. Elle a été abattue peu après 8 heures, avenue Pierre-Brossolette, à Montrouge, alors qu'elle intervenait sur un banal accident de la circulation. « Banal » fait divers ? Ou s'agit-il encore d'un acte terroriste ? Sur place, plusieurs éléments factuels attirent notre attention. Les premiers témoignages laissent apparaître que l'assaillant a utilisé une kalachnikov, était vêtu de sombre, d'un gilet pare-balles et d'une cagoule. C'est le magistrat de la section antiterroriste du parquet de Paris, que j'ai dépêché sur place en qualité d'observateur aux côtés du parquet de Nanterre territorialement compétent, qui nous transmet ces informations. Dès le début de l'après-midi, je contacte la procureure de Nanterre à laquelle j'indique ma décision de me saisir du dossier sous une qualification terroriste : au vu du contexte de l'attaque de la veille, de l'arme utilisée et du caractère délibéré de l'acte visant un représentant des forces de l'ordre, cela paraît évident.

Dans la journée, un signalement remonte : le suspect est un homme à la peau noire, de petite taille. Un enquêteur fait rapidement le lien : ce profil correspond à celui d'un homme déjà repéré dans l'entourage des frères Kouachi dans une précédente affaire d'islamisme radical. Cet homme, c'est Amedy Coulibaly. Nous disposons d'un cliché que nous allons montrer à l'un des témoins, qui le reconnaît. Voilà qui nous permet de lancer les premières investigations, confortées dans la nuit par les retours d'analyse ADN de la cagoule abandonnée sur place et qui confirment qu'il s'agit bien de cet individu.

La nuit du jeudi au vendredi sera encore plus courte que la précédente. Je la passe debout, tenaillé par l'angoisse que génère cette course contre la montre. Nous identifions trois domiciles où pourrait se trouver le suspect : le sien, celui de Bagneux, qui est en réalité celui de sa femme, Hayat Boumeddiene, et celui de Fontenay-aux-Roses, où vit sa mère. Des perquisitions sont menées durant la nuit mais, manque de chance, Amedy Coulibaly n'est nulle part. On comprendra ultérieurement qu'il avait bien préparé son coup et pris soin de louer un autre appartement, à Gentilly. C'est le fameux « appartement conspiratif » dont je parlerai lors d'une conférence de presse, dans lequel Amedy Coulibaly a également enregistré sa vidéo de revendication qui sera diffusée le dimanche matin.

Cette nuit-là reste dans mon souvenir comme la pire de toutes : j'ai plusieurs fois Bernard Cazeneuve au téléphone, tout le monde est sur les nerfs, tendu par l'espoir de retrouver les fugitifs, que ce soient les frères Kouachi ou Amedy Coulibaly, et par l'angoisse qu'ils ne nous échappent. Les dispositifs policiers et gendarmesques sont énormes, notamment autour des forêts de Senlis et de Compiègne. En vain.

Dammartin-en-Goële

Au petit matin, enfin, lorsque je retourne à la cellule de crise, c'est porteur d'une « bonne » nouvelle : les frères Kouachi sont localisés à Dammartin-en-Goële, dans le département de Seine-et-Marne, où ils se sont réfugiés dans une imprimerie de la zone industrielle.

Avec cette réserve de taille : les deux individus ont un otage, le patron de l'imprimerie, Michel Catalano. Et ce n'est pas tout : l'un des employés se trouve également dans les locaux, au premier étage, dissimulé dans la salle de restauration de l'entreprise, sous un évier, ce dont les terroristes n'ont pas connaissance.

Pas de nouvelles en revanche d'Amedy Coulibaly. Avec le recul, on ne peut s'empêcher de penser que si l'on avait eu la main plus heureuse cette nuit-là lors des perquisitions, nous aurions pu éviter la prise d'otage de l'Hypercacher et quatre morts de plus.

Ce vendredi matin, vers 8 h 45, nous voici donc repartis pour Dammartin, accompagnés d'Agnès Thibault-Lecuivre, à qui nous imposons la conduite sportive des véhicules tous gyrophares allumés malgré son mal des transports.

Nous réquisitionnons une entreprise située en face de l'imprimerie, à moins d'une centaine de mètres de celle-ci, et nous y installons, vidant au passage les stocks de dosettes de café pour nous tenir éveillés. Sur place, entre les administratifs, les services de police, de gendarmerie, de la préfecture, les secours..., il y a beaucoup de monde. Beaucoup trop, d'ailleurs, au goût de Denis Favier, le directeur général de la gendarmerie nationale, qui va personnellement mener les opérations du GIGN appelé en renfort par l'autorité administrative puisque nous nous trouvons en zone de compétence de la gendarmerie. À son arrivée, il met de l'ordre.

« Mesdames, Messieurs, nous sommes trop nombreux ici. Je demande donc à toutes celles et ceux qui n'ont pas un rôle opérationnel dans l'affaire de s'en aller immédiatement. »

La salle se vide instantanément et nous nous retrouvons à une quinzaine de personnes. C'est alors que je suis avisé qu'un homme présent sur place, devant l'entreprise réquisitionnée, communique à des journalistes des informations, qui plus est erronées, sur ce qui est en train de se dérouler. En fait, c'est le député de la circonscription. Je demande aux gendarmes de le faire partir, ce qui est fait aussitôt, poliment mais fermement.

D'ordinaire, dans une situation comme celle-ci, la priorité est d'entrer en contact avec les preneurs d'otages. Malheureusement, la ligne téléphonique de Michel Catalano sonne occupée en permanence. Nous l'apprendrons quelques heures plus tard, ce sont les journalistes qui sont en train d'interviewer les frères Kouachi ! Cela nous gêne considérablement. Je sais que d'autres outils ont été mis à disposition ce jour-là, notamment un IMSI-catcher, dispositif qui pourrait permettre d'identifier les téléphones portables des deux terroristes

Denis Favier prépare un plan d'assaut d'urgence. Les gendarmes du GIGN tentent au préalable de convaincre l'employé de quitter sa cachette et de sauter par une fenêtre au pied de laquelle ils pourraient le récupérer. Mais le jeune homme refuse, il est terrorisé et ne se sent pas capable d'agir rapidement, les membres ankylosés après des heures passées recroquevillé dans un espace minuscule. Il va donc falloir faire avec. Une fois que le plan d'assaut est finalisé en tenant compte de l'otage dissimulé, et validé par le préfet du département et moi-même, les hommes du GIGN sont prêts à passer à l'action.

C'est à ce moment précis que nous apprenons tous qu'une deuxième attaque terroriste est en cours à

Vincennes, suivie d'une prise d'otages : la situation se complique considérablement.

L'attentat de l'Hypercacher

Vendredi 9 janvier, 13 h 35. Amedy Coulibaly vient d'entrer dans l'Hypercacher de la porte de Vincennes et a abattu quatre personnes. C'est du jamais-vu, deux prises d'otages concomitantes, et interdépendantes, puisque Amedy Coulibaly fait rapidement savoir aux autorités que si les frères Kouachi sont tués, il exécutera tout le monde. Il exprime clairement le fait que les deux équipes se sont coordonnées, que les frères Kouachi étaient chargés des journalistes de *Charlie Hebdo*, et que sa mission à lui était de s'en prendre à des policiers et à des Juifs.

La survenue de cette deuxième prise d'otages et potentielle scène de crime nous abasourdit. Il nous faut gérer les deux en parallèle. J'envoie deux magistrats antiterroristes à la porte de Vincennes. Une fois sur place, ils me rapportent à peu près les mêmes difficultés que celles auxquelles nous sommes confrontés à Dammartin : les forces de l'ordre ont du mal à joindre la ligne fixe du supermarché. Et là aussi, j'apprendrai qu'elle a été saturée d'appels, de journalistes ou de membres des familles des clients présents au magasin, 300 appels en une demi-heure, 600 en une heure. Une fois le contact finalement établi à l'initiative du terroriste, et la conviction acquise qu'il n'y aurait pas de reddition, il nous reste donc à mener les deux assauts de front. Le GIGN à Dammartin, le RAID et la BRI à Vincennes.

Pour prendre une telle décision, il nous faut monter au plus haut niveau de l'État : c'est le président de la République, François Hollande lui-même, qui va donner le feu vert, sans tergiverser. Cela peut sembler étrange, mais c'est encadré par les textes. La priorité à ce moment-là est en effet le rétablissement de l'ordre public, l'aspect judiciaire venant en second plan.

L'assaut

Les choses ne vont pas se dérouler comme nous l'anticipions. Autour de 16 h 50, ce sont les frères Kouachi qui décident de sortir, les armes à la main, et donnent l'assaut au GIGN. Suivront quelques minutes intenses et assourdissantes, auxquelles nous assistons, Denis Favier, le préfet de Seine-et-Marne et moi, tétanisés et sans aucune visibilité depuis l'entreprise qui nous sert de salle de crise. Nous ne pouvons qu'entendre les détonations se succéder. Le bruit est tel que sur le moment nous croyons même que les terroristes utilisent un lance-roquettes alors qu'il s'agit en réalité de grenades assourdissantes tirées par les forces de l'ordre. Deux ou trois minutes après, les frères Kouachi sont « neutralisés », ce qui en termes concrets signifie qu'ils ont été abattus par le GIGN grâce aux snipers positionnés sur les toits.

Après des tirs nourris, le silence est retombé sur l'imprimerie. Une demi-heure plus tard, une fois que le GIGN s'est assuré qu'il n'y a pas de danger, et notamment que les individus ne portaient pas d'explosifs, c'est le moment pour nous d'aller reconnaître les corps des deux terroristes. Immédiatement après, l'assaut est donné à l'Hypercacher par la BRI et le RAID.

À 17 h 10, Amedy Coulibaly est à son tour neutralisé. À l'intérieur du magasin, nous déplorons quatre victimes exécutées par le terroriste.

Le soir même, Al-Qaïda dans la péninsule arabique (AQPA) revendique l'attentat de *Charlie Hebdo*.

Pour la première fois depuis le 7 janvier, la pression retombe un peu : les trois terroristes sont morts. Le danger semble derrière nous et nous entamons une phase dans laquelle il faut prévenir et prendre en charge les victimes, mais également diriger les premières investigations. Tous les magistrats du parquet antiterroriste dépêchés sur le terrain se retrouvent à la section C1. Après un bref passage à la porte de Vincennes où je retrouve Bernard Cazeneuve, soulagé par ce dénouement, nous retournons au bureau toutes sirènes hurlantes et c'est comme une deuxième journée qui débute. Nous apprenons que le chef de l'État a décidé de s'exprimer sur les plateaux du 20 heures et, de notre côté, il nous faut préparer une autre allocution, plus technique, pour la conférence de presse qui aura lieu plus tard dans la soirée. J'ai souhaité en effet qu'elle soit le plus décalée possible de celle du président de la République, afin de bien marquer et séparer les rôles de chacun.

« François, vous êtes entré dans la vie des Français »

La conférence de presse de ce vendredi soir, après l'Hypercacher, se révèle bien plus longue et complexe que la précédente, car elle vise à évoquer à la fois l'assassinat de la policière à Montrouge, l'évolution de l'enquête depuis le 7 janvier, l'identification d'Amedy Coulibaly et les perquisitions infructueuses pour le retrouver, et enfin les assauts de Dammartin-en-Goële et de l'Hypercacher. Je vais parler vingt-cinq minutes ce soir-là, et donner beaucoup plus de détails : des détails sur les armes retrouvées, des kalachnikovs et des pistolets Tokarev, sur les antécédents des frères Kouachi, sur leur parcours de fuite après l'attentat de *Charlie Hebdo* jusqu'à l'imprimerie de Dammartin-en-Goële le vendredi. De même, pour Amedy Coulibaly, j'évoque l'attaquc de la policière municipale de Montrouge et la prise d'otages meurtrière à l'Hypercacher : « Je voudrais rendre hommage à toutes ces victimes de la barbarie terroriste, victimes journalistes, policiers, gendarmes, policiers municipaux et citoyens. Je voudrais ensuite souligner l'exceptionnel investissement depuis maintenant trois jours des services de police judiciaire et du parquet de Paris dans cette affaire véritablement hors norme. L'importance exceptionnelle du travail qu'ils ont conduit a permis en un peu plus de quarante-huit heures d'identifier les assassinats commis mercredi matin dans les locaux de *Charlie Hebdo* et jeudi matin à Montrouge. Je voudrais enfin souligner l'engagement et le professionnalisme des unités d'intervention du GIGN, du RAID et de la BAC/BRI qui ont permis de sauver, dans des conditions pourtant très dangereuses et aléatoires, les otages vivants détenus par les terroristes et de neutraliser ceux-ci. »

Je m'attache ensuite à répondre aux questions des nombreux journalistes présents, de la presse nationale et internationale.

Cette séquence d'attentats de janvier 2015 me permet peu à peu, et de mieux en mieux, de mesurer l'importance des messages délivrés aux Français. Mon rôle de procureur consiste sur le moment à informer de manière officielle, à incarner cette parole publique. La charge émotionnelle est très forte pour tout le monde. Elle ne m'épargne pas davantage que tout citoyen, mais il relève aussi de ma mission de pouvoir rendre publics certains éléments.

Quand on me dira quelques années plus tard, pendant la crise sanitaire de la Covid 19, que j'ai inventé un modèle de communication et que je suis devenu LA figure récurrente de la lutte contre le terrorisme, à telle enseigne que le directeur général de la santé, Jérôme Salomon, avec ses allocutions télévisées quotidiennes, a été qualifié de « François Molins de 2020 », je répondrai que cela me flatte, peut-être. Mais surtout, je vais prendre conscience chaque jour davantage, par le retour qui m'est fait de l'extérieur, de la place que mes interventions occupaient à ce moment-là dans la vie des Français. Michel Mercier, ancien ministre de la Justice, me dira un jour : « François, vous êtes entré dans la vie des Français. » Je n'en tire aucune gloire personnelle, bien sûr, mais je pense avoir contribué, à mon niveau et avec la légitimité que me confère ma fonction, à répondre à un besoin bien compréhensible de l'opinion publique : celui d'une parole claire, neutre, et vraie.

À une époque où la parole du politique est de plus en plus démonétisée, ces conférences de presse du parquet s'inscrivent dans un souci de délivrer une parole institutionnelle, objective et crédible. Ce qui n'est pas gagné d'avance : par exemple, au sujet de l'incendie de l'usine

Lubrizol, à Rouen, en 2019, la parole officielle a été fortement critiquée et remise en question. Les gens étaient persuadés qu'on leur mentait. Il faut donc offrir des garanties d'objectivité à l'opinion publique et je reste persuadé que le fait d'être un magistrat, et non un préfet ou une figure politique, est un gage de neutralité. Il faut être très rigoureux et surtout, surtout, ne jamais mentir, même par omission. Cela me semble essentiel, autant que d'éviter toute communication politique hors sujet.

Pour toutes ces raisons, il me paraît indispensable que la communication judiciaire soit toujours portée par un magistrat formé à cela, comme c'était le cas d'Agnès Thibault-Lecuivre ou de son successeur, Bruno Badré, et non par un simple professionnel de la communication. La fonction judiciaire ajoute au discours une dimension éthique et de respect des règles fondant notre système judiciaire, notamment le respect de la présomption d'innocence et celui de la vie privée. Une communication qui respecte ces principes permet de restaurer la confiance de la société dans l'institution judiciaire, et donc, ce faisant, de renforcer la démocratie.

L'autre vertu de ces prises de parole largement relayées dans les médias concerne leur contenu intrinsèque. La mise en forme des éléments rassemblés par l'équipe de la section antiterroriste fonctionne comme un tamis, un filtre redoutable. Notre communication exige une telle précision qu'elle nous contraint à tout vérifier, à se refaire préciser tout point qui ne serait pas clair dans la conduite de l'enquête. Elle nous contraint aussi à redemander des explications qui, si elles ne lèvent pas nos interrogations, déboucheront sur un doute et la perspective de nouvelles questions et de nouvelles investigations à mener. Je suis convaincu que, finalement, cet exercice nécessite une grande rigueur qui permet de mettre en lumière les imprécisions et les questionnements d'une enquête par essence évolutive.

Après les attentats

Le lendemain, samedi 10 janvier, le président du Consistoire de Paris, Joël Mergui, me fait savoir qu'il cherche à me joindre. C'est le Shabbat, aussi est-ce son officier de sécurité qui contacte le mien par téléphone. Sa requête est double. Il commence par me demander si nous pouvons éviter des autopsies aux quatre victimes de l'Hypercacher. Je lui explique que c'est malheureusement impossible compte tenu des faits ; en matière criminelle, une autopsie est indispensable. Mais surtout, il formule une autre demande : il souhaite pouvoir récupérer le sang des personnes décédées dans l'Hypercacher. Sur le moment, je suis stupéfait : je sais que le sol de l'hypermarché est maculé du sang des victimes, mais c'est également à cet endroit que le terroriste a été abattu. En d'autres termes, je ne suis pas en mesure de déterminer à qui appartient ce sang. Est-ce seulement celui des victimes, ou bien s'est-il mêlé à celui d'Amedy Coulibaly ?

Joël Mergui me rassure sur ce point et m'explique : la tradition juive exige que le corps soit enterré avec tous ses membres et tous ses organes, sang compris ; on considère que l'âme est troublée tant que la dépouille n'est pas sous terre dans ces conditions. Il m'assure par ailleurs que sa communauté sait parfaitement gérer ce cas de figure, de telle sorte qu'il me sera finalement possible, une fois tous les prélèvements nécessaires à l'enquête terminés, de le laisser agir ; des équipes spécialisées mèneront à bien cette tâche de récupération à l'aide de couvertures chauffantes qui, une fois placées sur le sol, en absorberont le sang.

Alors j'accepte. Dans la mesure du possible, je m'attache toujours à concilier les exigences de l'enquête et le respect des convictions religieuses des proches des victimes. Le samedi soir, alors que je m'autorise enfin quelque repos en famille, autour de 21 heures, une nouvelle information inquiétante nous remonte de la DGSI : un commando de Tchétchènes serait sur le point de commettre un attentat à la tour Montparnasse ! Le cycle infernal n'est donc pas terminé… Fort heureusement, ils sont interpellés dans la nuit, avant qu'un hypothétique passage à l'acte ait pu avoir lieu.

Le lendemain matin, dimanche 11 janvier, l'enquête s'accélère. C'est ma chargée de communication qui a été alertée par un journaliste : une vidéo de revendication d'Amedy Coulibaly circule sur les réseaux sociaux. Vêtu d'une djellaba blanche, assis par terre dans un appartement, un fusil d'assaut posé à côté de lui, le terroriste revendique son geste et tente de le justifier. La vidéo, nous l'apprendrons plus tard, a été tournée après l'attaque de *Charlie Hebdo*, dans l'appartement conspiratif de Gentilly où il préparait son action à l'Hypercacher.

Sur cette vidéo, la synchronisation des attentats nous apparaît de manière irréfutable : les trois hommes étaient non seulement liés, mais ils avaient coordonné leurs attaques. Les uns se revendiquent d'Al-Qaïda et l'autre de Daech, deux organisations terroristes distinctes, voire ennemies ; pourtant, ils sont passés à l'acte ensemble dans un même but. Cela fait réfléchir à tout ce qui nous a échappé jusqu'ici.

Quelques heures plus tard, Paris est le théâtre d'une manifestation historique de cohésion nationale et internationale. Autour de François Hollande sont rassemblés des chefs d'État ou représentants de toute l'Europe, d'Israël et de l'Autorité palestinienne, du Mali, du Niger, de Jordanie, de Tunisie… Tous unis derrière la bannière de la démocratie et de la liberté, pour apporter leur soutien à la France. Un million de personnes défilent de la place de la République jusqu'à Nation, la plupart scandant : « Je suis Charlie, je suis juif, je suis policier. »

D'abord un peu étonné par l'ampleur de cette manifestation, je comprends vite que c'est extrêmement salutaire. C'est le signe d'une résilience partagée par la Nation tout entière, c'est surtout le signe de la concorde autour des valeurs de la République. On a souvent tenté depuis de me demander si j'étais « Charlie ». Je n'ai jamais voulu entrer dans ce débat, car je demeure persuadé que ce n'est pas mon rôle. Mon office de magistrat m'oblige à la réserve. Même si à titre personnel je n'ai jamais blasphémé et ne le ferai jamais, parce que ce n'est pas dans ma nature et que je m'inscris dans une approche très respectueuse de toutes les religions, je reconnais le droit au blasphème, délit aboli du Code pénal le 25 septembre 1791 et en 2017 seulement du Code pénal d'Alsace-Moselle. Je m'inscris dans la défense de la liberté d'expression, qui est l'un des droits les plus précieux de l'homme et nécessite que nous nous battions contre le fanatisme et l'obscurantisme pour rester libres. La liberté d'expression doit rester un principe intangible. Cela sera aussi l'un des messages forts du procès des attentats de janvier 2015 devant la cour d'assises spéciale de Paris. Aujourd'hui plus que jamais, dans une société de plus en plus diverse, il nous faut assurer et mettre en œuvre la liberté d'expression. Et c'est tout à l'honneur du professeur Samuel Paty de montrer à ses élèves les caricatures de Mahomet. Il s'agit de réfléchir sur le difficile équilibre à trouver entre la nécessité du débat qui exige la tolérance, et les besoins du vivre ensemble qui exigent le respect.

Il est une question que l'on me pose souvent sur cette période des attentats de janvier 2015, qui furent les premiers de cette ampleur avant une trop longue série : c'est celle de la pression politique que j'aurais pu subir. Je me dois d'insister sur ce point : je n'en ai eu aucune.

Tout au long de mes fonctions de procureur de Paris de 2011 à 2018, j'ai dirigé les enquêtes à la suite d'attaques terroristes sous les mandats de 3 présidents de la République, 5 Premiers ministres, 6 ministres de l'Intérieur et 4 gardes des Sceaux. Dans aucune situation je n'ai eu à contrer des interférences politiques sur l'exercice de mes fonctions. Lors des attentats de janvier 2015, mes échanges avec le ministre de l'Intérieur étaient avant tout opérationnels et se sont toujours déroulés dans le cadre d'une relation d'estime et de confiance mutuelle. Bernard Cazeneuve était très respectueux de mon office de procureur. Quant aux remontées d'information que je fournissais directement à la garde des Sceaux Christiane Taubira, elles relevaient exclusivement de mon initiative. Mon objectif était de raccourcir le circuit existant des remontées par la voie hiérarchique du parquet général, pour que la ministre soit elle aussi, et c'est bien naturel, informée en temps réel des évolutions de l'enquête. C'est légitime, et indispensable à l'exercice de ses responsabilités ministérielles. On ne saurait imaginer une garde des Sceaux assistant à un conseil de défense à l'Élysée sans rien savoir de l'évolution du dossier terroriste qui y est évoqué, alors que le président de la République et le ministre de l'Intérieur, eux, seraient en possession de toutes les informations nécessaires. Je veillais donc à la tenir étroitement informée de la progression des enquêtes.

La pression dans de tels moments, c'est celle que l'on se met soi-même, alors que nous sommes tous pris par l'horreur des faits commis et l'angoisse de savoir des terroristes dans la nature, de la quête d'éventuels complices ou de nouveaux attentats en préparation.

Ces attentats nous permettent de réviser très rapidement notre appréciation judiciaire du phénomène islamiste radical violent. Dès la fin de l'enquête, nous commençons à débriefer et à nous interroger sur le suivi des terroristes par les services de renseignement et la justice ; car les noms des Kouachi et de Coulibaly ne sont pas inconnus de nos services. Nous les retrouvons en effet dans une autre procédure, celle dite « ATWH » (Al Takfir Wal Hijra, un courant de pensée de l'islam radical sunnite qui prône le démantèlement des sociétés mécréantes et l'instauration d'un État islamique). Initiée à la suite de renseignements émanant de la police judiciaire de Versailles, l'enquête ATWH avait mis en évidence, en 2010 et 2011, l'existence d'une association de malfaiteurs chevronnés, formée autour de Djamel Beghal et Smaïn Aït Ali Belkacem, avec pour objectif l'élaboration d'un projet terroriste. Celui-ci consistait à faire évader les « frères » incarcérés et prévoyait la commission d'actions terroristes de grande ampleur qui n'ont jamais pu être précisées davantage.

Cette affaire présentait la particularité de faire converger des univers différents. C'est un point de bascule que nous n'avons pas bien mesuré sur le moment. Dans ce dossier se rencontraient des vétérans d'Algérie et d'Afghanistan, devenus des émirs du GIA (Djamel Beghal, Smaïn Aït Ali Belkacem), des jeunes radicalisés de la filière dite « des Buttes-Chaumont » (dont les frères Kouachi) et enfin des braqueurs ultraviolents (tel Amedy Coulibaly). Un vice-procureur de la section antiterroriste du parquet de Paris, Jean-Julien Xavier-Rolai, avait compris les enjeux bien avant les autres : il avait alerté, en produisant des analyses étayées sur ce phénomène particulièrement inquiétant. Ses notes sont remontées par la voie hiérarchique, mais n'ont pas trouvé à l'époque d'écho particulier. Elles s'appuient pourtant sur des éléments très concrets, des photos de surveillance qui montrent Chérif Kouachi en train de faire de longues promenades à Murat, dans le Cantal, aux côtés de Djamel Beghal en avril 2010. Djamel Beghal que l'enquête sur les attentats de janvier 2015 considère comme l'un des mentors des deux frères. Chérif Kouachi l'a rencontré en prison et a gardé contact avec lui à sa sortie, lorsque Beghal était assigné à résidence dans le Cantal. Lors de ces rencontres régulières, ils fomentent le projet d'évasion de Smaïn Aït Ali Belkacem, considéré comme l'artificier du GIA. Amedy Coulibaly se rend lui aussi régulièrement à Murat, parfois accompagné de son épouse, Hayat Boumeddiene.

Judiciairement parlant, cette affaire est un échec. L'enquête de police n'a pas permis de rassembler suffisamment de preuves et Chérif Kouachi bénéficiera d'un non-lieu, ce qui signifie qu'il évitera le procès. Amedy Coulibaly, lui, sera condamné, mais pas sous une qualification terroriste – l'évasion ne figurait pas alors parmi les infractions pouvant être qualifiées de terroristes –, ce qui explique sans doute en partie qu'il n'ait jamais été par la suite un objectif des services de renseignement, lesquels n'ont pas considéré à temps son islamisme radical.

Aujourd'hui, avec le recul, il est plus facile de comprendre que ce dossier était annonciateur de la suite : la rencontre de tous ces activistes, les liens qu'ils ont noués entre générations. Bien évidemment, on se dit que si l'on avait compris plus tôt… Mais on a certainement mal analysé le sens de ce dossier. Si cela s'explique bien, cela ne saurait pour autant excuser quoi que ce soit. Avant Mohamed Merah, les services évaluent le risque sans vraiment mesurer sa déclinaison potentielle sur le terrain. Car voilà plus de quinze ans, depuis 1995, qu'il n'y a pas eu d'attentats islamistes sur le sol français. On sous-estime le risque, tout simplement. C'est Merah, en 2012, qui commence à nous ouvrir les yeux. Ses attaques terroristes nous font perdre notre naïveté, elles font figure d'électrochoc.

En réalité, que ce soit Merah ou Kouachi/Coulibaly, nous avons affaire à des opérations ciblées ayant vocation à concerner d'une part les musulmans qui ont « trahi », ceux qui ont endossé l'uniforme (les soldats tués par Merah), d'autre part les blasphémateurs (*Charlie*) et, dans l'un et l'autre cas, la communauté juive. Le but affiché est de déclencher une guerre civile en créant des divisions irrémédiables entre la population et la minorité musulmane. Et c'est avec *Charlie Hebdo* que nous avons réellement pris conscience de l'échelle de ce dessein.

Cette prise de conscience va nous conduire à ressortir tous les dossiers des placards.

Au lendemain des attaques de janvier 2015, les services de renseignement viennent nous voir à la section antiterroriste pour ouvrir des enquêtes. À partir de là, nous allons construire une politique pénale qui évolue en fonction de notre perception de la situation et de sa gravité, de l'état de la menace et des attentats terroristes commis.

Tout cela se fait très progressivement car nous partons de très loin : le premier « djihadiste » présenté en 2012 à Paris à un juge d'instruction antiterroriste s'était retrouvé placé sous le statut de témoin assisté ! Le juge d'instruction n'avait pas estimé nécessaire de mettre en examen cet homme, comme le demandait le parquet, et nous avait expliqué qu'il ne voyait pas comment retenir la qualification terroriste contre quelqu'un qui allait se battre contre Bachar el-Assad, que la France elle aussi combattait. D'ailleurs, au début des procès devant la 16e chambre correctionnelle du tribunal de Paris, spécialisée dans le jugement des affaires de terrorisme, les premiers aspirants au départ vers la Syrie invoquaient tous des motifs humanitaires. La réalité était bien différente. Ceux qui sont partis en Syrie étaient déjà radicalisés et ne rejoignaient pas l'Armée syrienne libre, mais exclusivement des organisations islamistes dépendant d'Al-Qaïda ou Daech (État islamique).

Notre perception de la situation s'éclaire peu à peu et nous durcissons progressivement notre politique pénale, requérant des peines en constante augmentation. Grâce aux lois votées par le Parlement, magistrats et enquêteurs obtiennent des moyens procéduraux nouveaux, le recours plus développé aux techniques spéciales d'enquêtes, c'est-à-dire les interceptions téléphoniques, sonorisations et fixations d'images, captations de données informatiques, infiltrations. Cela nous permet collectivement d'être plus efficaces et d'identifier mieux et plus rapidement des cellules ou des individus qui s'apprêtent à passer à l'acte. Quant aux services de renseignement, la loi du 24 juillet 2015 donne un cadre légal à leurs activités et élargit et modernise les techniques de recueil et de renseignement.

Nous allons aussi adopter une autre politique pénale pour mieux lutter contre le financement du terrorisme. Quand on pense que nous ne sommes toujours pas en mesure de dire précisément comment les frères Kouachi ont pu financer l'achat de leur arsenal de guerre… Pour Amedy Coulibaly, on connaît maintenant son système d'escroquerie : des arnaques aux prêts à la consommation suivis d'achats et reventes de voitures. Mais avant les attentats, on ne travaillait pas beaucoup sur le financement du terrorisme et il y avait très peu d'enquêtes ouvertes pour ce seul motif. Nous n'avions pas compris que la lutte contre le financement du terrorisme est sans doute la lutte contre le nerf de toutes les guerres : en suivant et en poursuivant l'argent, on arrive jusqu'aux terroristes.

Ces attentats génèrent aussi, dans les semaines et les mois qui suivent, de nombreuses affaires d'apologie du terrorisme. Elles apparaissent partout en France et le ministère de la Justice donne des consignes claires en catégorisant les infractions en fonction de leur gravité pour qu'elles soient partout poursuivies. Par exemple, celui qui crie « Vive Merah » ou « À mort *Charlie*, vive les Kouachi » sera traité par le parquet localement compétent. En revanche, l'apologie la plus grave, celle qui relève d'une organisation un peu plus structurée, ce que nous appelons « le djihad médiatique », reste de la compétence du parquet antiterroriste de Paris. En concertation étroite avec le parquet de Paris, une circulaire du ministère de la Justice vient fixer ces directives de politique pénale à l'intention de tous les parquets de France.

Tout ce travail de « Retex » (retour d'expérience) prend la forme d'un rapport adressé au ministère de la Justice. Nous détaillons ce qui a été fait dans le cœur de l'action : les moyens mis en œuvre pour l'enquête, la prise en charge des victimes, etc., en prenant le temps de mettre en lumière ce qui doit être corrigé. Ensuite, nous développons les mesures à prendre en termes d'organisation et adressons le document au parquet général et au ministère de la Justice. Cela se fait assez rapidement, car nous bénéficions d'une marge de manœuvre importante, proportionnelle aux responsabilités de notre office. De nombreuses pratiques ont donc pu évoluer, y compris en ce qui concerne les services enquêteurs. Par exemple, on a pris conscience que sur des événements de cette ampleur, quel que soit le lieu de commission des faits, le meilleur acteur pour coordonner les services d'enquête saisis est la SDAT (Sous-direction antiterroriste de la Direction centrale de la police judicaire), compte tenu de sa spécialisation en matière terroriste et de son positionnement central, à la tête de toutes les DIPJ (Direction interrégionale de la police judiciaire) de France. Alors que la pratique voulait que, dès lors que l'attentat était commis à Paris, la police judiciaire de Paris (brigade criminelle) devait coordonner les investigations. Ainsi, pour les attentats de « Vendredi 13 », bien qu'ils aient été commis en région parisienne, nous saisirons et désignerons immédiatement la SDAT comme coordinateur.

Nous travaillons aussi en concertation étroite avec la police, échangeant sur les méthodes d'enquête employées et sur nos insuffisances dans le partage d'informations. Nous allons de même intensifier nos relations et notre travail avec les services de renseignement et imposer une nouvelle règle, qui consiste à exiger que tous les sélecteurs saisis par la police judiciaire dans le cadre de l'enquête, ordinateurs et smartphones, soient remis à la DGSI dans les vingt-quatre heures pour exploitation par ses services techniques spécialisés ; nous nous sommes en effet aperçus que le fait de les récupérer avec retard pouvait priver les enquêteurs d'éléments susceptibles d'orienter les investigations. Il est certain que le Retex des attentats de janvier 2015 nous a considérablement aidés pour l'enquête sur les attentats du 13 novembre.

Évidemment, je ne suis pas plus que les autres exempt d'un sentiment de culpabilité concernant ce qui n'a pas fonctionné de manière optimale. Ce sentiment m'habite d'autant plus que je suis d'une nature perfectionniste. Certaines choses ne sont pas faciles à porter. On s'en parle entre magistrats, dans un cercle très restreint. Il ne faut incriminer personne car tout, des efforts consentis aux réussites, en passant par les échecs, relève d'un travail collectif. Chaque décision est le fruit d'une discussion. C'est rarement la responsabilité d'une seule personne.

Les mois s'écoulent en cette année 2015 et voient la menace terroriste régulièrement augmenter et se concrétiser par une dramatique série d'attentats, montrant que la France est devenue une cible majeure.

C'est l'affaire de Villejuif le 19 avril 2015, avec les attentats manqués contre deux églises suivis du meurtre d'Aurélie Châtelain par Sid Ahmed Ghlam. C'est ensuite l'attaque terroriste perpétrée le 26 juin 2015 à Saint-Quentin-Fallavier par Yassin Salhi contre son employeur qu'il étrangle avant de le décapiter et d'aller accrocher sa tête au grillage de l'usine où il travaille. C'est enfin l'affaire de l'attentat du Thalys, qui s'achève miraculeusement grâce à l'intervention courageuse de voyageurs, dont des militaires américains en vacances, qui parviennent à immobiliser le terroriste djihadiste Ayoub el Khazzani avant qu'il ne passe à l'acte et ne provoque un véritable carnage.

L'attaque d'ampleur qui nous attend quelques mois plus tard va nous démontrer que la menace est plus que jamais d'actualité.

V13

« Vous n'avez pas de gilet pare-balles, Monsieur le procureur ? »

Le vendredi 13 novembre 2015, l'équipe de France de football reçoit l'Allemagne en match amical au Stade de France à Saint-Denis, une belle affiche. Je viens de rentrer de trois jours de travail à Marrakech avec le groupe quadripartite des parquets antiterroristes français, belge, espagnol et marocain. Chaque année, nous nous réunissons dans le but d'échanger sur les dossiers terroristes et de renforcer la coopération judiciaire entre nos quatre pays. J'avais prévu de regarder le match France/Allemagne, mais je suis épuisé et n'aspire qu'à une chose : me reposer. À 21 h 25, je m'apprête à aller me coucher lorsque le directeur de la sécurité publique de l'agglomération parisienne, Jacques Méric, me téléphone.

« Bonsoir Monsieur le procureur, je ne sais si vous êtes déjà au courant, mais une explosion vient de se produire au Stade de France, porte D. Le premier bilan, forcément provisoire, est d'un mort. Je vous tiens informé dès que j'en sais davantage. »

Mon repos se trouve reporté *sine die*. Mon épouse allume la télévision pendant que je compose le numéro de Camille Hennetier, la cheffe de la section antiterroriste. Les premières informations sont confuses. Je contacte Patrick Calvar, le directeur général de la Sécurité intérieure, qui n'en sait pas plus. Nous décidons de rester en contact. Au bas de l'écran de la télévision, les bandeaux défilent, qui annoncent que des terrasses de bars parisiens ont été attaquées dans le 11e arrondissement et qu'il y a de nombreuses victimes.

Cette fois-ci, je sais que nous y sommes, quatorze mois après l'appel du porte-parole de Daech, Abou Mohamed El Adnani, qui exhortait à la commission d'attentats contre la France. Ce que l'on redoute depuis des semaines au cours de cette année 2015, qui a vu une multiplication des attentats (*Charlie Hebdo*, Montrouge, Hypercacher, Villejuif, Saint-Quentin-Fallavier et le Thalys) et l'élévation très importante de la menace, est en train de se dérouler sous nos yeux : Paris subit une attaque terroriste de grande ampleur.

J'ai à nouveau Patrick Calvar et Camille Hennetier, pour faire le point sur ces attaques. Ils me confirment la réalité de la situation. Je décide de saisir la section antiterroriste du parquet de Paris et d'activer la cellule de crise. C'est la quatrième fois que cette décision est prise.

Cela fait, l'urgence pour moi consiste à me transporter sur les lieux des attentats et à rappeler les officiers de sécurité qui me sont affectés. J'approche avec difficulté du 11e arrondissement, où les rues sont encombrées par les véhicules de premiers secours. Les policiers du secteur viennent à peine d'arriver au bar La Bonne

Bière, à l'angle des rues du Faubourg-du-Temple et de la Fontaine-au-Roi. Devant la terrasse dévastée où s'entremêlent morts et blessés, les pompiers et le Samu s'activent. Les fonctionnaires de police du commissariat du 11e ont déployé de la rubalise pour délimiter un périmètre de sécurité, je vais les voir. L'un d'eux me reconnaît et s'inquiète :

« Vous n'avez pas de gilet pare-balles, Monsieur le procureur ?

— Non, je n'en ai pas.

— Alors prenez le mien, car il peut y avoir des tireurs sur les toits. »

Il me tend son gilet. Je vais le porter toute la nuit. Personne ne sait si les assaillants sont partis ou s'ils peuvent revenir et les policiers craignent des tireurs sur les toits.

À l'intérieur du bar, je questionne le capitaine des pompiers sur le bilan victimaire. Cinq morts et 8 blessés graves. Bilan provisoire bien sûr.

À quelques centaines de mètres de là, d'autres terrasses ont été visées : celles du Petit Cambodge, de La Belle Équipe et du Carillon. Je m'y rends à pied. Sur place, des femmes et des hommes, jeunes pour la plupart, gisent au sol, à la place où, quelques instants plus tôt, à la faveur d'une météo particulièrement douce pour une fin d'après-midi de novembre, ils profitaient d'une soirée en terrasse. Au Carillon, l'une des serveuses, qui s'est réfugiée derrière le comptoir, me raconte l'arrêt d'une voiture noire dont descendent trois terroristes, les rafales de tirs, les cris, la panique.

Hélas, le cauchemar ne s'arrête pas là… Nouvel appel de Camille Hennetier : une prise d'otages est en cours au Bataclan, en plein concert de rock ; il y a des centaines de spectateurs. Là encore, il s'agit, pour la plupart d'entre eux, de jeunes. Il est près de 22 h 30 et, je le découvrirai *a posteriori*, pour de très nombreuses victimes, il est déjà trop tard.

Dans le quart d'heure qui suit, je parviens à rallier le Bataclan. En m'approchant, je croise des grappes de spectateurs hébétés qui quittent les lieux l'air hagard, parfois torse nu et maculés de sang. Leurs yeux sont vides, leurs gestes mécaniques, ils fuient. Les plus gravement blessés sont secourus, mais d'autres disparaissent dans la nuit, sans aucune prise en charge, et je pense déjà aux séquelles psychologiques à venir : qu'ont-ils vu ? Comment vivre avec ça ? La BRI est déjà sur place. Pour ma part je ne connais pas encore la situation dans le détail, je n'ai aucune idée du nombre de victimes.

Nous réquisitionnons un café tout proche, à l'angle du boulevard Voltaire et de la rue Oberkampf, pour y établir un PC opérationnel. Là, on m'apprend que peu avant 22 heures un commissaire de la BAC (brigade anticriminalité) et son chauffeur, également policier, sont entrés dans la salle. Ils ont pris la décision courageuse d'intervenir sans attendre et ont tiré avec leur arme de poing à six reprises sur l'un des terroristes qui se trouvait sur la scène et qui s'est fait sauter en activant sa ceinture. L'acte de bravoure de ces deux policiers a mis fin au carnage dans la fosse. Les autres terroristes se sont retranchés au premier étage avec des otages.

Les hommes de la BRI prennent le relais de leurs collègues de la BAC à 22 h 20. Ils ne disposent d'aucun plan de la salle, et l'électricité, à leur demande, a été coupée. Ils montent au premier étage vers 23 h 15 où ils repèrent les deux terroristes, retranchés derrière leurs otages dans un couloir. Un otage, faisant office d'interlocuteur, donne à la BRI un numéro de téléphone portable où joindre les terroristes. Le négociateur de la BRI les contacte. Ils exigent une lettre signée de François Hollande indiquant qu'il retire les troupes françaises de Syrie, ainsi que le retrait des snipers. S'ils ne l'obtiennent pas, ils couperont la tête d'un otage et balanceront son corps dans la rue. Peu après, ils demandent le départ de toutes les forces de l'ordre présentes à l'intérieur du Bataclan.

Le négociateur rend compte de la situation à Christophe Molmy, le chef de la BRI : « On n'en tirera rien. Ils sont très tendus. Aucune négociation ne peut aboutir. »

Peu avant minuit, Christophe Molmy vient nous rejoindre, Michel Cadot, préfet de police, Christian Sainte, directeur de la PJ de Paris, et moi. Il nous livre son sentiment : « Il n'y a pas de négociation possible, les terroristes cherchent une tribune médiatique. Ils veulent affronter la BRI et se faire sauter. Il faut intervenir rapidement, sinon je crains vraiment pour la vie des otages. »

Il nous soumet donc un plan d'assaut d'urgence. En quelques minutes, Michel Cadot et moi-même nous concertons et donnons le feu vert. Michel Cadot lui demande :

« Christophe, pensez-vous que ça va bien se passer ?

— Non, Monsieur le préfet, mais si on n'y va pas ils vont tuer tout le monde. »

L'assaut est donné à 0 h 18, juste après qu'un sniper a fait exploser la caméra située au-dessus de la porte derrière laquelle se trouvent les deux terroristes et leurs otages. Quelques minutes après, dans le bar qui nous sert de base arrière, nous entendons depuis le poste de radio Acropol – qui permet les communications radio entre services de police – du préfet de police que tout est fini.

Les otages retranchés à l'étage dans une petite pièce sont sains et saufs, et les deux terroristes neutralisés. Les blessés peuvent commencer à être exfiltrés. Dès que les démineurs auront fini leur travail, nous entrerons à notre tour.

« On y va, on commence. »

Je pénètre à l'intérieur du Bataclan vers 1 h 30 du matin. À l'entrée de la salle, des débris de verre crissent sous mes chaussures et rompent le silence de mort qui règne à l'intérieur. Il fait sombre mais, à la lueur des lampes et des téléphones portables qui nous éclairent, nous découvrons une scène dantesque. Dans la moiteur de la fosse, au pied de la scène, des dizaines de corps sont entremêlés, dont s'échappe l'odeur âcre du sang. En balayant la salle, mon regard se pose sur une femme d'une cinquantaine d'années probablement, les cheveux gris cendré, coupés au carré. Sa tête repose sur son sac. Son téléphone portable sonne sans discontinuer.

Je retourne deux fois encore à l'intérieur ce soir-là, mais j'interdis l'accès à tous ceux qui sont extérieurs à l'enquête, notamment les hommes politiques qui se succèdent dans la nuit sur les lieux, car il faut préserver la scène de crime pour permettre à la police technique et scientifique de faire toutes les constatations. Comme dans la salle de rédaction de *Charlie Hebdo* quelques mois plus tôt, je ressens jusque dans ma chair cette atmosphère lourde au goût de sang, cette chape de silence et de sidération qui vient à nouveau de s'abattre sur nous. Pourquoi suis-je rentré à trois reprises à l'intérieur du Bataclan ? Je me le suis longtemps demandé. Je pense qu'au fond de moi j'étais révolté et ne parvenais pas à croire, ou refusais de croire, ce que j'avais vu.

Vers 3 h 30 du matin, je rentre au palais de justice dans les vieux bâtiments de l'île de la Cité. La cellule de crise est au travail depuis 23 heures dans la salle de réunion de la section antiterroriste. Elle va fonctionner durant onze jours, 7 jours sur 7, 24 heures sur 24, mobilisant 39 magistrats du parquet et 11 greffiers, selon un schéma bien rodé depuis les attentats de janvier : téléphones, ordinateurs, télévisions, cartes murales, et toujours ce chrono qui détaille minute par minute tous les événements et toutes les informations qui remontent. Un magistrat de la section antiterroriste est envoyé sur chacune des dix scènes de crime – les trois scènes de crime correspondant aux trois explosions du Stade de France, les bars Cosa Nostra, La Bonne Bière, Le Carillon, Le Petit Cambodge, La Belle Équipe, Le Comptoir Voltaire, et le Bataclan – avec les enquêteurs et les techniciens de la police technique et scientifique. Les magistrats venus en renfort du parquet de Paris sont détachés sur les différents ateliers thématiques : constatations et exploitations des scellés, témoins, victimes, gardes à vue, procédures, relations internationales. Camille Hennetier coordonne elle-même les premières identifications de victimes et lance les investigations. Quasiment tous les services de police sont mobilisés, des policiers de terrain à la police technique et scientifique, de la police judiciaire parisienne aux services de renseignement coordonnés par la SDAT, la Sous-direction antiterroriste de la direction centrale de la police judiciaire.

Très rapidement, les enquêteurs relèvent des indices qui vont orienter les recherches vers la Belgique. Le visionnage immédiat de la vidéosurveillance leur a en effet permis de découvrir que le véhicule automobile, de type Volkswagen Polo, abandonné par les terroristes devant le Bataclan, est immatriculé en Belgique. On a également récupéré, dans une poubelle sur la voie publique devant le Bataclan, un boîtier de téléphone Samsung dont l'exploitation révèle un SMS écrit à 21 h 40 : « On y va, on commence », lequel est adressé à un numéro belge.

Au petit matin, à 4 h 10, on est informé que le véhicule abandonné a été loué à Etterbeek, en Belgique. À ce stade, l'identité du loueur est encore inconnue. Par ailleurs, une image du dispositif du Stade de France laisse apparaître que le terroriste qui s'est fait exploser porte D téléphonait à 21 h 01 avec un portable. Le bornage effectué à partir du relais téléphonique du Stade de France permet de recenser 15 094 appels ayant activé ce relais entre 21 heures et 21 h 04. L'analyse de ces communications, croisée avec le contenu du boîtier de téléphone retrouvé devant le Bataclan, permet notamment de démontrer qu'ils ont activé la même puce belge. Ce sont également les investigations sur ce boîtier qui vont nous mener vers l'appartement d'Alfortville, dans lequel le commando a passé la nuit précédente.

L'ensemble de ces éléments nous conduit à adresser, en tout début de matinée, le samedi 14 novembre, une première demande d'entraide pénale internationale à nos collègues du parquet fédéral belge, avec lesquels nous avons des contacts téléphoniques toute la nuit. Quatre autres suivront durant le week-end avant que, le lundi 16 novembre, je signe avec la juge d'instruction belge, Isabelle Panou, saisie de l'information judiciaire ouverte en Belgique, la décision de former une « équipe commune d'enquête » constituée d'enquêteurs de nos deux pays.

Le samedi à 5 h 53, la revendication tombe. Je suis à peine rentré chez moi pour prendre quelques instants de repos. Par un message audio, en arabe et en français, Daech revendique les attaques terroristes : « Dans une attaque bénie dont Allah a facilité les causes, un groupe de croyants des soldats du califat, qu'Allah lui donne puissance et victoire, a pris pour cible la capitale des abominations et de la perversion, celle qui porte la bannière de la croix en Europe. »

En début d'après-midi, la DGSI nous indique avoir identifié le loueur du véhicule, un dénommé Salah Abdeslam, et nous informe qu'il a été contrôlé le matin même, à 9 heures, vers Cambrai, avec deux autres personnes à bord. Le juge d'instruction belge saisi par le parquet fédéral délivre trois mandats d'arrêt. Une chasse à l'homme s'engage alors en Belgique, dont le parquet fédéral nous tient régulièrement informés. Vers 16 heures, les deux individus qui accompagnaient Salah Abdeslam sont interpellés. Abdeslam, lui, a réussi à prendre la fuite.

Ce même samedi, nous sommes avisés de la découverte à Montreuil d'un autre véhicule, une Seat modèle Léon, dans lequel on retrouve trois fusils d'assaut Kalachnikov et de nombreux chargeurs. Il est rapidement identifié comme étant le véhicule du commando des terrasses. Aussitôt une autre chasse à l'homme débute.

Les trois membres du commando du Bataclan sont morts, les trois terroristes du Stade de France aussi. Reste le commando des terrasses, dont l'un des membres, Brahim, le frère de Salah Abdeslam, s'est fait exploser au Comptoir Voltaire. Trois hommes sont donc encore dans la nature, avec tout le danger que cela représente : Salah Abdeslam et deux autres membres du commando des terrasses. Les images de vidéosurveillance de la RATP révèlent que les deux hommes ont emprunté la ligne 9 à 22 h 14 à la station Croix-de-Chavaux, proche du lieu de découverte de la voiture, et qu'ils l'ont quittée dix minutes plus tard, à la station Nation. L'un d'eux porte les mêmes chaussures orange que celles décrites par un témoin lors de l'une des fusillades. Malgré cette traque intense qui mobilise l'ensemble des forces de police en France et en Belgique, les recherches restent vaines durant tout le week-end.

La prise en charge des victimes

Entre-temps, le bilan des victimes ne cesse de s'allonger, passant à 129 morts et plus de 800 blessés. La prise en charge des victimes est un devoir éminent de l'État, particulièrement lorsqu'il s'agit de victimes d'attentats terroristes. Hasard du calendrier, une instruction interministérielle relative à leur prise en charge avait été signée la veille des attentats, le 12 novembre au soir. Autant dire que presque personne ne l'a lue. Elle entérine le principe de la Cellule interministérielle d'aide aux victimes (CIAV), hébergée dans les locaux du centre de crise et de soutien du ministère des Affaires étrangères. La CIAV rassemble les représentants des différents ministères, des associations, le fonds de garantie des victimes du terrorisme, la cellule d'urgence médico-psychologique et un représentant du parquet de Paris. Son rôle consiste à centraliser l'ensemble des informations concernant l'état des victimes, à informer et à accompagner leurs proches ainsi qu'à coordonner l'action de tous les ministères intervenant avec les associations et le parquet de Paris. Dans les premières heures suivant les attentats, le Premier ministre a donc activé la CIAV mais, malheureusement, des problèmes d'organisation, et notamment d'articulation entre l'intervention de la CIAV et le numéro vert de la préfecture de police apparaissent rapidement : de nombreuses personnes à la recherche de leurs proches en sont réduites à faire le tour des hôpitaux toute la nuit pour obtenir des informations. Devant l'urgence, le samedi matin, le Premier ministre met en place un dispositif sur le site de l'École militaire pour accueillir les familles des victimes.

Lorsque je me rends sur place en début d'après-midi, sont présents le Premier ministre Manuel Valls, le ministre de l'Intérieur Bernard Cazeneuve et la garde des Sceaux Christiane Taubira. Mais on manque d'effectifs pour annoncer les décès. Les policiers de la PJ chargés de le faire ne sont pas encore arrivés. C'est ainsi qu'avec trois autres collègues du parquet de Paris je me retrouve, sans aucune préparation à ce type de démarche, contraint d'annoncer le pire à des parents, debout, sans aucune solennité ni intimité. Nul doute que cette désorganisation initiale contribuera au sentiment de nombreuses victimes de ne pas avoir été correctement prises en charge.

À l'Institut médico-légal (IML) de Paris, la pression est énorme. Potentiellement, le nombre d'autopsies pourrait s'élever à 140, terroristes inclus. Nous faisons le choix de ne désigner qu'un seul IML afin de ne pas complexifier le processus d'identification des corps et, surtout, de ne pas compliquer davantage le parcours des familles, quitte à renforcer les moyens. Une quinzaine de médecins de l'IML Paris, des hôpitaux de Lille et Strasbourg et de l'Institut de recherches criminologiques de la gendarmerie nationale sont mobilisés dès le dimanche pour que les familles puissent récupérer les corps au plus vite.

Mais nous sommes confrontés à une grande difficulté. Si nous décidons de procéder à l'autopsie de toutes les victimes décédées, il nous faudra quinze jours, au minimum, avant de pouvoir rendre les corps à leurs proches. Pour moi, comme pour mes collègues, ce n'est ni acceptable, ni concevable sur un plan humain. Nous décidons donc de procéder à des arbitrages. Toutes les victimes ne seront pas autopsiées. Le « tri » répondra à des critères objectifs, fondés sur les nécessités de l'enquête : seront autopsiés les corps des victimes non identifiées – c'est en effet indispensable pour les identifier formellement et prévenir les familles –, les débris de corps – les parties isolées, comme un bras, une jambe, pour les mêmes besoins d'identification –, les corps avec projectiles *in corpore*, les corps des victimes décédées à l'hôpital (pour garantir les droits des familles des victimes en cas de mise en cause de la responsabilité médicale) et ceux des terroristes. Pour tous les autres, le protocole retenu consiste à effectuer un examen externe doublé d'un scanner, avec la demande expresse aux médecins légistes de rédiger un rapport d'examen de corps le plus précis possible. L'objectif est de pouvoir expliquer à chaque famille le temps dans lequel le décès est intervenu, parce que la première inquiétude des proches est toujours la même : « Combien de temps a-t-elle ou a-t-il mis pour mourir ? Combien de temps a-t-elle ou a-t-il souffert ? » C'est une question systématiquement posée. En vérité, les plaies hémorragiques, particulièrement celles causées par des armes de guerre, entraînent le décès très rapidement.

Le lundi matin, 16 novembre, je convoque au parquet de Paris une réunion consacrée à l'organisation des opérations de médecine légale avec tous les services concernés, en présence des conseillers « justice » des cabinets du Premier ministre et des ministres de la Justice, de l'Intérieur et de la Santé. Je leur explique comment nous allons procéder ; je définis comme objectif la restitution de tous les corps avant le vendredi 20 novembre au soir, et exige des points quotidiens sur le nombre d'autopsies. Je préviens le patron de l'IML :

« Si les points quotidiens laissent entendre que les délais fixés ne seront pas tenus, je requerrai, dès le mercredi soir, des structures de médecine légale supplémentaires pour renforcer et accélérer les autopsies et examens de corps. »

Finalement, les familles seront presque toutes reçues dignement à l'IML, et le processus d'identification et de médecine légale sera conduit à son terme dans les délais fixés, à l'exception regrettable de quatre gros « loupés », avec des erreurs sur les noms des personnes décédées et des interversions de corps dont je mesure pour les familles le caractère épouvantable et insupportable. Soixante-huit autopsies et 83 examens externes seront réalisés en un temps record.

Un témoignage providentiel

En parallèle, l'enquête avance très vite, dans un climat extrêmement anxiogène. En début d'après-midi ce lundi, un témoignage anonyme et, il faut le reconnaître, aussi providentiel qu'à peine croyable, permet de localiser celui que l'on considère depuis comme le coordinateur des attentats, Abdelhamid Abaaoud.

Ce 16 novembre, une jeune femme appelle le numéro vert mis en place par la police nationale. Elle explique qu'elle héberge une jeune femme, Hasna Aït Boulahcen. Cette dernière aurait reçu, le dimanche 15 novembre, vers 20 heures, l'appel d'un homme en Belgique lui demandant d'héberger un « frère » pendant quarante-huit heures, en lien avec « ce dont on parle à la télé ». À 21 heures, son correspondant lui indique le lieu où retrouver le fugitif, qui est accompagné d'un complice. Les deux femmes, qui se sont rendues à l'adresse indiquée à Aubervilliers, rue des Bergeries, ont alors vu un premier homme surgir d'un buisson, en face d'une casse auto. Le témoin précise qu'à ce moment-là elle a immédiatement reconnu Abdelhamid Abaaoud, l'homme qu'Hasna Aït Boulahcen lui avait montré sur une vidéo tournée en Syrie et dans laquelle il tirait des cadavres derrière son pick-up. Abaaoud, dès sa sortie des buissons, a alors expliqué à Hasna Aït Boulahcen qu'il avait besoin, pour lui et son ami, d'un endroit où se cacher durant deux jours et qu'elle allait recevoir de l'argent pour leur acheter des costumes et des chaussures.

Le mardi 17, alors qu'Hasna vient de récupérer un mandat cash pour payer le logement des deux fugitifs, le témoin prévient la police pour l'informer que Hasna Aït Boulahcen a trouvé une cache pour les deux individus. Entre-temps, les enquêteurs ont pu vérifier la véracité de ce témoignage qui leur semblait presque trop beau pour être crédible. Il se révélera pourtant décisif puisqu'il leur permet de remonter jusqu'à la nouvelle planque des terroristes, dans un immeuble à moitié délabré au 4, rue du Corbillon, à Saint-Denis.

Maintenant que l'on sait où se trouvent les deux terroristes, la décision est prise de les interpeller dans le cadre d'une opération de police judiciaire sous l'autorité du parquet de Paris, avec cette fois l'appui du RAID qui nous est accordé par le ministère de l'Intérieur.

L'assaut

Dans la nuit du mardi 17 au mercredi 18 novembre, nous accompagnons donc les policiers d'élite sur place, au pied de l'immeuble, où l'assaut est donné à 4 h 10. Là encore, nous n'avons pas de gilets pare-balles. Nous savons qu'il s'agit d'hommes qui ont déjà tué à grande échelle, bien décidés à commettre de nouveaux attentats et potentiellement porteurs de ceintures explosives. La sensation de danger qui nous habite sera rapidement confortée par le suicide de l'un des terroristes qui actionne sa ceinture explosive, et dont une partie du corps est éjectée par la fenêtre de l'immeuble.

Cet assaut marque la fin de cinq jours d'angoisse et de traque, une angoisse que je m'efforce de contenir en me concentrant sur l'exercice de deux nouvelles conférences de presse, avant l'ouverture d'une information judiciaire et la désignation d'un juge d'instruction.

« Ça me fait un bien fou de vous voir » : une parole nécessaire

Depuis l'affaire Merah, je reste convaincu que le rôle du procureur de Paris en cas d'attaque terroriste consiste aussi à communiquer, pour reprendre la main sur l'information qui part dans tous les sens, expliquer les faits, les nommer, les rendre intelligibles et les qualifier pénalement. Cet exercice offre aussi un espace public pour donner un bilan objectif des victimes, forcément évolutif, et témoigner publiquement de l'empathie des autorités envers elles.

La première conférence de presse, le 14 novembre en fin d'après-midi, est la plus difficile. Elle se tient dans la petite salle de réunion, à l'entrée du long couloir menant à mon bureau. Y sont installés les caméras des chaînes de télévision et de nombreux journalistes de radio et de la presse écrite. Nous sommes tous encore sous le choc, en manque de sommeil, la tête remplie des images abominables des tueries, et soumis à une pression énorme sur le plan de l'enquête. La conférence de presse est un exercice collectif. Comme chaque fois, le texte est rédigé, à la virgule près. Il a été préparé par ma chargée de communication sur la base des comptes rendus de la section antiterroriste, et avec l'aide de l'ensemble de mon cabinet – quatre ou cinq personnes. J'ai pris l'habitude de retravailler l'attaque du texte et la fin de celui-ci, mais aussi d'ajouter ma patte.

Lorsque je prends la parole, je suis très ému. « Les attentats terroristes que nous redoutions tous ont frappé le sol français hier soir. Face à l'atrocité des actes commis, notre combat dans la lutte contre le terrorisme est plus que jamais déterminé. Je suis néanmoins en mesure de donner des éléments précis qui contribuent à retracer le déroulement de la soirée et les différentes scènes d'attentats. » Je me rends parfaitement compte de cet aspect presque clinique de la description, mais les mots rassurent, ils forment un récit que nous avons collectivement validé avec mon équipe resserrée au parquet de Paris…

Pendant vingt-cinq minutes, je déroule ainsi les neuf pages de ma prise de parole, retransmises en direct sur la plupart des télévisions et radios françaises.

La deuxième conférence de presse intervient le 19 novembre, après l'assaut rue du Corbillon à Saint-Denis. Elle marque une étape importante, après la neutralisation des deux terroristes cachés près de Paris. La troisième a lieu cinq jours plus tard, au moment de l'ouverture de l'information judiciaire. Enfin, la dernière se tient plusieurs mois après les événements, le

21 mars 2016, la veille des attentats de Bruxelles Zaventem, à la suite de l'arrestation en Belgique du dernier homme du commando, Salah Abdeslam.

Malgré ma mine des mauvais jours, ce point presse permet à l'institution judiciaire de présenter un visage plus moderne, plus rassurant. Un journaliste de *Libération* écrira même : « Il faut bien avouer que ça me fait un bien fou de vous voir » dans un billet doux publié en 2015.

Le temps des polémiques

Dans les jours qui suivent les attentats, plusieurs polémiques commencent à émerger.

La première, et celle qui a suscité le plus de commentaires, concerne le choix par le ministère de l'Intérieur de l'unité d'intervention au Bataclan le soir du 13 novembre. Certains se sont interrogés sur le temps mis par la BRI pour intervenir, et auraient préféré que le choix se soit porté sur le GIGN dont des effectifs se trouvaient en alerte à la caserne des Célestins du régiment de cavalerie de la Garde républicaine, à deux pas de la place de la Bastille. Le procès qui s'est tenu devant la cour d'assises spéciale de Paris en 2021 et 2022 va permettre de clore le débat.

Le président de la cour d'assises spécialement composée a fait diffuser un extrait de la bande-son du concert qui était enregistré ce soir-là dans la salle. Je l'avais écoutée en intégralité, peu après les attentats. On y entend absolument tout : le concert qui débute, l'euphorie des spectateurs devant le show des Eagles of Death Metal, les premières rafales de tirs des terroristes qui viennent d'entrer dans la salle, les gens qui crient, puis les tirs les uns après les autres, pendant plus de dix minutes, non pas en mode « rafale » mais au coup par coup. Un coup, deux coups, trois coups, pas plus, avant d'entendre : « Toi, tu peux partir. » Le bref silence permet d'imaginer la personne qui se lève, pleine d'espoir, avant le coup de feu mortel. C'est épouvantable, car derrière chaque tir il y a un mort. Le traumatisme est tel que certains membres de la police technique et scientifique, qui vont travailler sur ce document sonore durant des semaines, devront faire face à une dépression proche de celle des rescapés et faire appel à des psychologues.

Cette terrible bande-son partiellement retransmise à l'audience représente près de trois heures d'enregistrement, de 21 h 40 à 0 h 20. Et elle suffit, à mon sens, à éteindre la polémique sur l'heure d'arrivée et d'intervention de la BRI. À l'écoute, il est très clair que la situation reste figée après les douze minutes de tirs dans la salle entre 21 h 47 et 21 h 59, heure à laquelle sont entrés le commissaire de la BAC et son coéquipier, équipés de leurs seules armes de service face à des assaillants armés de kalachnikovs. Après leur intervention, les terroristes se sont retranchés à l'étage avec leurs otages, et leurs tirs ont cessé de viser la fosse, où le mal est déjà fait. Ils tirent à l'extérieur, dans la rue adjacente, sur les spectateurs qui parviennent à s'enfuir, tuant également un passant, un habitant de l'immeuble d'en face, et sur une otage à l'intérieur de la petite pièce où ils se sont retranchés. Je suis convaincu que le choix du GIGN n'aurait pas davantage permis de sauver ces vies.

En revanche, il est certainement intéressant de réfléchir à un schéma global d'intervention pour évoluer vers une culture plus collective de l'intervention des unités spécialisées, le GIGN, le RAID et la BRI, qui interviennent dans le même type de situation puisque ce sont des unités spécialisées dans la gestion des crises et des missions et interventions dangereuses (prises d'otages, retranchement de forcenés, arrestation de criminels dangereux). Cela se justifie d'autant plus s'il faut intervenir ailleurs qu'à Paris, ou sur un plus grand nombre de sites.

La seconde polémique, de moindre envergure, intervient peu de temps après l'assaut de Saint-Denis et concerne les 1 500 munitions tirées par les policiers. Il est tout à fait exact que depuis la rue, en contrebas, le bruit des balles était continu et assourdissant. Ce chiffre impressionnant des munitions tirées, revu à la baisse après avoir été de 5 000 comme me l'avait dit initialement puis confirmé le chef du RAID, Jean-Michel Fauvergue, a fait l'objet de critiques, notamment au regard du faible nombre de tirs de la part des terroristes, 11 au total, puisque la seule arme retrouvée dans les décombres de l'immeuble était un pistolet semi-automatique Browning 9 mm. Le patron du RAID s'est justifié par la nécessité de créer un effet de saturation afin de neutraliser des individus dont on connaissait désormais l'extrême dangerosité. Il sera finalement établi que les terroristes sont morts suite à l'effet de blast causé par l'explosion du gilet explosif déclenchée par l'un d'entre eux, et que leur complice, Hasna Aït Boulahcen, a succombé par asphyxie sous les gravats lorsque le plancher s'est effondré, après l'explosion du gilet d'un terroriste. L'examen de leurs corps ne révélera aucun impact de tir.

Quant à la chienne du RAID, Diesel, dont la mort a ému les internautes du monde entier, son corps n'a pas été autopsié et nous ne saurons donc jamais si elle a été victime d'un tir par balle des deux terroristes, ou si elle a été victime de tirs du RAID. J'aurai un jour la surprise de recevoir un chèque de 20 euros de la part d'un citoyen touché par son sort, chèque que j'ai bien entendu transmis à la préfecture de police de Paris. Et je me plais à imaginer qu'il aura servi à acheter quelques friandises à Dobrynya, le chiot offert peu après à la France par la Russie « en signe de solidarité avec le peuple et la police française » !

Nous n'étions pas préparés à ça

Dans la foulée de ces jours qui ont endeuillé la France et qui ont brutalement plongé tant de professionnels des services de secours, de police et de justice au cœur de scènes de guerre, j'obtiens immédiatement de la Chancellerie un suivi psychologique pour les magistrats du parquet qui sont intervenus sur les scènes de crime. Je décide, grâce aux crédits octroyés par le ministère, d'équiper enfin les magistrats de permanence de gilets pare-balles. Je leur fais suivre des formations aux premiers secours sur des scènes de crime fictives, pour qu'ils puissent pratiquer des exercices *in situ* (pose de garrots, massages cardiaques...). Il faut savoir que dans de telles situations notre premier mouvement n'est pas le bon : en effet, tout être humain a tendance à se tourner naturellement vers celui qui souffre le plus, celui dont les plaies semblent les plus graves. Or, en médecine de guerre, on nous explique justement qu'il ne faut pas se diriger vers le blessé le plus grave : celui-ci va mourir de toute façon. Il faut au contraire se concentrer sur celui ou ceux que l'on peut encore sauver. D'un point de vue rationnel, c'est ce qu'il faut faire pour sauver des vies. J'ai moi aussi suivi cette formation « premiers secours » dispensée par les pompiers de Paris.

Bien plus tard, je participerai à un colloque médical franco-allemand à l'hôpital d'instruction des armées Bégin, une expérience intéressante pour le magistrat que je suis et qui a le mérite de nous faire prendre conscience que la médecine de guerre, c'est aussi de la stratégie. En cela, l'expérience de la médecine des armées sera pour tous une aide précieuse et elle contribuera à améliorer la qualité de la prise en charge et des soins prodigués aux blessés. Car, reconnaissons-le, nous n'étions pas préparés à cela.

Il faut bien admettre aussi que nous n'avons pas été en mesure d'éviter cet attentat terroriste majeur. Aujourd'hui encore, ces jours tragiques résonnent comme un échec, même si face à l'adversité nous avons collectivement donné le meilleur de nous-mêmes. Il est toujours plus facile d'être courageux collectivement et le courage collectif transcende les équipes.

Dans une équipe, le chef exerce l'autorité, mais, en réalité, il est très dépendant de ses subordonnés. Le chef a besoin des autres. Et cela, il faut savoir l'accepter avec tout le respect mutuel et la confiance qui en découlent.

La réussite de notre travail et de nos missions parquetières (direction de la police judiciaire et des enquêtes, aide aux victimes, médecine légale...) dépend de la compétence et du rôle de chacun, et ce, plus encore en cas de crise. Le mot « autorité » vient du latin *augere* qui signifie « augmenter ». Exercer l'autorité, c'est augmenter la valeur et les compétences de son subordonné, c'est le faire grandir. Dans ce contexte, si l'autorité est bien exercée, dans un climat de confiance et de délégation, cette confiance élève les subordonnés, et quand ils s'élèvent, ils font aussi grandir le chef parce qu'ils manifestent à son égard des exigences très fortes. C'est ce qui nous a permis, au sein du parquet de Paris, et même si les choses sont loin d'avoir été parfaites, de relever collectivement ces enjeux majeurs avec mes collègues, dont je veux saluer l'engagement et le dévouement exemplaires.

Mais les vrais héros de cette nuit du 13 novembre resteront à tout jamais le commissaire de la BAC et son chauffeur qui, par leur intervention courageuse, ont mis fin au carnage du Bataclan, ainsi que les citoyens, souvent anonymes, qui par leur concours ont prodigué les premiers secours ou aidé de nombreuses victimes à se mettre à l'abri.

Hommage leur soit ici rendu.

Le terrorisme au quotidien

La terrible année 2015 nous laisse tous exsangues et choqués par la violence des attaques terroristes de janvier et novembre. La liberté de la presse, la liberté de vivre tout simplement, ont été ciblées sur notre sol par l'organisation terroriste État islamique, qui a démontré l'ampleur de sa haine du mode de vie occidental, ainsi que sa capacité à planifier et exécuter au-delà des frontières des attentats meurtriers d'envergure. Après cela, une seule question nous préoccupe : comment parvenir à anticiper le risque, désormais avéré, qui plane sur notre pays ? Les festivités de Noël et du Jour de l'An se déroulent sous haute surveillance, 100 000 agents des forces de sécurité sont déployés aux abords des lieux de culte et dans l'espace public, en alerte maximale. De Paris à Bruxelles, en passant par Madrid, Moscou ou même New York, la plupart des capitales du monde occidental suspendent ou limitent les rassemblements. Je vis dans l'angoisse permanente de voir survenir un nouvel attentat de masse, particulièrement à l'occasion des offices religieux de Noël, et ne peux m'empêcher d'y penser chaque fois que j'entre dans une église.

Janvier 2016, le temps des « attentats inspirés »

Le 7 janvier sonne la première alerte de 2016. Un an jour pour jour après l'attaque de *Charlie Hebdo*, une agression de policiers devant un commissariat du 18e arrondissement de Paris, celui de la Goutte-d'Or, réveille les peurs : un jeune homme qui arrive en courant, un hachoir à la main, vêtu d'une ceinture explosive, s'en prenant à des policiers en criant « *Allah Akbar !* », tous les ingrédients d'une attaque terroriste semblent réunis. Il sera abattu après avoir refusé de s'arrêter malgré la sommation des fonctionnaires de police qui gardaient l'entrée du commissariat.

L'après-midi, je diffuse un communiqué de presse expliquant le déroulement des faits : « Le jeune homme, âgé d'une vingtaine d'années, était porteur d'un papier sur lequel figurent un drapeau de Daech ainsi qu'un texte d'allégeance et une revendication manuscrite non équivoque de son acte. La section antiterroriste du parquet de Paris s'est saisie immédiatement de l'enquête. »

Il s'avère que l'homme souffrait de troubles psychiatriques, que sa ceinture explosive était factice et son couteau en plastique. Néanmoins, l'épisode ravive nos inquiétudes : un individu isolé, inspiré par l'idéologie de Daech, venait donc de passer à l'acte. Après les attentats commandités, arrive donc le temps des « attentats inspirés », redoutablement imprévisibles, car ils sont le fait d'individus qui n'ont pas été mandatés par des membres de Daech mais passent à l'acte par mimétisme, sous emprise de l'idéologie mortifère de l'organisation terroriste.

Quatre jours plus tard, le 11 janvier, c'est l'agression d'un enseignant juif à Marseille. Cette fois, l'assaillant est un lycéen turc d'origine kurde âgé de quinze ans, qui s'en est pris à un professeur porteur d'une kippa aux abords d'un établissement scolaire confessionnel. Inconnu de la justice et des services de renseignement, il invoque au cours de sa garde à vue des motivations de nature antisémite, revendique son acte au nom de l'État islamique et affirme regretter de ne pas être parvenu à tuer sa victime. Il indique qu'il aurait aimé pouvoir publier une photo de son acte sur les réseaux sociaux, à l'instar de l'auteur de l'attaque de Saint-Quentin-Fallavier, en juin 2015, qui avait décapité son patron avant d'aller accrocher la tête de celui-ci au grillage de l'enceinte du site industriel où il travaillait.

13 juin 2016 : Magnanville

Le 13 juin, vers 21 heures, lorsque mon portable sonne, c'est le nom de mon collègue et ami de longue date Vincent Lesclous, procureur de la République de Versailles, qui s'affiche. Il me prévient qu'un individu dont on ne connaît encore ni l'identité ni les motivations a assené neuf coups de couteau à un commandant de police, devant son domicile, à Magnanville, dans les Yvelines. Il s'est ensuite introduit à l'intérieur du pavillon, prenant en otage la compagne de la victime et leur petit garçon de trois ans.

À peine la nouvelle connue, de nombreux fonctionnaires de police des environs, choqués, arrivent sur place, dont certains prêts à en découdre pour venger leur collègue et protéger sa compagne, elle aussi policière, ainsi que leur petit garçon. Vincent Lesclous m'informe de l'urgence à intervenir et de l'arrivée imminente du RAID.

Sur place à 21 h 40, les policiers d'élite parviennent rapidement à entrer en contact avec l'assaillant, mais aucune négociation ne semble pouvoir aboutir. À minuit, l'assaut est donné. Au moment où le porte-parole du ministère de l'Intérieur, Pierre-Henry Brandet, délivre les premières informations à la presse lors d'une interview, les journalistes présents sont témoins en direct des nombreux tirs des policiers du RAID. Quelques minutes plus tard, l'individu est neutralisé.

À l'intérieur de la maison, la scène que l'on découvre est terrible : le couple de policiers est mort, le petit garçon physiquement indemne mais en état de choc. Pour nous tous ce soir-là, c'est encore une fois la sidération devant la sauvagerie de l'attaque. C'est aussi la confirmation de cette nouvelle menace, celle d'attentats isolés, inspirés par l'idéologie de l'État islamique. Les enquêteurs découvrent dans la nuit que le tueur a posté, à 20 h 52, sur le réseau social Facebook, un « live », une vidéo morbide de treize minutes et seize secondes qu'il a filmée dans le pavillon de ses victimes et dans laquelle il revendique ses actes et prête allégeance à Daech. Il profère un appel à tuer d'autres policiers, mais aussi des gardiens de prison, des journalistes, cite des rappeurs et diverses personnalités, déclinant une liste qu'il a établie. La vidéo, fort heureusement rapidement suspendue par Facebook, sera abondamment relayée par l'agence de presse de l'EI. Au vu de tous ces éléments et en accord avec le procureur de Versailles, je décide immédiatement la saisine du parquet de Paris sous une qualification terroriste : l'enquête est donc transférée dans la nuit à la section antiterroriste du parquet de Paris.

Cet attentat signe une nouvelle escalade, car c'est la première fois que des terroristes s'attaquent ainsi, après les avoir repérés, à des policiers à leur domicile. Malgré notre engagement, notre travail et celui des services de renseignement, malgré les très nombreuses interpellations de terroristes djihadistes, la spirale infernale continue, sans aucun signe tangible de progrès dans ce combat que nous menons jour après jour.

Les premières investigations révèlent que l'assassin était connu des services de renseignement pour sa participation à des filières d'acheminement de volontaires en zone pakistano-afghane, et qu'à l'instar des frères Kouachi il avait été, lui aussi, à l'époque, condamné à une faible peine de prison. Nous apprenons en outre qu'il était placé sur écoutes téléphoniques depuis plusieurs mois dans le cadre d'une affaire de droit commun, mais qu'aucun signe annonciateur de ses actes n'était apparu dans ses conversations ni dans son comportement. La commission de cet attentat pose la question de l'efficacité de la détection des profils susceptibles de passer à l'acte et contribue encore à nourrir nos inquiétudes pour l'avenir.

14 juillet 2016 : Nice

Le 14 juillet 2016, je profite avec mon épouse du magnifique feu d'artifice de la Ville de Paris dans les jardins du Trocadéro, sur invitation de la maire, Anne Hidalgo. Le spectacle pyrotechnique touche quasiment à son terme, avec un bouquet final éblouissant de lumière, quand, entre deux déflagrations de fusées lumineuses, mon portable vibre au fond de ma poche. C'est Camille Hennetier. Je commence, hélas, à être préparé aux appels de ma cheffe de la section antiterroriste, souvent annonciateurs d'une mauvaise nouvelle. Je m'extrais avec peine de la foule des spectateurs, en quête d'un endroit où le réseau, saturé, consent à fonctionner, et ce que m'annonce Camille se révèle effectivement dramatique, au-delà de l'imaginable : à Nice, sur la promenade des Anglais, vers 22 h 30, un camion-bélier de 19 tonnes a réussi à s'introduire dans la zone piétonnisée et, lancé à pleine vitesse, il a percuté dans sa course folle des dizaines de personnes, hommes, femmes, enfants, venues assister au feu d'artifice.

Après une heure de remontée d'informations de la part de la PJ, on n'en sait pas beaucoup plus. Il nous manque notamment les éléments habituels : le terroriste qui crie « *Allah akbar* » en commettant son crime, ou la *chahada*, la profession de la foi islamique sur un papier que l'on a sur soi et qui explique pourquoi on commet l'attentat. Cependant, même en l'absence d'élément de ce type, face à ce qui se présente comme un véritable massacre, nous devons nous décider rapidement. Il faut impérativement envoyer des collègues sur place. De toute façon, ce mode opératoire – un camion fonçant délibérément sur la foule et un bilan qui s'annonce déjà terrible – relève bien de la définition de l'acte terroriste, à savoir « une entreprise individuelle ou collective ayant pour but de troubler gravement l'ordre public par l'intimidation ou la terreur ».

L'urgence est donc de dépêcher au plus vite des magistrats du parquet pour que nous puissions exercer toutes nos compétences, coordonner les premières constatations et diriger l'enquête. Problème : Nice est l'une des destinations les plus éloignées de Paris en termes de transport, et il est trop tard pour attraper un train. Après quelques coups de téléphone au directeur de cabinet du garde des Sceaux, j'apprends que deux avions sont affrétés spécialement par le gouvernement pour transporter sur les lieux les enquêteurs de la police judiciaire, de la sous-direction antiterroriste et de la police technique et scientifique. Je parviens *in extremis* à négocier quatre places pour le parquet de Paris, deux magistrats pour superviser l'enquête et deux magistrats référents victimes, au vu du nombre redouté de morts et de blessés. C'est la priorité.

Quant à moi, il faut aussi que je trouve un moyen rapide de me rendre sur place. On pense toujours que la logistique est simple, que cela va de soi et que les plus hautes autorités ne rencontrent aucune difficulté de nature organisationnelle. En réalité, c'est parfois beaucoup plus complexe. Le lendemain matin, un contact avec le conseiller justice du Premier ministre, Olivier Christen, me permet d'obtenir une place dans le Falcon de l'exécutif, l'avion dans lequel le Premier ministre et le ministre de l'Intérieur vont embarquer dans la matinée pour se rendre à Nice. Je n'aime pas trop mélanger les genres mais nécessité fait loi, alors je me glisse dans l'appareil en veillant à ne pas apparaître dans le cortège ministériel. À l'atterrissage, je sors de l'avion dix minutes après tout le monde, presque clandestinement, avant de rejoindre mes collègues du parquet de Paris dans l'un des hôtels de la promenade des Anglais, réquisitionné pour tenir lieu de PC opérationnel dédié aux enquêteurs de la police judiciaire.

Sur la promenade des Anglais, les blessés ont été évacués et les corps des victimes décédées, après plusieurs heures de constatations, ont été enlevés et emmenés à la morgue de l'Institut médico-légal. Sur la chaussée, désormais, ne subsistent plus que les stigmates de l'attentat, des traces de sang, des couvertures ayant servi aux victimes à se réchauffer dans la nuit en attendant les secours et, devant le Palais de la Méditerranée, un petit vélo d'enfant renversé, les roues écrabouillées, image fugace de l'innocence victime de la barbarie.

La cellule de crise du parquet de Paris, malheureusement déjà rodée à l'exercice, est déployée. L'urgence à présent, ce sont les victimes, on en dénombre 84 à ce moment-là, 84 corps qui doivent passer le filtre de la médecine légale. Il fait très chaud en cette mi-juillet à Nice, et pour mieux conserver les corps nous décidons de louer des camions frigorifiques. Comme pour les attentats du 13 novembre à Paris, c'est l'Institut médico-légal qui va superviser les examens et les autopsies. Encore une fois, l'objectif est d'aller vite afin de rendre dès que possible les dépouilles aux familles. Compte tenu du *modus operandi* parfaitement établi de l'attentat (véhicule bélier), nous décidons de discriminer entre les autopsies qui nous paraissent indispensables et celles que nous pouvons éviter – après examen approfondi des corps –, avec radios et scanner. Le processus médico-légal va donc se dérouler de la façon suivante : imagerie, scanner et examen externe des corps de toutes les victimes ; puis autopsie pour trois catégories d'entre elles : celles ayant fait l'objet d'une prise en charge médicale avant leur décès (que celui-ci soit intervenu à l'hôpital ou pas), celles pour lesquelles il y a des suspicions de fragments balistiques *in corpore*, et enfin celles pour lesquelles les causes du décès sont apparues complexes aux médecins légistes.

Lors de l'audience devant la cour d'assises, certaines parties civiles remettront en cause la pertinence et l'utilité des autopsies des corps des victimes, arguant qu'elles n'avaient servi à rien puisqu'on connaissait les circonstances du décès. Mais si nous avons pratiqué ces autopsies, c'est qu'il s'agissait d'une affaire criminelle et que, dans ce cas de figure, pour parvenir à la manifestation de la vérité, il est indispensable de disposer d'éléments objectifs sur les causes de la mort et le temps dans lequel le décès est intervenu. Ce n'est pas parce qu'on connaît la cause de la mort (coup de couteau, arme à feu, étranglement...) que l'on peut pour autant se dispenser de cet acte médico-légal. Tous les magistrats et les avocats pénalistes le savent : on est au début de la procédure, on ne sait jamais quelles seront ses évolutions ; on a donc besoin de preuves scientifiques, objectives, dans la perspective d'un débat qui conduira à décider d'une culpabilité, puis d'une peine. On pratique l'autopsie, parce que ses conclusions sont importantes et qu'elles pourront venir compléter et même parfois contredire les premières constatations faites sur une scène de crime.

En quelques jours, 72 imageries médicales et 12 autopsies sont réalisées, assorties de la délivrance de permis d'inhumer. Si nous avons pris soin de ne pratiquer les autopsies que sur les trois catégories de victimes citées plus haut, en revanche, et cela nous sera vivement reproché par les parties civiles, les prélèvements de tous les viscères, cœur, cerveau, estomac, rate, pancréas, intestin, rein et utérus, ont été systématiquement effectués sur tous les corps autopsiés, quel que soit l'âge des victimes. Pour comprendre comment cela a pu se produire, il faut se replacer dans le contexte et être au fait du processus judiciaire : quand, magistrat du parquet ou juge d'instruction, nous ordonnons une autopsie, nous adressons une réquisition à l'Institut de médecine légale, demandant de procéder, en cas de besoin, à tout prélèvement utile. Au cours de l'autopsie, si le médecin légiste estime utile de prélever des tissus ou des viscères pour faire ensuite des analyses anatomopathologiques, il prélève et en avise le parquet afin que celui-ci lui adresse des réquisitions aux fins de ces analyses. À Paris et dans tous les instituts médico-légaux, l'usage consiste à prélever non pas la totalité de l'organe, mais un échantillon (cinq centimètres) sur lequel on effectue une analyse histologique, au microscope, des cellules ou des tissus. On ne prend la totalité des viscères que dans des situations très particulières de réalisation d'examens anatomopathologiques spécifiques, par exemple celui du cœur.

Voilà donc dans notre esprit, au parquet de Paris, ce qui va se passer dans le protocole autopsie/prélèvement lorsque nous prenons nos réquisitions ; nous avons en tête la pratique parisienne et personne n'imagine les choses autrement. Or, il se trouve que ce n'est pas ce protocole qui sera suivi à Nice. Mais cela, nous ne le savions pas, pour la simple raison que nous n'avons été ni informés, ni consultés. Nous allons découvrir la situation à l'occasion du rapatriement aux États-Unis du corps d'un petit Américain. Le corps fera l'objet d'une nouvelle autopsie et c'est là que les médecins américains vont s'apercevoir que la totalité des viscères a été prélevée et ne se trouve donc plus dans le corps restitué aux familles. L'ensemble des organes se trouve placé sous scellés, dans des bocaux, à l'Institut médico-légal. À la demande des Américains, le juge d'instruction fera alors procéder en urgence à la restitution des viscères à la famille. C'est à ce moment-là seulement que nous apprenons ce qui s'est passé et prenons conscience de ce fait douloureux, mais il est trop tard. Le mal est fait. Bien sûr nous allons demander des explications à l'Institut médico-légal de Nice. Le professeur de médecine directeur de l'IML nous répond que le prélèvement de l'intégralité des viscères a été décidé et pratiqué systématiquement sur tous les corps autopsiés ; et ce dans le cadre d'un protocole adopté par les légistes qui, en toute bonne foi, ont voulu bien faire. En réalité, le prélèvement de la totalité des viscères n'était pas indispensable et l'on aurait tout à fait pu se contenter d'échantillons. C'est ce que je me suis efforcé d'expliquer lorsque, le 10 octobre 2022, j'ai été entendu comme témoin à l'audience de la cour d'assises spéciale. J'ai cependant le sentiment qu'il est très difficile d'expliquer rationnellement quoi que ce soit, il y a trop de souffrance chez les victimes.

Nous avons un autre regret, celui d'avoir assisté, impuissants, à la diffusion d'images de victimes, parfois parfaitement identifiables, sur la promenade des Anglais, et de cette longue nuit d'attente, à même la chaussée, de proches au chevet de l'un des leurs. France Télévisions finira par présenter ses excuses pour avoir passé l'interview d'un homme filmé à côté du cadavre de sa femme.

Je donne une première conférence de presse à Nice le 15 juillet en fin d'après-midi, dans laquelle je fais un bilan victimaire et annonce les premiers développements de l'enquête sur le terroriste, son parcours et les aides dont il a pu bénéficier. L'enquête démarre à peine mais déjà la polémique enfle. L'ancien maire de Nice, Christian Estrosi, élu Les Républicains et président de la région PACA, critique la gestion de la sécurisation de l'événement par l'État. Dès le lendemain de l'attentat, lors d'une interview sur France Inter, il met en cause le dispositif policier mis en place pour l'occasion, pointant d'éventuelles lacunes. L'élu, qui se positionne en champion de la sécurité dans sa ville et sa région, s'en prend frontalement au ministre de l'Intérieur dans une bataille de chiffres sur le nombre de policiers nationaux et municipaux présents sur la Promenade le 14 juillet au soir. La polémique prend une tournure plus pathétique encore après les propos d'une policière municipale affirmant qu'elle aurait subi des pressions de la part du ministère de l'Intérieur pour modifier son rapport sur le déploiement des forces de l'ordre et supprimer les images de vidéosurveillance. La présence des forces de l'ordre était-elle sous-dimensionnée, comme a semblé le suggérer Christian Estrosi en soulignant la facilité avec laquelle le camion avait pu forcer le barrage ? Le rapport de l'Inspection générale de la police nationale (IGPN), rendu le 23 juillet 2016, a conclu par la négative. De notre côté, au parquet de Paris, nous avons tout de suite considéré que cette polémique n'était pas de notre compétence antiterroriste. Une enquête a donc été ouverte à Nice, puis une information confiée à un juge d'instruction. À l'heure où j'écris ces lignes, elle est toujours en cours.

Pour nous, magistrats et directeurs d'enquête, la priorité est ailleurs : ces images de vidéosurveillance sont atroces et nous avons une peur bleue qu'elles ne se retrouvent diffusées dans la presse ou sur les réseaux sociaux. Celles de Mohamed Merah en 2012 et de la tuerie à l'école juive de Toulouse, filmées par sa caméra GoPro et qu'il avait pris le temps de transmettre à une chaîne de télévision étrangère, restent gravées dans nos esprits. Afin de couper court à tout risque de fuite, nous ordonnons la saisie immédiate de cette bande de vidéosurveillance ainsi que sa destruction, une fois sa copie de travail réalisée et placée sous scellés judiciaires à l'usage exclusif des magistrats, des enquêteurs et des parties ayant accès à la procédure pénale.

L'action du parquet de Paris se poursuivra bien après l'attentat, à l'occasion du premier anniversaire de ce dernier. Le 12 juillet 2017, nous apprenons par le ministère de l'Intérieur que le lendemain, 13 juillet 2017, le magazine *Paris Match* s'apprête à publier quatre pages de photographies de l'attentat de Nice sous le titre « Nice 14 juillet 2016, soudain le camion kamikaze ». Plusieurs images montrent le poids lourd sur la promenade des Anglais en train de percuter des victimes et de rouler sur des corps, ainsi que des personnes fuyant devant ce camion. Sur l'une, on voit le corps du terroriste criblé de balles, et partiellement nu, à l'intérieur de l'habitacle. L'article contient notamment deux photographies minutées, permettant de localiser la position exacte du camion aux différentes étapes de son parcours, et donc celle des victimes dont la tenue vestimentaire rend certaines d'entre elles tout à fait reconnaissables. Il est évident que les rescapés peuvent parfaitement se reconnaître et les victimes décédées être identifiées par leurs proches.

Ces clichés illustrent ainsi l'action terroriste en cours de déroulement, ce qui porte indéniablement atteinte à la dignité des personnes concernées. Des photos indécentes qui montrent des gens en train de courir pour échapper à la mort, ou sur le point de mourir. Elles ont en outre une origine illicite puisqu'elles sont nécessairement tirées de la procédure d'information judiciaire conduite par les juges d'instruction, laquelle est protégée par le secret de l'instruction. Je fais donc diligenter une enquête pénale pour recel de violation du secret de l'instruction et, surtout, je décide d'utiliser la voie civile et d'assigner le 13 juillet, donc le lendemain, *Paris Match* en référé d'heure à heure devant le tribunal de Paris pour obtenir le retrait de la vente du magazine et lui faire interdiction de diffuser sous format numérique les photographies en question, sous astreinte de 50 000 euros par heure de retard à compter de la signification de l'ordonnance. À ce détail près que, pour délivrer une assignation, il faut que le destinataire soit présent. Or il est près de 18 heures et nous risquons d'arriver après la fermeture des bureaux. En accord avec nous, l'huissier prévient par téléphone *Paris Match* de son arrivée imminente afin de s'assurer qu'il y aura bien quelqu'un pour le recevoir. Peine perdue : malgré cette précaution, l'huissier trouvera porte close ; il n'y a personne à la rédaction lorsqu'il s'y présente cette fin d'après-midi, ce qui retarde d'autant la délivrance de l'assignation et donne, de fait, à *Paris Match* quelques heures de répit lui permettant de continuer à diffuser en kiosques, en toute légalité, les exemplaires du premier tirage. Nous reviendrons le lendemain pour délivrer l'assignation. Le tribunal de Paris fera droit à notre demande et interdira toute nouvelle diffusion du magazine, ainsi que la diffusion sous format numérique des photos illicites sous astreinte de 50 000 euros par heure de retard.

Les premières investigations révèlent que le terroriste avait prémédité son acte et effectué de minutieux repérages. Des complices ont été identifiés, qui sont aux mains de la justice. Une fois de plus, l'organisation terroriste de Daech a revendiqué l'attaque. Pourtant, aucun lien avéré n'est établi avec son auteur, dont la personnalité violente et « *borderline* » interpelle les enquêteurs. Pour ma part, j'ai surtout le sentiment grandissant que cette idéologie criminelle et mortifère peut inspirer n'importe quel déséquilibré, bien au-delà de convictions religieuses extrémistes.

Après une dernière conférence de presse le 21 juillet 2016 portant sur les complices de l'assaillant, je m'apprête à partir en famille dans les Pyrénées. Très ébranlé par le terrible bilan final de 86 victimes décédées et 458 blessés, j'ai grand besoin de vacances et cette coupure avec les miens est la bienvenue.

26 juillet 2016 : Saint-Étienne-du-Rouvray

Mardi 26 juillet. Nous voilà installés dans le petit hôtel qui, en pleine montagne, domine le lac des

Bouillouses, dans le Capcir, à 2 016 mètres d'altitude, où nous passons comme chaque année, mon épouse et moi, une semaine avec nos trois petits-enfants. Nous sommes arrivés la veille et nous préparons à partir pour notre première journée de randonnée. Le petit-déjeuner pris, nous remontons dans la chambre pour boucler notre sac à dos. Mon petit-fils aîné, âgé de onze ans, termine à peine d'ajuster ses chaussures lorsque mon téléphone de secours sonne. Un tout petit appareil, pas très moderne, mais dont le mérite est de fonctionner avec un autre opérateur que celui de mon téléphone portable professionnel qui, lui, ne passe pas dans ce secteur montagneux. Une fois encore, c'est Camille Hennetier, mon « chat noir ».

Elle m'apprend qu'une prise d'otages est en cours dans une église à Saint-Étienne-du-Rouvray, en Seine-Maritime, pendant l'office du matin. On ne dispose pas encore de beaucoup d'informations, mais cette annonce me tétanise. Je n'ai jamais fait secret de ma foi, et l'idée que l'on puisse aller violer un lieu de culte quel qu'il soit me dépasse et me bouleverse profondément. Assis sur le rebord du lit, mon sac à dos reposé à mes pieds, je prends connaissance du déroulé des événements : un prêtre, le père Jacques Hamel, a été mortellement égorgé et poignardé, et un paroissien de quatre-vingt-six ans est grièvement blessé. Les deux assaillants ont pris d'autres fidèles en otage, avant d'être abattus par les forces d'intervention à 10 h 35.

Je n'ai pas le choix. Je dois rentrer à Paris. Car il s'agit bien d'une attaque terroriste, encore une ; elle sera revendiquée dans la journée par Daech. Sans compter que les assaillants ont été identifiés et qu'une polémique ne va pas manquer d'éclater puisque les deux individus étaient « fichés S », dont un récemment remis en liberté et placé sous surveillance électronique.

Et moi je suis au bout du monde, sans aucune possibilité de revenir très vite à Paris. Comment faire ?

Me vient alors une idée peut-être un peu « hors du cadre », mais qui me semble être la seule option réaliste : depuis les événements de janvier 2015, je dispose du numéro de portable personnel de Denis Favier, le directeur général de la gendarmerie. Et s'il y en a qui doivent pouvoir me tirer de là, ce sont bien les gendarmes ! Je les ai suffisamment fréquentés pour savoir qu'ils ont la capacité logistique et opérationnelle de m'extraire de mon coin perdu de montagne, et donc de résoudre mon problème. Réponse immédiate de Denis Favier, formulée en bon langage militaire : « OK, je comprends parfaitement. On traite et on revient vers vous. »

Dans le quart d'heure, un colonel de la direction générale m'envoie un SMS pour me confirmer que « le problème est pris en charge » et « l'organisation en cours d'élaboration ». J'explique dans le détail l'endroit où je me trouve, un petit hôtel en face du lac des Bouillouses, au pied du massif du Carlit, avec, juste en face de l'établissement, une croix en fer et un endroit suffisamment vaste et plat pour servir de « DZ », c'est-à-dire de *Drop Zone*, où un hélicoptère devrait pouvoir se poser.

Me voilà donc en chemisette et pantalon, avec mon petit sac à dos, en train d'attendre l'arrivée de l'hélicoptère du peloton de gendarmerie de haute montagne de Savignac-les-Ormeaux, dans le département voisin de l'Ariège, détourné de son parcours pour l'occasion avec, à l'intérieur, deux gendarmes secouristes du PGHM.

Devant des vacanciers estomaqués, l'hélicoptère se pose quelques instants, juste le temps de me hisser à bord, avant de repartir et de me déposer, vingt minutes plus tard, sur l'aérodrome de Perpignan où j'embarque dans un avion de ligne qui me ramène à Paris.

À peine arrivé, autour de 15 h 30, je me dépêche de repasser chez moi pour enfiler un costume avant de rejoindre mon bureau où mes équipes sont sur le pied de guerre pour organiser la conférence de presse que nous avons décidé de fixer à 18 heures.

Face aux journalistes, je rappelle le danger permanent qui nous guette et qui peut faire sortir de l'ombre des terroristes aux profils très différents, et somme toute imprévisibles : « Frapper à tout moment, en tout lieu, en toutes circonstances. Telle est la propagande criminelle et fanatique de l'organisation terroriste Daech, qui imprègne les esprits d'individus aux parcours et profils variés. Dans toutes ces hypothèses, ce sont des individus imprégnés des mots d'ordre de Daech qui passent à l'acte et fauchent la vie de victimes innocentes vers lesquelles vont toutes mes pensées. Ce matin, vers 9 h 25, le terrorisme a une nouvelle fois frappé notre territoire… »

Je poursuis en soulignant que cet acte terroriste « innommable et d'une infinie lâcheté a entraîné la mort d'un homme qui avait consacré sa vie et son ministère au service des autres ».

Même si, au moment de délivrer des informations devant la presse, je suis intimement bouleversé par la nature de cet attentat, je m'efforce comme chaque fois de rester le plus professionnel possible, factuel, précis, et de répondre aux interrogations qui fusent. Mon émotion n'a pas lieu de transparaître, ce n'est pas ce que l'on attend de moi.

Comme je l'ai dit, les deux assaillants sont fichés S. L'un d'eux, Abdel Malik Nabil Petitjean, avait été repéré un mois plus tôt par les autorités turques alors qu'il tentait de rallier la Syrie. Depuis, on ne sait pas vraiment ce qu'il a fait ni quels ont été ses déplacements. Le fait est qu'il est rentré en France et qu'il vient de passer le week-end précédant l'attaque chez sa mère. Le 22 juillet, soit quatre jours avant l'assassinat du père Hamel, l'unité de coordination de la lutte antiterroriste avait diffusé une note dans laquelle elle indiquait avoir reçu une information sur un individu prêt à passer à l'acte en France, avec une photo de Petitjean. Le cliché a beau avoir circulé dans tous les services, l'individu n'a pas été localisé. Quant à l'autre assaillant, Adel Kermiche, il est également connu des services pour deux tentatives de départ vers la Syrie. Il a même été mis en examen pour association de malfaiteurs terroriste et placé en détention provisoire pendant dix mois. Il vient tout juste de sortir de prison, libéré le 18 mars 2016, le juge d'instruction ayant décidé de le placer sous contrôle judiciaire sous surveillance électronique.

Les faits sont implacables et il m'est impossible de contrer les arguments de ceux qui s'interrogent, notamment la presse, sur la faillite du renseignement. Comment affirmer le contraire ? Comment justifier ce ratage par un banal retard administratif ? Car c'est bien la triste réalité de cet assassinat, dont je reste intimement persuadé qu'il aurait pu être évité : les policiers du renseignement, sur le terrain, ont bien fait leur travail, ce sont eux qui ont détecté sur les réseaux sociaux la dangerosité imminente de Kermiche. Un policier « cyberpatrouilleur » de la direction des renseignements de la préfecture de police de Paris avait repéré le message du jeune radicalisé sur une chaîne Telegram, assorti de son injonction très claire à passer à l'acte dans une église, et avait rédigé une fiche en ce sens. Mais voilà : en cette période de congé estival, le temps que cette note remonte la voie hiérarchique et soit lue par des responsables en position de réagir, les terroristes ont déjà frappé. La DGSI n'a pas été informée en temps utile par la direction des renseignements de la préfecture de police, bref, tout le monde est passé à travers. Selon moi, il s'agit bien d'un manque de discernement sur un suspect dont on connaissait la radicalisation, dans un contexte tendu quelques jours après l'attentat de Nice. L'État a de la chance que les proches des victimes n'aient pas choisi de l'assigner en responsabilité…

4 septembre 2016 : l'attaque à la prison d'Osny et les bonbonnes de Notre-Dame

L'automne 2016 démarre fort avec, dès le 4 septembre, deux nouvelles alertes le même jour. La première se déroule en détention, à la prison d'Osny, dans le Val-d'Oise. Un détenu radicalisé s'en prend à l'un des surveillants en l'attaquant à la gorge avec un bout de ferraille prélevé sur la fenêtre de sa cellule. Avec ce poinçon qu'il a fabriqué et pris soin d'aiguiser, il blesse un second surveillant venu secourir son collègue. Avant d'être neutralisé, le détenu a griffé le sigle de l'État islamique sur une porte et dessiné un cœur sur une vitre, avec le sang de ses victimes qui ne seront fort heureusement que blessées. Cet attentat signe le premier acte djihadiste en prison sur le sol français.

Le même jour, dans l'après-midi, nous évitons de justesse un attentat à la voiture piégée en plein cœur historique de Paris, près de la cathédrale Notre-Dame et juste à côté du palais de justice. Les bonbonnes de gaz, placées dans un coffre de voiture, n'ont heureusement pas explosé comme prévu et, là encore, cela constitue une nouvelle étape du terrorisme en France : pour la première fois, le commando terroriste est composé de femmes. Nous avions jusqu'ici une analyse un peu naïve du rôle que ces dernières pouvaient tenir au sein des organisations terroristes islamiques ; les différents dossiers de départ en Syrie que nous traitions nous avaient davantage laissé entrevoir des rôles « d'accompagnement », avec des personnages féminins cantonnés à des tâches domestiques et sans réel pouvoir de nuisance. La justice a mis du temps à faire évoluer leur traitement judiciaire. Avant 2015, les femmes qui partaient en zone irako-syrienne n'étaient même pas systématiquement judiciarisées, ce qui signifie qu'elles n'étaient pas poursuivies en justice, sauf, bien sûr, si l'instruction établissait qu'elles avaient commis des actes concrets permettant de les incriminer sous le chef d'association de malfaiteurs terroriste. Dans les mois qui suivent ces attentats, nous allons tirer les conséquences de cette nouvelle donne et nous commençons à faire évoluer notre doctrine : nous savons que des centaines de femmes vont revenir de Syrie et ces dernières seront désormais systématiquement interpellées à leur retour et placées en garde à vue. En septembre 2016, ce sont

59 femmes qui seront mises en examen pour des faits de terrorisme, parmi lesquelles 18 seront détenues et les autres placées sous contrôle judiciaire.

Le durcissement de la politique pénale

Tout au long de ces deux années, à la lumière des dossiers que nous traitons, nous soumettons régulièrement de nombreuses propositions au ministère de la Justice et au Parlement dans le but de renforcer encore notre législation pénale et de la rendre plus efficace. Les lois des 3 juin et 23 juillet 2016 améliorent nos pouvoirs d'enquête, aggravent les peines encourues en cas d'association criminelle de malfaiteurs terroriste, les portant de vingt à trente ans de réclusion, et durcissent considérablement le régime d'aménagement des peines. Du côté du ministère de l'Intérieur, Bernard Cazeneuve travaille à renforcer la coopération européenne et internationale de façon à prévenir plus efficacement les attentats.

En tirant les leçons du passé, nous nous attachons aussi à renforcer notre travail avec les services de renseignement, DGSI et DGSE, et leurs chefs, Patrick Calvar, puis Laurent Nuñez et Bernard Émié : le renseignement doit irriguer les procédures judiciaires et réciproquement. Nous mettons en place, grâce notamment à un nouveau logiciel informatique, un meilleur suivi des individus placés sous contrôle judiciaire, car nous avons constaté de nombreuses carences dans le signalement des incidents à Paris et en région parisienne. Ainsi, les carences d'un mis en examen placé sous contrôle judiciaire et obligé de

« pointer » périodiquement au commissariat de police, n'étaient pas systématiquement portées à la connaissance du juge d'instruction concerné.

Enfin nous décidons, spontanément et au terme d'une réflexion interne au parquet de Paris, de durcir notre politique pénale en judiciarisant systématiquement les femmes parties en Syrie et, surtout, en criminalisant les poursuites contre tous ceux qui sont partis en Syrie à partir de janvier 2015 et pour lesquels nous avons la preuve d'une participation active dans les rangs de Daech. C'est une manière de mieux prendre en compte leur dangerosité, d'autant que les circonstances ont changé. Tout d'abord, en zone irako-syrienne, l'organisation État islamique a pris énormément d'ampleur depuis la proclamation du califat le 29 juin 2014. Ensuite, on ne peut que constater la multiplication des actions terroristes en France et à l'encontre de ressortissants français à l'étranger, revendiquées par l'État islamique et par Al-Qaïda. Enfin, impossible de ne pas prendre en compte les priorités affichées par l'EI via sa propagande, mettant en scène des djihadistes français, visant spécifiquement la France, une propagande qui appelle en permanence au meurtre des « mécréants » et à des actions suicides.

Tous ces éléments nous conduisent à considérer, dès septembre 2016, que le départ sur zone, l'allégeance prêtée à ces organisations et tout particulièrement à l'État islamique, la participation à des activités telles que combats, surveillance frontalière ou intégration au sein de la police islamique, constituent *de facto* l'infraction criminelle d'association de malfaiteurs en vue de commettre des crimes d'atteintes aux personnes. Par voie de conséquence, nous demandons la requalification criminelle des faits reprochés à ces individus afin de les renvoyer non plus devant le tribunal correctionnel, mais devant la cour d'assises de Paris devant laquelle ils encourent des peines beaucoup plus lourdes.

Cette politique pénale et l'action du parquet de Paris sont efficaces et innovantes. Elles sont reconnues au plan international comme un modèle, ce qui me vaudra d'intervenir par deux fois devant le Conseil de sécurité des Nations unies à New York, en présence d'un magistrat français, Jean-Paul Laborde, directeur exécutif du contre-terrorisme à l'ONU. La première fois en 2014 pour présenter la politique pénale suivie à l'égard des Français partis combattre en Syrie et en Irak, et la deuxième en 2016 pour présenter avec mon collègue américain du Department of Justice (DOJ), Bruce Swartz, les problématiques et les enjeux de la coopération internationale en matière antiterroriste.

Quant à la gestion des attentats de 2015, elle vaudra au parquet de Paris d'être distingué par l'Association internationale des procureurs et poursuivants (AIPP) et de recevoir le 14 septembre 2016 à Dublin un prix spécial pour son action dans la conduite de l'enquête et dans la lutte antiterroriste.

20 avril 2017 : attaque terroriste sur les Champs-Élysées

Le 20 avril 2017, à 20 h 40, je suis chez moi en train de dîner quand j'apprends, par un appel téléphonique de Christian Sainte, directeur de la police judiciaire de Paris, que des policiers en tenue ont été pris pour cible à bord de leur véhicule siglé, positionné sur les Champs-Élysées. Comme d'habitude, je croise immédiatement avec Camille Hennetier les éléments en notre possession. Je n'habite pas très loin du lieu de l'attentat, ce qui me permet ce soir-là de me rendre sur place moins de cinq minutes plus tard.

À bord du fourgon de police stationné devant l'ambassade de Turquie, au 102, avenue des Champs-Élysées, je découvre le corps sans vie d'un policier, mortellement atteint de deux balles de kalachnikov alors qu'il était assis à la place du conducteur, en train de manger son repas. Le terroriste n'a laissé aucune chance à sa victime, Xavier Jugelé, âgé de trente-sept ans, fonctionnaire de la DOPC parisienne (Direction de l'ordre public et de la circulation). L'assaillant a eu le temps de blesser deux de ses collègues des forces de l'ordre avant d'être abattu par les tirs de riposte des autres policiers. Près de lui, vraisemblablement tombé de sa poche, un message manuscrit défendant la cause de l'organisation terroriste Daech.

Une fois connue l'identité du terroriste, avec ses antécédents, je dois avouer que j'ai un gros coup de déprime. À nouveau, le sentiment que nous aurions pu éviter ce drame m'envahit pour ne plus me quitter. Car Karim Cheurfi était dangereux, nous le savions, et sa situation aurait pu être prise en compte avec davantage d'efficacité s'il n'y avait eu cette différence d'appréciation entre le parquet de Paris et les services de renseignement.

En 2002 et 2003, Karim Cheurfi est incarcéré à la maison d'arrêt de Fleury-Mérogis pour avoir tenté à deux reprises de tuer des fonctionnaires de police. Derrière les barreaux, aucun signe de radicalisation ni de prosélytisme n'est alors détecté. Mais son père raconte qu'à sa sortie de prison, en octobre 2015, son fils passe ses journées enfermé devant des jeux vidéo, et qu'il lui confie préférer mourir en martyr que de retourner en détention.

En 2016, lors d'un séjour à Marseille, Cheurfi menace à nouveau de tuer des policiers. Mais c'est surtout dans l'environnement de la mosquée de Montfermeil, en banlieue parisienne, qu'il se fait remarquer : il proclame à qui veut l'entendre ses intentions meurtrières, tout en cherchant à se procurer des armes. Pourtant, à ce moment-là, nous ne disposons pas de signes tangibles d'une radicalisation. Sans élément objectif de terrorisme, il nous est impossible d'ouvrir une enquête au sein du parquet antiterroriste de Paris. Nous décidons donc d'alerter le parquet de Meaux, qui ouvre une enquête sous des qualifications de droit commun, menaces et association de malfaiteurs. C'est un moindre mal, et cela permet surtout de garder un œil sur lui ; les enquêteurs de la PJ de Meaux découvrent ainsi rapidement que leur homme s'est fait livrer tout un matériel suspect : des colliers de serrage en plastique, un masque, une caméra GoPro, des couteaux de chasse. Cependant, si ce sont des éléments suffisants pour l'interpeller et le placer en garde à vue, il n'y a toujours pas, ni dans son informatique, ni dans les écoutes téléphoniques dont il fait l'objet, d'élément établissant de lien avec la mouvance islamiste.

Malgré tout, à la section terroriste du parquet de Paris, le 9 mars 2017, nous décidons de nous saisir et nous transmettons immédiatement le dossier pour enquête à la DGSI. Enfin ! oserais-je dire… Sauf qu'il sera trop tard pour éviter le pire. Un peu plus d'un mois plus tard, le 20 avril, l'homme passe à l'acte.

À la décharge des services de renseignement, il faut prendre en compte le fait qu'à la suite de la vague d'attentats de 2015 ils avaient à cette période-là un nombre considérable de dossiers à traiter. À leurs yeux, celui de Karim Cheurfi ne semblait pas prioritaire par rapport à d'autres bien plus urgents.

C'est avec tous ces éléments en tête que je tiens ma conférence de presse et, pour l'une des rares fois, je refuse de prendre les questions des journalistes après mon intervention. Je suis trop mal à l'aise et, pour dire les choses plus simplement, je devine les polémiques que va susciter ce nouvel attentat terroriste. En fait, je culpabilise. J'ai le sentiment que si nous avions été plus efficaces dans nos stratégies d'investigation, et si une enquête terroriste avait été diligentée plus tôt, nous aurions peut-être pu éviter cet attentat.

Avec des si…

Les germes du nouveau parquet antiterroriste

L'année 2017 a vu Emmanuel Macron arriver à l'Élysée et Nicole Belloubet à la Chancellerie. Avec la nouvelle garde des Sceaux les relations sont cordiales, sans être proches. C'est aussi le moment où je m'apprête à quitter mes fonctions à la tête du parquet de Paris.

Statutairement, on ne peut diriger le même tribunal ou la même cour d'appel plus de sept ans. J'occupe mon poste depuis novembre 2011, le couperet se rapproche donc, et je m'attelle à préparer la suite.

Pour l'heure je suis encore là, et voilà des mois que nous travaillons à améliorer le dispositif législatif pour mieux lutter contre le terrorisme. Nous disposons d'instruments de plus en plus efficaces dans nos enquêtes. Le projet d'un parquet national spécialisé, à l'image du Parquet national financier, porté par le ministère de la Justice, est au cœur des discussions. Ce projet, je ne le soutiens pas. J'estime en effet que le parquet de Paris, grâce à sa section spécialisée antiterroriste, fait très bien son travail. Par ailleurs, le fait que la section antiterroriste soit nichée au sein du parquet de Paris permet de la renforcer considérablement avec les effectifs supplémentaires que permet la taille du parquet de Paris, composé de 130 magistrats, ce qui ne serait pas le cas d'un parquet spécialisé d'une vingtaine ou d'une trentaine de procureurs. C'est ce qui fait la force du parquet en période de crise. Mais s'il doit y avoir véritablement un changement avec la création d'un Parquet national antiterroriste spécialisé, je suis pour ma part favorable à un projet bien plus ambitieux.

Calquée sur le modèle du parquet fédéral belge, mon idée est celle d'un parquet général qui exercerait les poursuites tant devant le tribunal de Paris que devant la cour d'appel et la cour d'assises de Paris, et qui serait compétent en matière de terrorisme mais aussi en matière de crimes contre l'humanité, de crimes de guerre, de criminalité organisée et de cybercriminalité. On relève en effet de nombreuses connexions entre le terrorisme d'une part et la criminalité organisée et la cybercriminalité d'autre part. Il existe aussi un cyberterrorisme.

Ce projet, très ambitieux, a l'avantage de la cohérence et de l'efficacité. Et pour tout dire, puisque de toute façon je dois quitter le parquet de Paris, je me verrais bien en prendre les commandes ; après ces années passées la tête plongée dans les attentats, je me sens légitime. Enfin, je ressens encore l'envie et l'énergie de me rendre utile, d'être dans l'action, dans le concret. Statutairement, je pourrais y prétendre. Alors, chaque fois que j'en ai l'occasion, je défends mon projet, j'affûte mon argumentaire que je présente à plusieurs reprises à la garde des Sceaux ainsi qu'à la conseillère Justice du président de la République. Et j'y crois. Je suis parfois un grand naïf…

Début 2018, les traditionnelles cérémonies de vœux se succèdent, dont une qui me conduit à l'Élysée. Dans le grand salon, les invités quittent leurs chaises après le discours du président, ravis de pouvoir enfin naviguer au milieu des petits fours et d'échanger ces propos mondains indissociables du réseautage. Un peu esseulé, car je n'y suis jamais très à l'aise, je suis abordé par un homme qui se présente comme « chef de cabinet adjoint à l'Élysée ». La quarantaine, affable. Je ne connais pas grand monde et je suis ravi de cette conversation qui s'attarde sur le projet du Parquet national antiterroriste : « Vous allez voir, Monsieur le procureur, ça va se faire votre truc, c'est bien parti ! » me lance mon sympathique interlocuteur.

Enchanté que dans le saint des saints une personne visiblement haut placée me glisse une aussi bonne nouvelle sous le sceau de la confidence, me voilà avec un moral remonté à bloc. Il va sans dire qu'en réalité le président de la République ne semble pas s'y être véritablement intéressé dans les détails, en tout cas au début. Il a délégué tout cela à la garde des Sceaux et à son cabinet, opposé à mon projet. Quand Emmanuel Macron s'y intéressera, il sera trop tard ; le projet porté par le ministère de la Justice sera trop avancé pour être remis en cause. Mon modèle de parquet général spécialisé ne sera jamais retenu. Quant à cet inconnu avec lequel j'ai échangé dans les salons de l'Élysée, j'ai su quelque temps plus tard qu'il s'agissait d'Alexandre Benalla…

23 mars 2018 : le Super U de Trèbes

Depuis l'attaque des Champs-Élysées, nous avons vécu un nouvel attentat, à la gare Saint-Charles à Marseille, le 1er octobre 2017, au cours duquel deux jeunes femmes ont été tuées à l'arme blanche par un terroriste neutralisé par les militaires d'une patrouille de l'opération Sentinelle. Un autre interviendra dans le quartier de l'Opéra, à Paris, le 12 mai 2018. Un homme armé d'un couteau de cuisine tuera un passant et en blessera cinq autres avant d'être abattu par la police. Dans l'intervalle, quelques mois plus tôt, le 23 mars 2018, j'apprends par la section antiterroriste qu'un attentat est en cours à Carcassonne.

Ce jour-là, à 10 h 13, Radouane Lakdim, un individu fiché S en raison de ses liens avec la mouvance islamiste, se rend sur un parking à Carcassonne et vole une voiture. Armé d'un revolver, il tue le passager et blesse grièvement le conducteur. Il prend ensuite la direction de la caserne du 3e régiment de parachutistes mais il est arrêté par la présence dissuasive de deux militaires du dispositif Sentinelle. Cinq minutes plus tard, il se dirige vers Trèbes et se porte à la hauteur de quatre CRS en train de faire leur jogging. Par la fenêtre passager de son véhicule, il tire avec son arme de poing à six reprises dans leur direction et blesse grièvement l'un d'entre eux.

Il se rend ensuite au supermarché Super U de Trèbes, à quelques kilomètres de là. Il entre dans le magasin et abat le chef boucher et un client. Puis il se replie dans la salle des coffres où s'était cachée l'hôtesse de caisse du magasin. Il la prend en otage et lui demande d'appeler la police pour faire part de ses revendications : il dit être membre de l'État islamique et exiger la libération de Salah Abdeslam.

Les premiers intervenants, les gendarmes du Peloton de surveillance et d'intervention de la gendarmerie et de la brigade de Trèbes, arrivent sur les lieux vers 11 heures et se positionnent au PC caméra de vidéosurveillance du supermarché situé au premier étage, en passant par l'extérieur du bâtiment. Sur les vidéos, ils constatent que deux personnes sont décédées, plusieurs autres sont allongées sur le sol, et l'assaillant s'est replacé au niveau de l'accueil.

Vers 11 h 20, les gendarmes, en colonne d'intervention avec à leur tête le lieutenant-colonel Beltrame, entrent dans le rez-de-chaussée du magasin. Radouane Lakdim retient toujours en otage l'hôtesse de caisse qu'il utilise comme bouclier humain, lui appuyant l'arme sur la tempe. En progressant dans sa direction, les gendarmes parviennent à évacuer les clients encore captifs. C'est à ce moment-là que le lieutenant-colonel Beltrame engage une première négociation. Les deux bras en l'air, les mains au-dessus de la tête, face au bat-flanc de l'accueil derrière lequel se trouve la salle des coffres où s'est replié le terroriste, il lui parle. Il dépose son arme au sol et demande à prendre la place de l'otage. À 11 h 32, la jeune femme est libérée.

Le lieutenant-colonel Beltrame donne ensuite à ses collègues l'ordre d'évacuer les lieux, en les avisant que le terroriste menace de « faire péter des grenades » disséminées dans le magasin.

À 12 h 10, l'antenne GIGN de Toulouse arrive sur place, et se déploie pour une nouvelle tentative de négociation. Le groupe national du GIGN, dont l'assistance a été sollicitée, vient de décoller de la base aérienne de Villacoublay dix minutes plus tôt.

Sur place, le terroriste demande toujours la libération de Salah Abdeslam. Une heure plus tard, à 13 h 10, il sort enfin de la salle des coffres, poussant devant lui le lieutenant-colonel Beltrame, une arme braquée sur sa tempe.

À 13 h 30, l'utilisation par le GIGN d'un moyen d'acquisition du son à travers les murs, permet d'entendre le terroriste prier.

À 14 h 16, le colonel Beltrame crie : « Attaque ! Assaut ! Assaut ! » pour demander l'intervention urgente de ses collègues. Quelques minutes plus tard, lorsque les gendarmes de l'antenne du GIGN de Toulouse pénètrent dans la salle des coffres du supermarché, il est trop tard : Radouane Lakdim est assis, dos à la porte. Allongé sur lui, inanimé, le colonel Beltrame est très gravement blessé, atteint par plusieurs balles et tailladé au niveau du cou. Le terroriste tente de se redresser en criant *Allah Akbar.* Il est neutralisé par le GIGN. Deux gendarmes sont blessés au cours de cette opération. Il est 14 h 28. Les premiers soins d'urgence sont apportés au colonel Beltrame.

Durant toute la matinée, je me tiens informé en direct depuis mon bureau parisien de l'évolution de la situation et je décide, en toute fin de matinée, de me rendre sur place. Dans un souci d'efficacité, je téléphone au directeur de cabinet du président de la République, Patrick Strzoda, qui met immédiatement à notre disposition des moyens aériens pour descendre à Carcassonne sans délai. C'est ainsi qu'accompagné de Bruno Badré, mon collègue chargé de la communication du parquet de Paris, et d'Amir, l'un de mes officiers de sécurité, nous décollons de l'aéroport de Villacoublay vers 13 h 30 dans un petit avion monomoteur de six places, piloté par des militaires. Lorsque, deux heures plus tard, nous atterrissons à Carcassonne, l'assaut a été donné, le terroriste est mort et le colonel Beltrame, très grièvement blessé, a été hospitalisé.

Après mon passage sur la scène de crime à Trèbes, je me rends à la préfecture de Carcassonne où je participe, avec le préfet de l'Aude et les services de l'État, à une réunion en visioconférence avec le président de la République, Emmanuel Macron. Puis je me dirige vers le palais de justice. À 18 heures, je dois tenir une conférence de presse dans la salle de la cour d'assises, précisément celle où, trente-neuf ans plus tôt, jeune substitut du procureur, j'avais pris mes premières réquisitions.

Je ressens une très forte émotion. On ne s'habitue pas à la violence, au nombre de victimes – 4 morts, dont le lieutenant-colonel Beltrame qui succombera à ses blessures dans la nuit –, à la folie de ces fous d'Allah habités par une idéologie mortifère et la haine de l'autre. Cette fois-ci, l'émotion qui m'étreint est d'autant plus forte qu'un homme, un serviteur de l'État, a donné sa vie pour en sauver une autre. Mais ce soir, cette gravité due aux circonstances se double d'un sentiment étrange : celui de « boucler la boucle » en revenant, quelques mois seulement avant mon départ du parquet de Paris, donner une conférence de presse sur les lieux de mes débuts, là où chaque soir, vers 19 heures, je concluais mes longues journées d'audience en jouant au ping-pong sur une table à roulettes, dans la salle des assises… Des années d'insouciance qui me paraissent désormais bien lointaines.

La lutte contre les violences faites aux femmes

Si le terrorisme qui a durement frappé le pays lorsque j'étais procureur de Paris s'est retrouvé au centre de mon action de magistrat, me projetant malgré moi sur le devant de la scène médiatique, il est un autre type de violence que j'ai eu à cœur de combattre dès mon arrivée au parquet de Bobigny en 2004 : les violences conjugales et, plus largement, toute violence commise à l'encontre des femmes. Ce n'était pas uniquement une question de prévention et de répression, mais bien celle de mentalités à faire évoluer, de regard à modifier, de tabous à lever. J'étais bien conscient que le phénomène était insuffisamment pris en charge sous tous ses aspects en matière judiciaire. Il faudrait le mouvement #MeToo et la libération de la parole des femmes qu'il a amorcée pour enfin réveiller les consciences, en particulier celles de la classe politique.

Il y a vingt ans, nous en étions encore loin. Bien qu'ayant toujours porté une attention particulière à cette problématique, mon approche demeurait naïve et j'ai dû bien vite repenser mes certitudes. Cela faisait presque un an que j'occupais le poste de procureur de la République à Angers et j'avais accepté, à la demande de la

Direction des affaires criminelles et des grâces que j'allais bientôt rejoindre comme directeur adjoint, de participer à un colloque sur la médiation pénale en matière de violences conjugales. C'est ainsi qu'au printemps 2001, je m'étais retrouvé à la tribune du grand amphithéâtre de la Sorbonne, prêt à entamer mon discours. J'étais un peu impressionné, et un peu seul aussi, devant un parterre quasi exclusivement féminin de militantes associatives.

À l'époque, sollicité pour exposer le travail porté par le ministère public dans les tribunaux, j'avais rédigé mon intervention en partant de ma propre expérience de procureur, m'appuyant sur la politique pénale que j'avais mise en œuvre à Angers, avec la conviction sincère, et sans doute un peu naïve, de défendre un point de vue équilibré. J'expliquais ainsi comment, dans le ressort de mon parquet, je pratiquais régulièrement la médiation pénale dans les affaires de violences conjugales, en prenant soin de toujours mettre en place ce que j'appelais des garde-fous : j'exigeais la présence d'au moins deux médiateurs, dont un formé aux rudiments de la psychologie, ce qui me semblait indispensable pour faciliter un dialogue constructif entre les époux.

Au terme de mon intervention, les réactions se firent critiques, voire virulentes. Les associations de défense des femmes victimes de violences étaient en effet loin de partager ma position sur les vertus de la médiation pénale, et je dois avouer que les arguments qu'elles m'opposèrent étaient pertinents :

« Monsieur le procureur, pouvez-vous nous dire comment une médiation peut s'avérer équitable quand l'un des deux conjoints est sous l'emprise de l'autre, parfois terrorisé par ce qui va se passer une fois la porte du tribunal franchie ? » m'interpella une participante, très applaudie par le public.

La réponse paraît évidente une fois la question posée, et je suis ressorti assez déstabilisé de cette journée.

Dans les jours et les semaines qui suivirent, je me suis interrogé : ma politique pénale était-elle vraiment juste, efficace et, surtout, était-elle adaptée ? Il m'a fallu des heures de réflexion et, je l'avoue, de remise en question de mes certitudes, acquises peut-être un peu rapidement dans mon expérience limitée, pour cheminer vers une autre façon de penser, plus adaptée à la réalité du phénomène. Un processus qui s'est brusquement accéléré et intensifié à mon arrivée à la tête du parquet de Bobigny, puisqu'en Seine-Saint-Denis les violences conjugales sont si nombreuses qu'elles représentent un contentieux de masse au sein de la juridiction, l'un des principaux même, avec la délinquance violente de voie publique, le trafic de stupéfiants et la criminalité organisée. Mais c'est surtout un contentieux extrêmement sensible où toute orientation procédurale qui ne serait pas adaptée risque d'être payée très cher par les femmes victimes.

L'accélérateur de la Seine-Saint-Denis

Dans ce département de Seine-Saint-Denis, l'un des plus pauvres de France, le nombre de procédures en matière de violences conjugales dépasse tout ce que j'ai pu connaître au cours de ma carrière. Aussi, une fois par trimestre, pour bien prendre la mesure de la réalité du terrain, je m'astreiganais à passer une journée entière avec mes jeunes collègues sur le plateau de la permanence téléphonique pour prendre les appels des policiers et des gendarmes.

Un jour, un policier appelle sur la ligne dédiée du parquet.

« Bonjour, Monsieur le procureur, ici M., gardien de la paix au commissariat d'Aulnay-sous-Bois. Je veux vous rendre compte d'une affaire de violences conjugales dans laquelle je rencontre une difficulté. J'ai reçu hier la plainte d'une femme victime de violences volontaires répétées de la part de son mari. Elle a déposé un certificat médical et j'ai besoin de l'entendre à nouveau avant d'entendre son mari et de le placer en garde à vue. Mon problème, c'est que je n'arrive pas à la convoquer à nouveau parce que son mari ne l'autorise pas à sortir de chez elle avant demain après-midi. Je vais donc la convoquer pour une nouvelle audition demain, mais… »

La colère me monte au nez, et c'est assez sèchement que je lui réponds :

« Merci monsieur. François Molins, procureur de la République, au bout du fil. Non, on ne peut pas fonctionner comme ça et se soumettre à cette injonction maritale inacceptable. C'est vous qui menez l'enquête sous l'autorité de la justice, c'est vous qui décidez des investigations et de leur moment, pas la personne mise en cause ! Vous allez donc vous rendre immédiatement au domicile conjugal pour entendre sans délai la victime et placer son mari en garde à vue. Vous rappellerez ensuite la permanence du parquet pour lui rendre compte de vos investigations. »

Ce genre d'exemple n'est pas isolé, en Seine-Saint-Denis ils sont quotidiens et les affaires que je vais voir passer chaque jour achèvent de me convaincre qu'il faut absolument prendre le sujet à bras-le-corps, que ce soit en matière de protection de la victime ou de répression de l'agresseur. De vrais défis se posent à la justice vers laquelle se tournent les victimes qui déposent plainte. La justice doit se montrer à la hauteur et, au vu de ce qui m'est rapporté, elle ne l'est pas.

La lutte contre les violences conjugales en Seine-Saint-Denis est donc l'histoire d'un combat mené avec ardeur et conviction, entièrement bâti sur les énergies, la volonté et l'imagination de ses acteurs, et sur la puissance des synergies et de la solidarité. Cette dernière est, je crois, l'une des caractéristiques historiques de ce département dont le manque de moyens fait que se tissent entre les différents acteurs, l'État, les collectivités territoriales, les associations et le barreau, des solidarités fortes que l'on ne rencontre pas ailleurs. Je dirai même que c'est un peu l'ADN du 93.

Protéger les victimes : le TGD, Téléphone grave danger

Une rencontre va considérablement m'aider. Ernestine Ronai est une militante féministe qui connaît parfaitement le sujet des violences faites aux femmes et des féminicides, sujets dans lesquels elle est totalement investie depuis toujours. Pétrie de qualités humaines, dynamique et toujours très déterminée, elle dirige le premier – et à l'époque, le seul – observatoire français des violences envers les femmes, créé en 2002 par le conseil général de Seine-Saint-Denis. Un jour de 2006 elle vient nous voir, mon procureur adjoint Patrick Poirret et moi, avec une idée :

« J'ai pensé à un dispositif tout à fait novateur de protection des victimes, que je voudrais vous proposer d'expérimenter en Seine-Saint-Denis : le Téléphone grave danger… »

Elle m'explique : ce Téléphone grave danger serait pensé sur le modèle du téléphone d'alerte pour les personnes âgées qui peuvent signaler une chute en appuyant sur un seul bouton. Le principe serait donc le même : un téléphone permettant de géolocaliser la victime, qui se présente comme un smartphone ordinaire, mais qui comporte une touche préprogrammée reliée à un service d'assistance ouvert en permanence. Si la victime se sent en danger, parce que son conjoint violent tente de l'approcher alors qu'il a une interdiction judiciaire d'entrer en contact avec elle, alors elle actionne cette touche et elle est immédiatement rappelée par le service d'assistance qui, après vérification auprès de la victime, avise les services de police qui peuvent intervenir immédiatement pour lui porter secours.

Ernestine se montre si convaincante que je décide de la suivre. Pendant deux ans, nous travaillons sur le projet. Nous mettons en place un groupe de travail avec les différents acteurs indispensables à la création de cet outil : l'Observatoire des violences faites aux femmes, le parquet de Bobigny et l'opérateur France Télécom. Ces dizaines de réunions, ces centaines d'heures de discussion vont se concrétiser par la mise en place de ce nouveau dispositif, et ce sans avoir obtenu un euro de budget de la part de la Chancellerie. La mise en service s'élabore à l'échelle locale, avec le conseil général et régional. Le TGD est alors totalement expérimental et ne repose sur aucune base législative ou réglementaire.

Il sera activé en septembre 2009, juste après mon départ pour le cabinet de la garde des Sceaux, Michèle Alliot-Marie. À mon grand regret, je ne serai donc plus là pour mener le projet jusqu'à son terme. La frustration que je ressens alors est rapidement chassée par un heureux hasard de calendrier : le jour de la présentation du TGD à l'hôtel du département à la fin de l'été, la garde des Sceaux ne peut pas se libérer pour le lancement et c'est donc moi qui irai la représenter ! En prononçant mon discours lors de la cérémonie, j'aurai le sentiment de boucler un cycle.

L'aide du département du 93 et du conseil régional a permis que le dispositif voie le jour. Il a été expérimenté avec succès, sauvant de nombreuses femmes. Ainsi je peux dire avec fierté que, grâce à la volonté de fer d'une femme, Ernestine Ronai, et à la mobilisation des acteurs de terrain, nous avons véritablement créé quelque chose : nous avons été un laboratoire. C'est pour moi l'une des très grandes richesses de la fonction de procureur : imaginer des dispositifs et fédérer les énergies pour nourrir la politique pénale. C'est aussi la démonstration que tout ne vient pas d'en haut, des bureaux de la place Vendôme.

Réprimer les auteurs, protéger les victimes

En parallèle, il faut améliorer la réponse pénale. C'est une autre force du parquet que de pouvoir donner des directives de politique pénale : avec mes collègues, nous définissons et appliquons une politique très ferme qui consiste, pour tous les faits de violences graves ou réitérées, à placer systématiquement l'auteur des faits de violences en garde à vue, puis à le déférer au parquet, en recourant ensuite à la procédure de comparution immédiate ou de la convocation par procès-verbal du procureur. Cela permet d'organiser l'éviction du conjoint violent du domicile ainsi que l'interdiction pour lui d'entrer en contact avec sa victime, afin de garantir la sécurité de cette dernière. Si l'affaire requiert davantage d'investigations, nous veillons à ce que, dans ce laps de temps, l'auteur des faits soit soumis à un contrôle judiciaire le tenant éloigné du domicile. Grâce à une convention conclue avec le préfet de Seine-Saint-Denis, nous avons la chance de pouvoir compter sur des chambres disponibles dans une dizaine de foyers du département pour héberger ces hommes.

Nous devons absolument privilégier et développer une véritable culture de la protection des femmes. Je décide donc, et le colloque de la Sorbonne n'y est pas pour rien, d'interdire au parquet de Bobigny le recours à la médiation pénale pour toutes les affaires de violences conjugales. Les critères de la médiation font en effet référence à un état d'esprit absent chez les conjoints violents, à un contexte de liberté de pensée et d'expression impossible pour les victimes, de même qu'à une égalité de pouvoir inexistante au sein de ces couples où la victime est sous emprise. Par ailleurs, en plaçant les deux conjoints sur le même plan, la médiation atténue la visibilité de l'infraction et, par là même, la prise de conscience de l'auteur des violences. Elle ne peut donc que contribuer à augmenter le risque de représailles et de menaces.

Lorsqu'on ne souhaite pas engager des poursuites pénales en raison du faible préjudice ou du trouble peu important causé par l'infraction, c'est souvent le cas pour les violences légères – le fait de bousculer son conjoint, par exemple –, la procédure est normalement classée sans suite. Dans le jargon judiciaire, c'est ce que l'on appelle un « classement sec », par opposition à un « classement sous condition » où la procédure ne sera classée qu'après que l'auteur des faits se sera soumis aux prescriptions exigées par le parquet – régularisation, soins psychiatriques ou suivi psychologique, indemnisation, etc.

Au parquet de Bobigny, nous décidons que les « classements secs » doivent, par principe, être proscrits en matière de violences conjugales, et que le rappel à la loi doit constituer la réponse minimale à toute infraction caractérisée. L'idée générale est de montrer que ces actes de violence sont graves, qu'ils ne sauraient être banalisés, encore moins impunis. Dans le mémento que j'élabore au cours de ces années en Seine-Saint-Denis, je formalise plusieurs directives écrites de politique pénale, régulièrement actualisées grâce à un travail collectif au sein de mon parquet, de manière que chacun puisse ensuite la mettre en œuvre au quotidien, dans le suivi des enquêtes et leur orientation procédurale.

Nous créons également un groupe de travail qui réunit magistrats, policiers et milieu associatif. Il fonctionne sur la base d'échanges et de propositions, jusqu'au jour où, en 2008, un féminicide va nous confronter à la réalité des dysfonctionnements des différentes institutions. Nous décidons de consacrer à ce meurtre une réunion avec les associations de victimes, en leur donnant accès au dossier pénal et donc en lisant, ensemble, le dossier d'enquête.

La démarche est exceptionnelle car, en principe, un dossier judiciaire est protégé par le secret et n'est accessible qu'aux magistrats, aux enquêteurs et aux avocats des parties. Conscients de sortir du cadre, nous nous sommes mis d'accord pour nous parler franchement, en partant d'un cas concret, avec la promesse de la confidentialité. La démarche, pour inhabituelle qu'elle soit, nous est apparue indispensable. Il ne nous restait plus qu'à décortiquer le dossier afin de détecter les erreurs commises par les différentes parties et définir les points à améliorer dans la prise en compte des signalements et dans les mesures de protection de la victime.

Dans cette affaire, comme dans de nombreuses autres, et c'est souvent un gros point faible dans la chaîne pénale, les informations avaient mal circulé et n'avaient pas permis d'éviter le pire. C'est l'un des premiers Retex que je mets en place, une méthode que j'appliquerai dans toute la suite de ma carrière, partant du principe que pour s'améliorer, il faut apprendre de ses erreurs.

De Bobigny à Paris : une culture de la protection des victimes

À mon arrivée à Paris en novembre 2011, je constate que la lutte contre les violences faites aux femmes constitue déjà l'une des priorités de la politique pénale du parquet et je m'inscris naturellement dans la continuité de cette action. Dès le départ, inlassablement, j'entreprends de sensibiliser mes collègues. Comme à Bobigny, j'interdis les médiations dans les affaires de violences conjugales. Et pour être certain que mes consignes soient suivies, je vérifie chaque mois les suites données aux procédures pour m'assurer qu'il n'y a pas eu de médiation. S'il y en a eu, je demande que l'on me sorte les procédures en question et je m'en vais directement trouver le magistrat concerné pour lui rappeler mes directives. Autant dire qu'à force de m'avoir sur le dos il modifie rapidement ses pratiques ! De la même manière, je demande que même si la victime retire sa plainte, la procédure ne soit pas classée sans suite pour inopportunité des poursuites, mais que, nonobstant le retrait de plainte, l'auteur des coups soit systématiquement soumis à un rappel à la loi.

À chaque étape de la procédure et quelle que soit la gravité des faits, le diable se niche dans les détails. Et cela commence par le recueil de la parole de la victime. Quand une femme trouve le courage, car il en faut, de franchir la porte d'un commissariat, il est essentiel qu'elle soit bien reçue, et surtout que l'on prenne en compte sa parole. Ainsi, au parquet de Paris, nous demandons aux policiers d'encourager les femmes à déposer une plainte plutôt qu'une main courante, ce qui permet d'enclencher de manière automatique une procédure judiciaire. Contrairement à ce que l'on pourrait penser, cela ne tombe pas sous le sens, les victimes craignant les conséquences d'une plainte : elles ont peur des représailles, peur d'être frappées encore plus fort au retour de leur mari après sa convocation par les services de police. C'est, à juste titre, une question soulevée par les associations de défense des femmes victimes de violences, qui font observer que cela peut aussi conduire à ce que ces dernières renoncent à pousser la porte du commissariat.

Sur le volet de la protection, le succès du dispositif Téléphone grave danger depuis son déploiement en Seine-Saint-Denis m'amène à décider de le mettre en place à Paris. Pour cela, il faut monter un partenariat avec la ville. Anne Hidalgo et ses équipes vont nous permettre d'aller très vite : en six mois, le 13 juillet 2012, le protocole est signé au cours d'une cérémonie à l'Hôtel de Ville. Les budgets sont débloqués et nous sommes dotés dans un premier temps d'un stock de 25 TGD, que nous allons pouvoir attribuer aux victimes. Un comité de pilotage mensuel nous permet de suivre en temps réel l'évolution de la situation des femmes en danger ainsi que les dates de remise en liberté des maris violents, et de préparer la mise à disposition, si nécessaire, d'un téléphone pour la femme dès le jour de sortie de prison de son agresseur. Après Bobigny et Paris, le TGD entrera dans la loi de 2013, acquérant ainsi un fondement légal, et sera généralisé à l'ensemble du territoire.

Enfin, en relation avec les violences faites aux femmes, se pose la question des enfants. Avec Ernestine Ronai, nous allons régulièrement à la rencontre des acteurs sociaux et je participe ainsi à plusieurs journées de rencontres interprofessionnelles au Palais de la femme, rue de Charonne, notamment avec des travailleurs sociaux et des militantes d'association, pour travailler à un traitement adapté de la parentalité ; car protéger la mère, c'est aussi protéger l'enfant. En France, notre droit de la famille s'appuie sur la coparentalité avec une égalité dans l'exercice de l'autorité parentale par le père et la mère. Or, il est essentiel de comprendre et d'admettre que les violences conjugales mettent en échec ce principe. Un conjoint violent ne peut pas être un bon père et il convient d'en tirer toutes les conséquences.

Le mouvement #MeToo et ses conséquences judiciaires

Depuis 2017 et l'affaire Weinstein, un mouvement mondial de libération de la parole des femmes a émergé, prospéré, jusqu'à inonder les réseaux sociaux : c'est le mouvement #MeToo. Après les actrices, premières concernées par les agressions du producteur hollywoodien Harvey Weinstein, des femmes de tous milieux et de tous pays commencent à dénoncer publiquement les agressions sexuelles dont elles ont été victimes, ainsi que le silence que l'habitude et la société leur imposaient jusqu'ici. Ce mouvement, qui se propage comme une déflagration dans la société française, avec son corollaire #Balancetonporc, nous conduit nous aussi, magistrats, à une nouvelle séquence de remise en question de nos pratiques professionnelles.

Parmi ces pratiques, il y a ce que nous appelons la « correctionnalisation » des affaires de viol, en particulier au sein du couple. Dans le Code pénal, le viol est un crime, passible de la cour d'assises, mais il arrive que le choix soit fait par la justice de « correctionnaliser » un dossier. Cela consiste à lui donner une qualification pénale moindre, passant de la qualification criminelle de viol à la qualification correctionnelle d'agression sexuelle. L'accusé est alors jugé par un tribunal correctionnel composé de magistrats professionnels. Si contre-intuitif que cela puisse paraître dans l'opinion publique, cela offre souvent la garantie d'une répression plus certaine, ou en tout cas moins aléatoire que devant un jury d'assises où les jurés populaires peuvent être davantage gagnés par les sentiments et par l'émotion, faux amis de l'intime conviction et du Code de procédure pénale. André Gide, ancien juré de cour d'assises, écrivait dans son *Journal* : « Je vois toujours presque à la fois les deux faces de chaque idée et l'émotion toujours chez moi se polarise [1]. » Il est vrai, l'expérience le montre, que les jurés attachent beaucoup d'importance à des détails qui vont les émouvoir, au détriment des preuves rationnelles qui figurent au dossier.

L'option de la correctionnalisation offre aussi, dans certains cas comme celui des viols au sein du couple, la garantie d'une plus grande confidentialité durant le procès qui va se dérouler devant trois juges professionnels et non devant un jury populaire. J'ai souvent vu des victimes de viol conjugal souhaiter pour cette raison que leur conjoint soit jugé par le tribunal correctionnel.

Concernant ce sujet délicat de la correctionnalisation, une fois par an, sur la proposition d'Ernestine Ronai, nous recevons au parquet de Paris les associations féministes afin de leur expliquer notre politique pénale et

1. André Gide, *Journal*, tome 1, 12 mai 1892, Gallimard, p. 152.

nos choix. Nous avons peu de succès, il faut bien l'avouer, car elles sont farouchement opposées à cette option : pour elles, le viol est un crime et il doit être réprimé devant une cour d'assises. Nous entendons bien sûr leurs critiques, et même s'il est difficile de faire entendre notre point de vue, les discussions sont toujours franches et constructives.

Un autre avantage de la correctionnalisation est qu'elle est censée permettre un traitement judiciaire plus rapide et plus efficace des dossiers, notamment en termes de délai d'audiencement et de résultat répressif. Il nous faut en effet être honnêtes et reconnaître qu'en termes de délai le traitement judiciaire n'est pas à la hauteur des enjeux : dès qu'elle porte plainte, la victime suit un véritable parcours du combattant et la justice met des années à être rendue. Hélas, en réalité le système est totalement dévoyé : la correctionnalisation devient le plus souvent un moyen de soulager le rôle (la liste des dossiers à juger) très encombré des cours d'assises, et ce sont les dossiers qui encourent les peines les moins importantes qui se trouvent ainsi déroutés vers le tribunal correctionnel. C'est évidemment une très mauvaise raison, source de beaucoup de déception pour les victimes et d'une grande prise de risque pour l'avenir puisque les condamnés, écopant de peines d'emprisonnement moins lourdes, sont libérés plus tôt, avec la possibilité non négligeable de récidive.

Là encore, aucune solution n'est idéale. Les dossiers de violences conjugales sont traités au cas par cas, à l'appréciation des magistrats, avec des erreurs humaines malheureusement inévitables dont les conséquences peuvent se révéler dramatiques. C'est tout le traitement judiciaire qui doit être revu, et cela dès le démarrage d'une affaire. Nous l'avons vu lorsqu'à l'automne 2017 nous avons décidé d'évaluer les pratiques suivies à Paris : ainsi, lorsqu'une femme vient dénoncer un viol dans un commissariat, il n'est pas rare que son premier interlocuteur soit un gardien de la paix dans un commissariat de police. Or il faudrait qu'elle soit tout de suite orientée et dirigée vers un service de police judiciaire, et ce pour plusieurs raisons : la victime n'aurait pas à répéter le même récit plusieurs fois ; le risque n'existerait plus qu'elle se décourage entre le commissariat, dont elle a osé franchir la porte, et le service de police judiciaire compétent qui sera saisi par le parquet ; la gravité des faits ne pourrait plus être sous-estimée ; enfin, la victime serait entendue immédiatement par un enquêteur spécialisé. Le 27 juin 2018, nous avons donc donné des instructions en ce sens à la police parisienne.

Un autre exemple des incohérences de notre dispositif se niche dans les subtilités administratives : une femme agressée sexuellement qui se présentait d'abord à l'hôpital ou dans un service d'unité médico-judiciaire, à Paris comme en province, pouvait se voir refoulée au motif qu'il fallait d'abord qu'elle aille porter plainte, sinon les frais d'examens médicaux et de prélèvement nécessaires ne seraient pas payés au titre des frais de justice ! Combien de femmes, gagnées par le découragement, ont renoncé et sont rentrées chez elles en l'absence de tout prélèvement médical ? En juin 2018, nous avons corrigé cette anomalie à Paris en contractualisant avec l'hôpital, sous la forme d'une convention, la prise en charge de la victime : dès lors que celle-ci indique son intention de bien déposer plainte, les examens médicaux et prélèvements sont immédiatement effectués à l'hôpital, les vêtements conservés, et le chef d'établissement ou son représentant avise l'état-major de la police judiciaire. C'est alors au service de police judiciaire de se déplacer à l'hôpital pour prendre en charge la victime et se faire remettre les divers éléments de preuve. C'est ainsi que les choses devraient toujours se passer, ce qui est loin d'être le cas.

Ce sont autant de points de détail, de petits « trous dans la raquette », d'angles morts dans le traitement judiciaire des violences sexuelles contre les femmes, que je m'efforce de corriger pendant les sept années que je passe à la tête du parquet de Paris. Malheureusement, la justice infaillible n'existe pas. Malgré l'exigence impitoyable de la société et de l'opinion publique, elle reste rendue par des femmes et des hommes, des êtres humains par essence faillibles.

Le poids de l'opinion dans les affaires de violences faites aux femmes constitue un sujet complexe et ambivalent. Comment ne pas lui reconnaître un rôle déterminant dans l'accompagnement du mouvement de libération de la parole des femmes ? Un rôle encourageant, protecteur et rassurant pour des victimes longtemps demeurées terrorisées et silencieuses. Mais le contrepoint ne doit pas être négligé : le corollaire de ce déferlement d'accusations avec le mouvement #MeToo touche aussi à l'un des fondements de notre justice : la présomption d'innocence, foulée aux pieds par le tribunal médiatique et populaire. Si la parole doit bien évidemment être libérée, cette libération doit toujours être pensée à l'aune de nos principes républicains et de l'idée de Justice, seuls garants de l'équité d'un procès au terme duquel sera décidée la culpabilité ou l'innocence de la personne accusée.

Les exigences du procès équitable

Ce qui me dérange, et le mot est faible, c'est lorsque la libération de la parole s'accompagne d'un discours qui discrédite la justice et qui risque de conduire d'autres victimes à renoncer à se tourner vers elle.

Ainsi, lorsqu'en novembre 2019 l'actrice française Adèle Haenel choisit de témoigner dans Mediapart pour dénoncer les attouchements et le harcèlement qu'elle aurait subis, alors qu'elle était mineure, de la part du réalisateur Christophe Ruggia, elle déclare qu'elle ne veut pas porter plainte parce qu'elle ne fait pas confiance à la justice : « La justice nous ignore, on ignore la justice [1] », scande l'actrice qui justifie sa position en regrettant « une violence systémique faite aux femmes dans le système judiciaire ». Témoigner dans la presse est la liberté de chacun, mais je ne peux accepter sans réagir que l'on porte atteinte à la crédibilité de l'institution judiciaire, si imparfaite soit-elle.

Quelques jours plus tard, la garde des Sceaux Nicole Belloubet encourage lors d'une interview sur France Inter (le 6 novembre 2019) l'actrice à déposer plainte, les faits n'étant manifestement pas prescrits. Puis elle

1. Marine Turchi, « #MeToo dans le cinéma : l'actrice Adèle Haenel brise un nouveau tabou », Mediapart, 3 novembre 2019.

admet dans une interview dans le *JDD*, le 17 novembre 2019, que « la chaîne pénale du traitement des féminicides n'est pas satisfaisante » et souligne des « dysfonctionnements » dans le traitement judiciaire des féminicides et violences conjugales. En 2018, 73 % des plaintes pour violences sexuelles sont en effet classées sans suite (source Infostat justice).

Avec une quinzaine de magistrats, dont Gwenola Joly-Coz, à l'époque présidente du tribunal de Pontoise, et Stéphane Noël, président du tribunal de Paris, nous rédigeons à notre tour une tribune qui sera publiée dans *Le Monde* le 25 novembre 2019, dans laquelle nous appelons toutes les femmes victimes de violences à se tourner vers la justice. Dans ce climat de défiance, « nous voulons dire aux femmes victimes, et surtout à celles qui ne peuvent pas se saisir de l'espace médiatique pour accuser, qu'elles doivent se tourner vers la justice, qui est et doit être au service de toutes et tous. [...] Contre les violences faites aux femmes existe une magistrature en action, sur le terrain, qui souhaite incarner des valeurs d'égalité, d'écoute des justiciables et de protection des victimes. Une justice, à l'image de la société, qui progresse et s'adapte pour mériter la confiance », affirmons-nous au dernier jour du Grenelle contre les violences conjugales [1].

---

1. Le premier Grenelle contre les violences conjugales (3 septembre 2019-25 novembre 2019), lancé par le Premier ministre Édouard Philippe et construit avec les associations, les acteurs de terrain, les familles de victimes ainsi que l'ensemble des administrations, a débouché sur un plan d'action global et inédit pour lutter contre les violences conjugales.

« L'institution judiciaire est consciente de la gravité et de l'ampleur du phénomène », poursuivons-nous, avant de souligner que juges et procureurs constatent au quotidien « le continuum des violences faites aux femmes, qu'ils s'efforcent de juger avec humanité et humilité ».

Pour nous, « l'indépendance n'est pas l'isolement et l'impartialité n'est pas l'indifférence ».

Nous tenons à rappeler que « les enceintes judiciaires, sanctuarisées par des siècles de civilisation et des décennies de démocratie, doivent rester les lieux de la justice, des plaintes légitimement entendues et des sanctions légalement prononcées », en vertu des règles de la procédure pénale, de la présomption d'innocence et du principe du contradictoire.

Dans le même temps, le parquet de Paris a ouvert une enquête : comme dans l'affaire Cahuzac révélée dans Mediapart, le parquet peut tout à fait décider de lui-même d'ouvrir une enquête afin de vérifier la véracité d'accusations que la justice ne peut plus ignorer puisqu'elles sont publiques.

Quelques jours après la tribune du *Monde*, je suis soulagé d'entendre Adèle Haenel changer de positionnement : la comédienne, jeune trentenaire, déclare qu'elle n'entend pas se dérober et annonce par un communiqué de ses avocats qu'elle dépose plainte, jugeant que « cela relève de sa responsabilité de justiciable et de personnalité publique ».

Mon engagement dans la lutte contre les violences faites aux femmes ne s'arrête pas lorsque je quitte le parquet de Paris en novembre 2018 pour rejoindre la

Cour de cassation. J'envisage même ma nouvelle fonction de procureur général, qui s'accompagne de la vice-présidence du conseil d'administration de l'École nationale de la magistrature, comme un nouveau moyen de contribuer à une meilleure efficacité de la lutte contre les violences. Le parquet général de la Cour de cassation organise régulièrement des colloques et de par mes fonctions je suis également régulièrement entendu par le Haut Conseil à l'égalité entre les femmes et les hommes et par les commissions des lois de l'Assemblée nationale et du Sénat puisque j'interviens chaque fois qu'un projet ou une proposition de loi est déposé. Et ils furent nombreux ces quatre dernières années, qu'il s'agisse de la lutte contre les violences, de la prescription ou encore de l'inceste. D'aucuns se sont étonnés que je reste investi sur ce sujet, mais c'était important pour moi. C'est un combat auquel je continue de croire, et il est à mes yeux évident que les enjeux et la réussite de cette politique pénale dépendent aussi de l'implication des chefs de juridiction.

Les enjeux de la formation

Constatant que, malgré les nouvelles lois, la politique pénale et les moyens supplémentaires mis en œuvre, le phénomène des féminicides s'accentue, j'organise à la Cour de cassation, le 15 novembre 2019, un colloque sur les défis posés à la justice par la lutte contre les violences conjugales.

Afin d'évaluer et d'améliorer son fonctionnement, la justice doit en permanence se remettre en question et s'interroger sur ses pratiques. Le vrai besoin aujourd'hui réside surtout dans la formation de tous les acteurs quels qu'ils soient, à commencer par les policiers et les gendarmes, mais aussi dans la spécialisation des procureurs et des juges à travers la création de pôles spécialisés au sein de chaque tribunal. Je vais ainsi utiliser ma casquette de vice-président du conseil d'administration pour demander à l'ENM de rendre la formation sur les violences conjugales obligatoire, dans le cadre de leur changement de fonction, pour tous les magistrats nouvellement nommés juge aux affaires familiales, juge des enfants ou parquetiers.

Par ailleurs, toutes les plaintes doivent impérativement être traitées sans délai, qu'elles surviennent ou non dans le temps de la flagrance, c'est-à-dire moins de huit jours après les faits. Le traitement de ces plaintes, en flagrance ou pas, doit être priorisé dans chaque commissariat de police ou brigade de gendarmerie. C'est un enjeu majeur au moment où un véritable stock de procédures non traitées, près de 3 millions en 2023, s'est constitué depuis des années dans les commissariats de police et sera, pour une grande partie, classé sans suite. Le phénomène des violences au sein du couple a pris une telle ampleur qu'a été forgé le mot « féminicide » afin d'insister sur le caractère systémique de ces actes qui coûtent la vie à plus de 100 femmes en France chaque année. J'emploie à dessein ce terme qui me paraît bien désigner la réalité de ce phénomène de violences des hommes envers les femmes et qui, contrairement à ce que prétendent encore certains, n'a rien de passionnel ni de romantique. En revanche, je ne suis pas favorable à l'inscription du mot dans le Code pénal, celui-ci prenant déjà en compte le fait qu'un meurtre est commis par le conjoint ou le concubin de la victime. C'est une circonstance aggravante et la peine encourue est plus lourde.

Quant à la prescription des infractions sexuelles, laquelle a été modifiée récemment, nous disposons aujourd'hui de textes de loi efficaces qui permettent de réprimer les faits anciens : la prescription est passée à trente ans pour les crimes sexuels (viols) et à vingt ans pour les délits sexuels les plus graves commis contre un mineur. Et si la victime est mineure, le délai de prescription ne commence à courir qu'à partir de sa majorité : elle peut donc porter plainte jusqu'à ses quarante-huit ans en cas de viol et jusqu'à ses trente-huit ans en cas de délit. Enfin, la loi du 21 avril 2021 a instauré un système de « prescription glissant » : en cas de commission sur un autre mineur par la même personne d'un nouveau viol ou d'une nouvelle agression sexuelle, le délai de prescription du premier est prolongé jusqu'à la date de prescription de la nouvelle infraction. Ce système peut ainsi permettre de poursuivre très longtemps après les faits.

Je ne suis personnellement pas favorable à l'imprescriptibilité qui doit à mon sens être réservée aux crimes les plus graves de tous, c'est-à-dire aux crimes contre l'humanité et aux génocides. La prescription repose en effet sur deux fondements : l'oubli, et le dépérissement des preuves avec le temps qui s'écoule. Comment peut-on établir la culpabilité ou l'innocence de quelqu'un cinquante, soixante ou quatre-vingts ans après les faits ? L'imprescriptibilité serait porteuse de cruelles désillusions : le procès qui se termine par un acquittement ou une relaxe est d'une très grande violence pour les victimes qui vivent de telles décisions comme une négation de leur parole. Je crois donc bien davantage aux efforts sur la formation des différents acteurs de la lutte contre les violences sexuelles (magistrats, policiers, gendarmes, personnels de santé, assistants sociaux, etc.) et au renforcement des moyens, pour que la justice accueille dignement les plaignants et puisse traiter ces dossiers de façon efficace, sereine et dans des délais raisonnables, ce qui est hélas loin d'être le cas aujourd'hui.

Et pour clore ce chapitre, un mot concernant l'inceste. La société a longtemps été très ambivalente sur cette question. Il suffit d'écouter certaines émissions télévisées des années 1970 pour se rendre compte que les positionnements de l'intelligentsia de l'époque sont aujourd'hui parfaitement inappropriés. Les mentalités ont évolué et c'est une bonne chose. La loi Schiappa du 21 avril 2021 a le mérite de poser clairement l'interdit et de déconnecter l'inceste de la question du viol. De cette façon, il n'y a même pas lieu d'évoquer la question du consentement, le texte pose l'interdit de façon absolue : il n'y a pas de relation sexuelle possible entre parents et enfants, et la liberté sexuelle n'a rien à voir là-dedans.

Aujourd'hui, au début de 2024, quelles sont les marges de progrès ? J'ai la conviction que pour relever le défi, l'effort doit désormais être mis sur la formation des professionnels et la spécialisation des procureurs et des juges. En cela, l'institution de pôles spécialisés dans les juridictions est une avancée. Du côté des victimes, la protection doit encore être renforcée et beaucoup reste à faire pour la prévention de la récidive, qui doit être assurée par un suivi plus intensif et régulier des personnes condamnées. Il nous faut acquérir cette culture de la protection des victimes, indispensable pour éviter la commission de nouvelles infractions. Si nous voulons rétablir la confiance entre les victimes et la Justice, nous devons relever ce défi.

Du conflit d'intérêts au blocage institutionnel

Il ne s'agit pas pour moi de rentrer dans les détails et les arcanes de la procédure pénale suivie contre Éric Dupond-Moretti qui, le 29 novembre 2023 a fait l'objet d'une décision de relaxe définitive par la Cour de Justice de la République. Il ne s'agit pas davantage de rendre publics des éléments de la procédure suivie devant la Cour de Justice de la République. Il s'agit, à partir d'éléments publics ou rendus publics, de rappeler le contexte de cette affaire et de montrer comment les conflits d'intérêts d'un ministre, leur absence de traitement adéquat par nos gouvernants et les différents conseils ou organismes de contrôle, son attitude et son maintien au gouvernement, ont pu entraîner un véritable blocage institutionnel, préjudiciable au bon fonctionnement de l'institution judiciaire, et ce nonobstant le contexte d'augmentation des moyens budgétaires de la Justice dans lequel ils sont survenus.

Juillet 2020 : la surprise Dupond-Moretti

Samedi 4 juillet 2020 : Jean Castex est nommé Premier ministre et entame la formation de son gouvernement.

Parmi les noms qui circulent dans les médias, spéculant sur le futur garde des Sceaux, figure le mien, comme cela avait déjà été le cas quelques mois auparavant. Et ce n'était pas la première fois ; au départ de Gérard Collomb, on m'avait même annoncé un temps au ministère de l'Intérieur ! La question m'avait directement été posée au cours d'une interview à la radio. Je n'avais pas démenti. C'était flatteur de voir mon nom circuler ainsi comme celui d'un possible ministre de la Justice. J'aurais mieux fait de tordre le cou à cette rumeur sans fondement et de la démentir immédiatement. Cela m'aurait évité les procès d'intention malveillants qui m'ont été faits par la suite, m'accusant de vouloir me « venger » de M. Dupond-Moretti au motif que j'aurais voulu être à sa place au gouvernement.

Que ce soit bien clair : je n'ai jamais ambitionné d'être garde des Sceaux, pas plus d'ailleurs que ministre de l'Intérieur. Le sujet a été évoqué une seule fois à l'occasion d'un déjeuner à l'Élysée avec Hélène Davo, conseillère Justice du président de la République, à la fin du mois de mai 2020.

« François, vous ne seriez pas intéressé par le poste de garde des Sceaux ? Vous avez toutes les qualités pour cela ! » J'ai immédiatement décliné la proposition : « Vous plaisantez, Hélène ! je suis magistrat, je ne suis pas un politique. Je connais plusieurs parlementaires qui seraient bien plus indiqués que moi pour ces responsabilités. »

Je suis en effet trop attaché à ma liberté, à mon indépendance et à mon éthique, dans le respect de mon serment auquel j'ai toujours été fidèle. Et j'ai une vision idéaliste de la politique qui, à mes yeux, devrait toujours faire prévaloir l'intérêt général sur les intérêts partisans.

Lundi 6 juillet 2020 : Alexis Kohler annonce sur le perron de l'Élysée la nomination d'Éric Dupond-Moretti comme garde des Sceaux dans le gouvernement de Jean Castex. C'est une surprise ! Si c'est un grand avocat d'assises, il n'est pas réputé être un grand juriste et, surtout, il entretient des relations très tendues et polémiques avec l'institution judiciaire. Certains parlent même de véritable détestation à l'égard des juges.

Son nom circulait bien depuis quarante-huit heures, avec ceux de Yaël Braun-Pivet et de Catherine Vautrin, mais je ne voulais pas y croire tant cette hypothèse me paraissait incongrue au regard de la personnalité très clivante de l'intéressé et des relations explosives qu'il entretenait avec les magistrats.

En effet, d'une part, la Justice n'a jamais eu autant besoin d'apaisement et le choix d'une telle personnalité ne pouvait qu'aggraver les tensions. D'autre part, le garde des Sceaux occupe une place à part au sein du gouvernement. Plus encore que les autres membres du gouvernement, il doit être exemplaire.

Ce choix a constitué la première pierre de la construction du conflit d'intérêts et du processus qui a mécaniquement abouti à la procédure devant la Cour de Justice de la République.

Le garde des Sceaux, un ministre pas comme les autres

Le garde des Sceaux est à la tête d'un service public qui n'est pas comme les autres puisqu'il s'agit d'un service public à valeur constitutionnelle : le ministre de la Justice tient de la Constitution, de la loi organique ou de la loi, des compétences exclusives qui font la spécificité de son administration et qui sont précisément la contrepartie des pouvoirs particuliers confiés à l'autorité judiciaire qu'il a la charge d'administrer. Il dirige un ministère qui, plus encore que tous les autres, doit cultiver des valeurs d'indépendance, d'impartialité et de probité. Le garde des Sceaux est titulaire du pouvoir d'engager des poursuites disciplinaires contre les magistrats. Il est celui qui prononce les sanctions contre les magistrats du parquet en cas de faute disciplinaire. Il est par ailleurs le supérieur hiérarchique des magistrats du ministère public, chargé de poursuivre les infractions à la loi pénale, et il reçoit de la part des parquets généraux et des parquets des informations sur la conduite et le développement des affaires sensibles.

Le ministre de la Justice doit donc porter les valeurs de probité, d'indépendance et d'impartialité de la justice et veiller à les préserver. L'affaire Urvoas (un ancien garde des Sceaux poursuivi pour avoir transmis à un député des informations couvertes par le secret sur l'enquête le concernant), jugée par la Cour de justice de la République, a montré que la séparation des pouvoirs passe par la distinction entre les amitiés politiques, l'exigence d'impartialité et le respect du secret. Un garde des Sceaux devrait ainsi partager et incarner ce qui est l'éthique de tout magistrat, c'est-à-dire une impartialité objective et subjective, devant nécessairement le conduire, dans l'exercice de ses fonctions, à mettre entre parenthèses ses amitiés, fussent-elles les plus anciennes et les plus fidèles. Ainsi, la position spécifique du garde des Sceaux impose une éthique stricte d'abstention dans les affaires individuelles suivies par son ministère, surtout s'il y est impliqué d'une façon ou d'une autre et notamment au titre de ses fonctions antérieures, soit, dans le cas présent, celles d'avocat.

C'est pour l'ensemble de ces raisons que, plus encore que tout autre membre du gouvernement, le garde des Sceaux doit être attentif à prévenir tout conflit d'intérêts. C'est sa responsabilité propre, et non celle de ses subordonnés, de les déceler et d'y mettre fin. Éric Dupond-Moretti a ainsi signé le 7 juillet 2020 – le jour même où il recevait un courrier du syndicat de la magistrature attirant l'attention sur la situation dans laquelle il se trouvait à l'égard des magistrats du PNF – un engagement personnel comme nouveau membre du gouvernement : « Le membre du gouvernement qui estime se trouver en situation de conflit d'intérêts en informe par écrit le Premier ministre, par l'intermédiaire du secrétaire général du gouvernement, en précisant la teneur des questions pour lesquelles il estime ne pas devoir exercer ses attributions. »

Au sein de l'institution judiciaire, le choix d'Éric Dupond-Moretti par le président de la République a suscité une profonde incompréhension. La présidente du plus important syndicat de magistrats, l'Union syndicale des magistrats (USM), est allée jusqu'à dire qu'il s'agissait d'une « déclaration de guerre ». Ce n'était pas la meilleure façon d'entamer la relation et le dialogue social !

À l'étranger, ce n'est pas mieux en termes d'image, et je me rappelle encore certaines réflexions de collègues italiens dans les colloques internationaux : « Vous êtes incroyables, les Français, vous avez pris comme ministre de la Justice l'avocat de la pègre ! »

Personnellement, je ne connais pas Éric Dupond-Moretti et n'ai jamais eu l'occasion de croiser le fer avec lui dans les prétoires. Je ne le connais pas.

L'affaire des fadettes

Sitôt nommé, Éric Dupond-Moretti s'empresse de retirer la plainte qu'il avait déposée quelques jours plus tôt, le 30 juin 2020, pour « atteinte à la vie privée et violation du secret professionnel » à la suite de la consultation de ses fadettes – c'est-à-dire la liste des communications passées ou SMS envoyés à partir de son téléphone mobile – et de celles de certains de ses confrères dans une procédure judiciaire. Il s'agit de l'affaire dite « Paul Bismuth », pseudonyme utilisé par Nicolas Sarkozy pour une ligne de téléphone portable dédiée à ses conversations avec son avocat Thierry Herzog. Le Parquet national financier (PNF), qui a ouvert en mars 2014 une enquête pour violation du secret de l'instruction, cherche à identifier les informateurs qui auraient pu renseigner deux personnes, toutes deux avocats, mises en cause dans l'affaire.

À la suite du tollé suscité par l'exploitation des fadettes des avocats, qui plus est dans une enquête préliminaire qui a duré cinq ans, la ministre de la Justice Nicole Belloubet avait, le 1er juillet 2020, chargé l'Inspection générale de la Justice de faire un rapport sur le fonctionnement du PNF. Le 14 septembre en fin d'après-midi, celui-ci est remis entre les mains de

Véronique Malbec, directrice du cabinet d'Éric Dupond-Moretti.

Ce rapport souligne notamment des dysfonctionnements dans les relations entre le PNF et le parquet général de Paris dans le traitement de ce dossier, et plus précisément le fait que le PNF n'a avisé le parquet général de l'avancement de la procédure que longtemps après son ouverture. Les inspecteurs formulent un certain nombre de recommandations visant à améliorer le fonctionnement de cette institution. En revanche, l'Inspection générale de la Justice ne relève aucun manquement à caractère disciplinaire à l'encontre d'un quelconque magistrat du Parquet national financier. C'est si vrai que le rapport est anonymisé et ne comporte pas les noms des magistrats du PNF concernés. En l'état, on ne peut donc engager de poursuites disciplinaires contre ces magistrats.

Pour comprendre la situation, il faut expliquer les principes qui président à la saisine du Conseil supérieur de la magistrature au plan disciplinaire.

Selon les règles fixées par la loi organique (l'ordonnance du 22 décembre 1958), le Conseil supérieur de la magistrature est saisi par la dénonciation de faits motivant les poursuites disciplinaires que lui adresse le garde des Sceaux. Le Conseil supérieur de la magistrature ne peut donc être saisi que de manquements disciplinaires précis, imputés à un magistrat nommément désigné. Le plus souvent, ces faits sont mis en évidence dans ce que l'on appelle une enquête administrative, en réalité prédisciplinaire, diligentée par l'Inspection générale de la Justice. Or, dans le présent cas, il n'y en a pas puisque le rapport déposé la veille n'est qu'un contrôle de fonctionnement et qu'il ne caractérise aucun manquement à caractère disciplinaire contre le moindre magistrat du Parquet national financier.

Le lendemain 15 septembre, en fin de matinée, le Conseil supérieur de la magistrature remet au président de la République l'avis qu'il avait sollicité à la suite de l'enquête préliminaire ayant visé François Fillon début 2017 afin de savoir si, à cette occasion, le Parquet national financier avait pu exercer son activité en toute sérénité, sans pression, dans le cadre d'un dialogue normal et habituel avec le parquet général de Paris. À la fin de la réunion, Éric Dupond-Moretti annonce aux membres du CSM son intention de les saisir au disciplinaire dans l'affaire du parquet national financier.

Ce même jour en fin d'après-midi, la directrice de cabinet du garde des Sceaux, Véronique Malbec, me téléphone et sollicite mon avis sur une éventuelle saisine au disciplinaire du Conseil supérieur de la magistrature sur la base du rapport de l'Inspection générale dans l'affaire dite « Paul Bismuth ». Ce type de questionnement est fréquent mais il s'inscrit le plus souvent dans le cadre du dialogue institutionnel, dans le respect des compétences de chacun, qui existe régulièrement entre le Conseil et la direction des services judiciaires du ministère de la Justice.

Je lui réponds que je n'ai pas lu le rapport de l'Inspection générale, mais que je la rappellerai dès que je l'aurai fait.

Véronique Malbec est une collègue avec qui j'entretiens des relations cordiales mais très espacées. Elle a été inspectrice de la Justice, directrice des services judiciaires, procureur général à Rennes puis à Versailles, et secrétaire générale du ministère de la Justice. Après un tel parcours, elle est donc censée avoir une solide compétence et être parfaitement au fait de la situation et des textes relatifs aux poursuites disciplinaires devant le Conseil supérieur de la magistrature. J'en déduis que son appel téléphonique a pour but de connaître la position du CSM.

Le soir, chez moi, je lis le rapport de l'Inspection générale de la Justice qui ne relève effectivement aucun manquement disciplinaire à la charge des trois magistrats du Parquet national financier. Une saisine directe du CSM n'est donc pas possible en l'état. Je prends la précaution d'échanger sur ce point avec mon collègue, président suppléant de la formation parquet du Conseil, qui a lu le rapport et partage totalement mon approche. Nous sommes d'accord sur le fait qu'il faut absolument éviter que le CSM ne soit instrumentalisé et saisi directement au disciplinaire, car ce n'est pas à lui qu'il incombe de rechercher et d'articuler les griefs qui pourraient être reprochés aux trois magistrats du Parquet national financier. C'est à la Chancellerie et à elle seule de le faire, c'est sa responsabilité.

Le lendemain 16 septembre, en tout début de matinée, je rappelle donc Véronique Malbec pour lui dire qu'au vu du contenu du rapport de contrôle de fonctionnement, qui ne caractérise aucun manquement disciplinaire imputable à tel ou tel magistrat, le Conseil supérieur de la magistrature ne peut valablement être saisi en l'état, et que s'ils veulent engager des poursuites disciplinaires ils devront nécessairement passer par une enquête administrative pour caractériser les éventuelles fautes disciplinaires. Il ne s'agit en aucun cas d'un conseil de ma part ni d'une recommandation. Je ne suis le conseiller ni du garde des Sceaux, ni de sa directrice de cabinet, ni des conseillers Justice de Matignon et de l'Élysée et je ne suis pas là pour pallier leurs défaillances. Il s'agit simplement d'un rappel de la règle qui aurait dû, au demeurant, être connue de la directrice de cabinet au regard de ses compétences et de son expérience professionnelle d'ancienne directrice des services judiciaires et qui, à ce titre, a engagé et conduit de nombreuses procédures disciplinaires. Il s'agit donc d'un rappel des règles légales et des conditions qui président à la saisine du Conseil.

Ce rappel des règles laisse en réalité au ministre le libre choix de son action.

Il a trois options : passer outre à ce rappel et saisir immédiatement le Conseil supérieur de la magistrature (mais il s'expose alors à une irrecevabilité des poursuites puisqu'il n'y a aucun grief précis formulé) ; engager une enquête administrative pour caractériser des fautes disciplinaires imputables à un magistrat nommément désigné ; ou, enfin et tout simplement, ne donner aucune suite au dossier et en rester là, dans la continuation logique du contrôle de fonctionnement qui ne relève aucun manquement disciplinaire.

En réalité, la seule question qu'aurait dû se poser Éric Dupond-Moretti à ce moment-là était de savoir s'il pouvait prendre une décision dans ce dossier compte tenu de la situation dans laquelle il se trouvait.

Les poursuites disciplinaires

Deux jours plus tard, le 18 septembre, Véronique Malbec, en sa qualité de directrice de cabinet du ministre, saisit au nom de celui-ci l'Inspection générale de la Justice d'une demande d'inspection administrative, c'est-à-dire à caractère disciplinaire, concernant trois magistrats du Parquet national financier : Éliane Houlette, la procureure, ainsi qu'Ulrika Delaunay-Weiss, procureure adjointe, et Patrice Amar, vice-procureur, dont les noms se retrouvent jetés en pâture dans un communiqué de presse rendu public. Le caractère tout à fait inédit de la démarche consistant à rendre public le nom des magistrats concernés – c'est une première ! – amène le Conseil supérieur de la magistrature à réagir dans un communiqué du même jour, et à indiquer qu'il sera particulièrement vigilant et jouera pleinement le rôle qui est le sien dans la garantie de l'indépendance de l'autorité judiciaire, conformément à la Constitution.

Cette saisine de l'Inspection générale aurait normalement dû, à elle seule, conduire la Haute Autorité pour la transparence de la vie publique (HATVP), conformément à l'article 40 du Code de procédure pénale, à dénoncer au procureur général de la Cour de cassation des faits susceptibles de caractériser les éléments matériels d'un délit de prise illégale d'intérêts. Cette dénonciation, conforme aux obligations légales, aurait évité bien des difficultés par la suite et des procès d'intention. La HATVP est en effet chargée de promouvoir la probité et l'exemplarité des responsables publics. Elle exerce une veille et un contrôle ciblé des déclarations d'intérêts afin de détecter les situations dans lesquelles des intérêts publics privés peuvent interférer avec l'exercice d'un mandat ou d'une fonction. Mais la HATVP n'a pas dénoncé ces faits à l'autorité judiciaire, pas plus qu'elle n'a, avant le 7 octobre 2020, attiré l'attention du ministre sur la situation de conflit d'intérêts dans lequel il se trouvait, ni ne lui a enjoint d'y mettre fin. Il rentrait pourtant dans sa mission de se livrer à un double contrôle du risque : celui du conflit d'intérêts *stricto sensu*, et celui de la prise illégale d'intérêts. Comme l'a souligné le Conseil d'État dans une décision du 4 novembre 2020, « la loi n'appelle pas la HATVP à statuer sur le point de savoir si les éléments constitutifs de la prise illégale d'intérêts seraient effectivement réunis, mais à apprécier le risque qu'il soit évité à l'intéressé comme à l'administration d'être mis en cause ».

L'affaire Levrault

Édouard Levrault est un magistrat français qui exerce, en position de détachement auprès des autorités judiciaires monégasques, les fonctions de juge d'instruction dans la principauté. Il a été nommé pour une durée de trois ans, renouvelables sous réserve de l'accord des autorités française et monégasque. Il mène notamment une instruction dans l'affaire Bouvier-Rybolovlev mettant en cause un homme d'affaires russe et des personnalités monégasques, dont un client d'Éric Dupond-Moretti, alors avocat.

Au cours de l'été 2019, Édouard Levrault apprend que son détachement dans la principauté ne sera pas renouvelé. Il va le contester devant le Tribunal suprême monégasque, avant de saisir la Cour européenne des droits de l'homme et d'alerter le Conseil supérieur de la magistrature. S'exprimant dans l'émission *Pièces à conviction* intitulée « Scandales à Monaco » diffusée le 10 juin 2020 sur France 3, il laisse entendre que si son détachement n'a pas été renouvelé, c'est en raison de ses investigations pénales concernant M. Rybolovlev, actionnaire majoritaire et président du club de football de l'AS Monaco, et M. Haget, directeur de la police judiciaire monégasque. Dès le 12 juin, l'avocat de M. Haget, Me Éric Dupond-Moretti, réagit dans le quotidien *Monaco matin* contre le reportage de la chaîne publique, affirmant qu'il est « plein d'inexactitudes », « indigne » et « à la gloire du juge Levrault ». Il ajoute : « Être juge d'instruction, ce n'est pas être un cow-boy » et il annonce déposer une plainte contre M. Levrault et saisir le Conseil supérieur de l'audiovisuel. Le 18 juin, il demande à Mme Belloubet de saisir le Conseil supérieur de la magistrature afin qu'il statue sur les manquements disciplinaires de M. Levrault. De son côté, M. Haget dépose plainte contre M. Levrault pour violation du secret de l'instruction.

Le 31 juillet, trois semaines après la nomination d'Éric Dupond-Moretti comme garde des Sceaux, sa directrice de cabinet, Véronique Malbec, saisit l'inspection générale de la Justice d'une demande d'enquête administrative concernant M. Levrault.

La tribune dans Le Monde

Le dimanche 20 septembre 2020, *Le Parisien* annonce dans un entrefilet que le garde des Sceaux fera des annonces importantes le lendemain au sujet de l'École nationale de la magistrature.

Le 21 septembre, vers 10 heures, alors que je suis dans mon bureau à la Cour de cassation, ma secrétaire me passe au téléphone le garde des Sceaux qui souhaite me parler. Il m'indique, en ma qualité de vice-président du conseil d'administration de l'École nationale de la magistrature, qu'il va annoncer à 11 heures la nomination du nouveau directeur qu'il a choisi pour diriger l'École. Je le remercie de son appel et lui demande l'identité de celui-ci. Il me répond, sur un ton badin : « Suspense, vous le saurez en écoutant ma conférence de presse dans une heure ! » La conversation en reste là, de manière assez peu conforme aux usages…

En fin de matinée, le suspense est levé : Nathalie Roret, avocate et vice-bâtonnière du barreau de Paris, est nommée à la tête de l'ENM. La personnalité et les compétences de cette dernière ne suscitent aucun débat ; en revanche, les propos hostiles et peu amènes que le ministre va tenir sur l'École dont il fustige les « traditions surannées », ainsi que ses déclarations d'intention vécues par beaucoup comme provocatrices sur son supposé « corporatisme et sa tentation du vase clos et de l'entre-soi » vont mettre le feu aux poudres.

Des propos qui nous conduisent quelques jours plus tard, la première présidente de la Cour de cassation Chantal Arens et moi-même, à nous exprimer dans une tribune publiée le 28 septembre dans *Le Monde*. Il n'est pas question de faire un quelconque procès d'intention au ministre sur le choix de Nathalie Roret, même si le choix d'un magistrat m'aurait paru plus approprié pour diriger une école formant des magistrats. Il s'agit pour nous de défendre l'École nationale de la magistrature. Éric Dupond-Moretti a eu des mots qui ne rendent pas justice à la qualité de la formation qui y est dispensée et aux réformes qui y ont été engagées. On peut certes toujours s'améliorer, mais la qualité de la formation de l'ENM est là, et elle est partout reconnue, y compris à l'international. L'École a su s'ouvrir et élargir son champ de recrutement en mettant en place des classes préparatoires pour les étudiants boursiers et en accueillant des élèves issus d'autres filières. Aujourd'hui, la moitié des auditeurs de justice, les élèves magistrats, ont exercé une activité professionnelle antérieure.

Dans cette tribune, nous nous inquiétons également de la situation dans laquelle se trouve l'institution judiciaire. « Les magistrats sont aujourd'hui légitimement inquiets de la situation inédite dans laquelle l'institution judiciaire se trouve, depuis que le garde des Sceaux, autorité de décision des sanctions disciplinaires à l'égard des membres du parquet après avis du CSM, a saisi l'Inspection générale de la Justice d'une enquête contre trois magistrats du PNF chargés d'une procédure qui l'avait concerné. Le conflit d'intérêts que sous-tend cette situation ne peut qu'alerter. Il est de la responsabilité du garde des Sceaux, garant de l'indépendance et des conditions d'impartialité, de dignité et de sérénité dans lesquelles la Justice doit être rendue, de veiller à préserver l'institution judiciaire de toute forme de déstabilisation. »

Pour certains, en signant cette tribune, je serais celui par qui tout est arrivé : quelle curieuse inversion des rôles et des responsabilités ! N'était-ce pas plutôt à Éric Dupond-Moretti de satisfaire à ces obligations de détection et de signalement de ses conflits d'intérêts au regard de la situation dans laquelle il se trouvait vis-à-vis de M. Levraut et des magistrats du PNF ? S'il l'avait fait, rien ne serait arrivé.

En dénonçant cette situation avec Chantal Arens, nous sommes dans notre rôle puisque, chefs de la Cour de cassation et présidents des formations du siège et du parquet du Conseil supérieur de la magistrature, nous avons une responsabilité : celle d'assister le président de la République dans sa mission constitutionnelle de garantir l'indépendance de la Justice. Nous sommes dans notre rôle, et ne pas le faire aurait constitué une véritable lâcheté. Nous attirons l'attention sur un problème patent, qui ne nous paraît pas traité. Nous en appelons à la conscience publique et aux acteurs publics et notamment la HATVP qui a des compétences à exercer en la matière et qu'on n'entend pas à ce stade.

Quelques jours plus tard, nous sommes convoqués, Chantal Arens et moi, par le ministre place Vendôme. L'entretien a pour objet officiel de nous annoncer le contenu du projet de loi qu'il prépare et qui prévoit, notamment, l'enregistrement et la diffusion à la télévision et sur Internet des audiences. L'ambiance est glaciale. Il nous demande notre avis. Je lui indique que je partage son initiative : dès lors qu'ils sont entourés de garanties suffisantes, l'enregistrement des audiences et leur diffusion au grand public peuvent contribuer à mieux faire connaître et comprendre la Justice à nos concitoyens. Puis il en vient rapidement à ce qui, sans doute, était le véritable objet de notre convocation : il nous reproche d'avoir manqué à notre obligation de réserve en publiant notre tribune. Ce que je conteste : en peu de mots, j'explique que nous étions dans notre rôle ; nous avons défendu l'institution judiciaire et l'École nationale de la magistrature dans le cadre d'un débat public. Je maintiens ma position et ne m'étends pas en justifications.

Les décrets de déport

Le 23 octobre, un décret de déport confiant au Premier ministre un certain nombre d'attributions relevant normalement du garde des Sceaux est publié au *Journal officiel.* Il objective en tout point le conflit d'intérêts que nous évoquions dans la tribune du *Monde*, et confirme qu'il était bien réel. Ce décret de déport précise ainsi, que le garde des Sceaux Éric Dupond-Moretti n'aura pas connaissance des actes relatifs à la mise en cause de magistrats dans les affaires impliquant des parties dont il a été l'avocat ou concernant des personnes ayant engagé des actions judiciaires contre lui en sa qualité de ministre ou d'avocat.

Mais une fois ce décret promulgué, l'autre question que l'on peut se poser est celle de leur régularité. Comment un simple décret du Premier ministre peut-il retirer au garde des Sceaux des pouvoirs disciplinaires qui lui ont été spécifiquement confiés par une loi organique [1] ?

Comme l'a rappelé le professeur de droit constitutionnel Dominique Rousseau, le Conseil constitutionnel, dans une décision du 20 janvier 1972, a jugé qu'une compétence attribuée par une loi organique ne pouvait être déléguée. Et il s'agit là d'une question essentielle, constitutive de la garantie du principe d'indépendance de la magistrature et qui relève pour cette raison du seul domaine de la loi organique. Or une loi ordinaire, et encore moins un simple décret, ne peuvent intervenir dans le domaine de la loi organique.

Ce décret de déport a pourtant été suivi d'un deuxième dans un dossier encore plus sensible : l'assassinat du préfet Érignac par l'indépendantiste Yvan Colonna dont Éric Dupond-Moretti a été l'un des avocats. Deux autres membres du commando souhaitant purger leur peine en Corse, il fallait que leur soit préalablement retiré le statut de « détenu particulièrement surveillé ». Or cette décision relève directement des services du garde des Sceaux et l'on voit mal, là encore, comment Éric Dupond-Moretti aurait pu la prendre sans entrer en conflit d'intérêts. Un deuxième décret de déport est donc intervenu le 17 décembre

1. Une loi organique est une loi qui, dans la hiérarchie des normes, se trouve au-dessus d'une loi ordinaire. Lorsqu'elle a été adoptée par le Parlement, elle est obligatoirement soumise au Conseil constitutionnel qui contrôle sa conformité à la Constitution. L'article 64 de notre Constitution prévoit que le statut des magistrats est déterminé par une loi organique. La loi organique confie au garde des Sceaux le pouvoir disciplinaire à l'égard des magistrats.

2020, qui étend les incompatibilités du garde des Sceaux à tous les actes relatifs aux conditions d'exécution des peines et du régime pénitentiaire des personnes qui ont été condamnées dans des affaires dont il a eu à connaître en sa qualité d'avocat.

La mise en examen du garde des Sceaux

Au cours de l'automne 2020, plusieurs plaintes vont être adressées à la commission des requêtes de la Cour de justice et au procureur général de la Cour de cassation. Contrairement au discours convenu qui voudrait laisser croire qu'il s'agit d'un règlement de comptes de la part des magistrats contre leur ministre, elles n'émanent pas toutes de syndicats de magistrats.

Le 28 septembre, un ancien élu grenoblois adresse un signalement à la commission des requêtes de la Cour de justice de la République. Le 6 octobre, c'est au tour de l'association Anticor d'adresser à la commission des requêtes une plainte pour prise illégale d'intérêts. Le 8 octobre, c'est Ugo Bernalicis, député LFI, qui m'adresse un signalement, suivi par le syndicat Unité magistrats SNM-FO. Enfin, le 16 décembre, le Syndicat de la magistrature et l'Union syndicale des magistrats déposent à la commission des requêtes une plainte commune contre le ministre pour prise illégale d'intérêts et m'en adressent une copie.

Il est donc mensonger de prétendre que seuls des syndicats de magistrats ont déposé plainte contre leur ministre. Au total, il y a six plaintes et signalements : les trois premiers émanent de personnes tout à fait étrangères à l'institution judiciaire, et la seconde moitié provient des syndicats de magistrats.

La commission des requêtes est ainsi saisie d'une plainte et d'un signalement qui lui ont été directement adressés. Les autres m'ont été adressés en ma qualité de procureur général et si je ne les classe pas sans suite, la loi m'impose de les transmettre à la commission des requêtes afin qu'elle décide de la suite à leur donner. Je transmets donc dans un premier temps les signalements de M. Bernalicis et d'Unité magistrats SNM-FO en concluant à la saisine de la commission d'instruction. Je donne aussi un avis favorable à la saisine de la commission d'instruction concernant les signalements adressés par l'ancien élu grenoblois et Anticor. Je transmets ensuite, le 21 décembre, avec le même avis favorable, la plainte commune de l'USM et du Syndicat de la magistrature. Je signe personnellement ces avis. C'est le dernier acte que je signerai dans la procédure, tous les autres seront signés par mon avocat général Philippe Lagauche.

Dans le dispositif institutionnel de la Cour de justice de la République, la commission des requêtes fait office de filtre. Rien ne peut se faire sans elle. Elle est composée de trois magistrats de la Cour de cassation, de deux conseillers d'État et de deux conseillers à la Cour des comptes. Les magistrats judiciaires n'y sont donc pas majoritaires. C'est à cette commission des requêtes qu'il revient de statuer sur la recevabilité des plaintes et de décider de la saisine de la commission d'instruction de la Cour de justice de la République par le procureur général de la Cour de cassation.

Le 8 janvier 2021, la commission des requêtes de la Cour de justice de la République décide que les signalements de l'élu grenoblois et de M. Bernalicis sont irrecevables.

En revanche, elle me transmet, aux fins de saisine de la commission d'instruction des chefs de prise illégale d'intérêts contre Éric Dupond-Moretti, les plaintes de l'association Anticor, du Syndicat de la magistrature et de l'Union syndicale des magistrats. De même, elle rend un avis favorable en ce qui concerne la plainte du syndicat SNM FO que je lui avais transmise. Dans ce cas, je suis en situation de compétence liée et suis tenu, de par la loi et sans aucune possibilité d'appréciation, d'ouvrir une information judiciaire devant la commission d'instruction, dans les termes retenus par la commission des requêtes, du chef de prise illégale d'intérêts. L'engagement de l'action publique est en réalité décidé par la commission des requêtes qui en a seule le pouvoir, et non par moi. C'est la stricte application de la loi organique du 23 novembre 1993.

Ce n'est donc pas moi qui décide d'engager l'action publique, c'est-à-dire les poursuites pénales contre Éric Dupond-Moretti : c'est la commission des requêtes. Et affirmer l'inverse serait une déformation de la réalité procédurale.

Le 13 janvier 2021, le parquet général requiert, sous la signature de mon avocat général Philippe Lagauche, l'ouverture d'une information contre Éric Dupond-Moretti, des chefs de prise illégale d'intérêts visant les affaires du Parquet national financier et l'affaire Levrault. Il est reproché au garde des Sceaux d'avoir abusé de ses fonctions ministérielles pour régler des conflits personnels antérieurs.

Mis en examen par les juges de la commission d'instruction le 13 juillet 2021, Éric Dupond-Moretti va multiplier les moyens de procédure via différents recours et pourvois devant la Cour de cassation, pour se défendre et contester sa mise en examen. Mais surtout, il s'en prend à l'impartialité des magistrats du parquet général, puis à celle des juges de la commission d'instruction, en demandant à plusieurs reprises la récusation de ces derniers. Il plaide le procès politique et syndical en expliquant que les juges le refusent comme garde des Sceaux et mettent en cause sa légitimité alors qu'il la tient du président de la République.

Il est vrai que la loi lui donne, comme à tout citoyen, la liberté de se défendre comme il l'entend. Le problème est qu'il est aussi garde des Sceaux et qu'en mettant en cause et en discréditant les magistrats chargés de le poursuivre et de le juger il prend le risque de déstabiliser l'institution judiciaire qu'il représente, et dont il est chargé d'assurer le fonctionnement et de garantir l'indépendance.

Convoqué le 3 mars 2022 devant les juges d'instruction pour être interrogé, il refuse de répondre aux questions des juges de la commission d'instruction et se contente d'une déclaration qu'il va rendre publique quelques instants plus tard et qui sera mise en ligne sur le site du journal *L'Opinion*. Il y affirme que leur « détermination [ne vise] pas à faire la vérité sur des allégations que vous avez d'emblée tenues pour acquises, mais à salir la réputation d'un ancien avocat dont vous alimentez le seul procès qui vous intéresse, celui de son illégitimité à occuper les fonctions de garde des Sceaux ». Ce comportement conduira Chantal Arens, première présidente de la Cour de cassation, à le rappeler sévèrement à ses devoirs élémentaires par un communiqué lapidaire du 4 mars 2022, dans lequel elle indique que « l'indépendance de l'autorité judiciaire est garantie par la Constitution et [que] les juges d'instruction conduisent leur mission de manière collégiale, en toute indépendance et dans le respect du droit ». Elle y précise qu'elle regrette fortement les propos tenus par le garde des Sceaux dont la mission est de garantir l'indépendance de la Justice. « En mettant en cause l'honneur des magistrats instructeurs, ce dernier [Éric Dupond-Moretti] contribue à fragiliser l'autorité judiciaire, pilier de l'État de droit. »

Le 15 avril 2022, estimant les investigations terminées, la commission d'instruction communique le dossier au parquet général qui doit rendre obligatoirement un réquisitoire définitif dans un délai de trois mois, soit avant le 14 juillet 2022, donc dans une période hautement sensible qui va voir se succéder l'élection présidentielle, puis la composition du gouvernement, et enfin les élections législatives.

Schizophrénie et conflit d'intérêts

J'hésite longuement sur le moment le plus opportun pour le dépôt des réquisitions du parquet général. Avant la présidentielle ? Entre l'élection présidentielle et les législatives, entre la composition du gouvernement et les législatives ? Ou après ? Je comprends rapidement que, quelle que soit la solution que j'adopterai, elle sera en tout état de cause critiquée et interprétée, soit comme une pression de ma part sur nos responsables politiques, soit comme un manque de courage qui aurait consisté à différer le plus tard possible le dépôt des réquisitions.

Le réquisitoire définitif est finalement déposé le 9 mai 2022, donc après l'élection présidentielle mais avant la formation du gouvernement. Contrairement aux procès d'intention qui m'ont été faits, il n'y avait là aucune volonté de faire pression sur le président de la République dans le but d'éviter le renouvellement d'Éric Dupond-Moretti dans ses fonctions de garde des Sceaux, bien au contraire. Nous avions alors deux dossiers qui nous avaient été communiqués par la commission d'instruction pour les régler, c'est-à-dire en faire une synthèse et prendre nos réquisitions, soit de renvoi devant la CJR, soit de non-lieu : le dossier Dupond-Moretti, mis en examen pour prise illégale d'intérêts, et le dossier Woerth, député et président de la commission des finances de l'Assemblée nationale, mis en examen pour concussion en raison des incidences fiscales de l'arbitrage Tapie alors qu'il était ministre du Budget. Il était reproché au ministre d'avoir fait un cadeau fiscal à Bernard Tapie dans le cadre de l'arbitrage rendu en 2008. Éric Woerth venait d'annoncer qu'il soutenait la candidature d'Emmanuel Macron. Dans le premier dossier, nous étions favorables au renvoi devant la Cour de justice de la République ; dans le second, nous préconisions le non-lieu. Nous avons donc déposé nos réquisitions dans les deux affaires à quelques jours d'intervalle, et l'avons fait savoir, chaque fois, par un communiqué de presse. J'assume ce choix, qui participait simplement d'une volonté de transparence quant aux perspectives de ces deux procédures judiciaires.

Le 3 octobre 2022, la commission d'instruction déclare qu'il existe contre Éric Dupond-Moretti « des charges suffisantes d'avoir commis » les délits de prise illégale d'intérêts dans les dossiers Levrault, Houlette et Amar, et ordonne son renvoi devant la formation de jugement de la Cour de justice de la République. Éric Dupond-Moretti forme immédiatement un pourvoi en cassation contre cette décision, qui a été examiné par l'assemblée plénière de la Cour de cassation le 28 juillet 2023. Incidemment, Éric Dupond-Moretti dépose aussi une question prioritaire de constitutionnalité (QPC). Il estime en effet que la perquisition effectuée par la commission d'instruction dans son bureau place Vendôme constitue une atteinte à la séparation des pouvoirs et que, en ne prévoyant pas de garanties suffisantes protégeant les prérogatives du pouvoir exécutif, les dispositions concernées du Code de procédure pénale sont inconstitutionnelles.

Cette QPC a été rejetée comme non fondée par le Conseil constitutionnel après un exercice institutionnel que l'on pourrait qualifier de schizophrénique et qui a vu le gouvernement, par la voie de son secrétariat général (le SGG), prendre parti contre l'un de ses ministres et conclure au mal-fondé de la QPC. Situation pour le moins compliquée ! Pour sauver les apparences et éviter de montrer lors d'une audience au Conseil constitutionnel, ouverte au public et à la presse, retransmise sur le site internet du Conseil, que le gouvernement ne soutenait pas l'argumentation développée par le garde des

Sceaux, le représentant du SGG n'a pas développé à l'oral son raisonnement, s'en remettant à ses observations écrites. Lorsqu'à l'audience une question lui a été posée par l'un des membres du Conseil constitutionnel, il n'a pas davantage répondu, renvoyant à ses écrits.

Dans le même temps, le Conseil supérieur de la magistrature rend ses décisions le 15 septembre et le 19 octobre 2022 à la suite des poursuites disciplinaires engagées contre M. Levrault, Mme Houlette et M. Amar, et après des audiences au cours desquelles le directeur des services judiciaires avait conclu à l'existence de fautes disciplinaires mais n'avait requis aucune sanction à l'encontre des magistrats. Infligeant un triple camouflet au garde des Sceaux, le Conseil met hors de cause ces trois magistrats en ne retenant aucun grief disciplinaire contre eux. Et dans chacune de ses décisions, le Conseil souligne très clairement qu'en ordonnant une enquête administrative contre ces magistrats, par l'intermédiaire de sa directrice de cabinet, après avoir déposé une plainte et après avoir dénoncé publiquement les méthodes de ces magistrats, Éric Dupond-Moretti s'est trouvé dans une situation objective de conflit d'intérêts dans chacune de ces affaires. Un jugement lourd de sens car émanant de l'instance chargée par notre Constitution d'assister le président de la République dans sa mission de garant de l'indépendance de la Justice.

Le Conseil supérieur de la magistrature a aussi rappelé, à l'occasion de l'affaire Levrault, que les magistrats, comme tout citoyen, disposent de la liberté d'expression, mais que cette liberté doit être conciliée avec leur devoir de réserve. « S'ils peuvent faire connaître leur opinion, ils doivent toutefois s'exprimer avec réserve et doivent s'exprimer de façon mesurée afin de ne pas compromettre l'image d'impartialité et de neutralité indispensable à la confiance du public. » Cependant, cette obligation de réserve ne saurait servir à réduire un magistrat au silence ou au conformisme. La portée de cette obligation de réserve doit s'apprécier au regard de la jurisprudence de la Cour européenne des droits de l'homme, qui a élaboré plusieurs critères : l'intérêt général du débat en cause, l'absence de divulgation d'informations secrètes, l'absence d'intentions cachées du magistrat et l'objectivité du propos. L'obligation de réserve ne saurait donc servir à réduire un magistrat au silence ou au conformisme dès lors qu'il s'exprime de façon non outrancière et sans divulguer d'informations secrètes. C'était bien le cas des propos que nous avons tenus avec Chantal Arens dans la tribune du *Monde* et qui, contrairement à certaines accusations, ne constituaient en rien un manquement au devoir de réserve, s'inscrivant au contraire dans un débat d'intérêt général sur la situation de la Justice et sur la formation délivrée à l'École nationale de la magistrature dont nous présidions le Conseil d'administration.

Bienvenue en Absurdie

La reconduction d'Éric Dupond-Moretti comme garde des Sceaux en juillet 2022 a suscité la surprise et l'incompréhension, et, surtout, créé le risque d'une nouvelle crise institutionnelle. Chargé des fonctions de garde des Sceaux et des éventuelles réformes constitutionnelles comme celle de supprimer la Cour de justice de la République, Éric Dupond-Moretti était aussi censé proposer le nom de celui ou celle qui allait me succéder et qui, de fait, serait son accusateur devant la Cour de justice de la République s'il était renvoyé devant elle pour être jugé.

Un nouveau décret de déport est donc intervenu le 15 février 2023 dans cet interminable feuilleton. Ce décret met le garde des Sceaux en retrait de tout dossier lié à la carrière ou au statut d'un magistrat participant aux procédures dans lesquelles il est mis en cause comme ministre ou comme avocat. Ce qui amène à une autre invraisemblance de la situation : le garde des Sceaux ne peut plus signer le décret de ma mise à la retraite, et c'est ainsi la Première ministre qui le signera !

Pour autant, ce décret de déport ne règle pas toutes les difficultés. En termes de fonctionnement de notre démocratie, la situation est quoi qu'il en soit inédite et peu glorieuse, puisque la Première ministre a choisi mon successeur, qui, quelques mois plus tard, serait chargé de requérir contre un ministre membre de son gouvernement. Le gouvernement a bien conscience de la difficulté puisque Éric Dupond-Moretti n'a pas assisté, le 8 septembre 2023, à l'audience solennelle tenue à la Cour de cassation, au cours de laquelle a été installé dans ses fonctions de procureur général près la Cour de cassation Rémy Heitz, aux qualités personnelles et professionnelles éminentes, qui m'avait déjà succédé à la tête du parquet de Paris.

La France doit être la seule démocratie au monde où est maintenu au gouvernement un ministre de la Justice renvoyé devant la plus haute juridiction de la République afin d'être jugé pour une infraction constituant une atteinte à la probité, commise dans l'exercice de ses fonctions, et pour une atteinte à l'indépendance de la Justice, principe cardinal de l'État de droit dont il est pourtant le dépositaire, et le président de la République le garant. Il était naturellement présumé innocent mais notre démocratie mérite certainement mieux que ces pratiques d'un autre temps.

La République exemplaire

Cette situation pose problème au regard de « la République exemplaire ». Dans un pays miné par une crise de défiance envers les institutions, elle rompt avec une continuité politique qui s'était traduite par l'adoption de textes de loi importants. Ainsi la loi du 11 octobre 2013 relative à la transparence de la vie publique, adoptée à la suite de l'affaire Cahuzac, reposait sur ces fondements. Son exposé des motifs indiquait que ce projet s'inscrivait « au cœur de l'engagement du président de la République de promouvoir une République exemplaire et de rénovation de la vie publique » et rappelait « les principes fondamentaux de dignité et d'impartialité qui doivent guider l'action des membres du gouvernement comme des personnes désignées par le suffrage universel pour exercer un mandat local ».

Plus près de nous, les mêmes références éthiques ressurgissent dans la loi du 15 septembre 2017 pour la confiance dans la vie politique. Le projet s'intitulait initialement « loi sur la moralisation de la vie politique » avant d'être rebaptisé. Comme le rappelait l'exposé des motifs du projet de loi présenté par le garde des Sceaux François Bayrou, « les premières lois du quinquennat doivent viser à moraliser la vie publique. La transparence à l'égard des citoyens, la probité des élus, l'exemplarité de leur comportement constituent des exigences démocratiques » et « contribuent à renforcer le lien qui existe entre les citoyens et leurs représentants comme elles doivent affermir les fondements de notre contrat social ».

Comme tout citoyen poursuivi devant une juridiction pénale, Éric Dupond-Moretti a bénéficié de la présomption d'innocence, mais le problème n'est pas là. Car s'il s'agit d'un principe fondamental du droit pénal, garanti par la Constitution et essentiel à l'État de droit, il ne s'applique qu'à l'égard de la personne. Or, une décision renvoyant un ministre en exercice devant la plus haute juridiction de la République pour une infraction constitutive, si elle devait être reconnue comme établie, d'un abus de fonction affecte gravement la fonction ministérielle car elle est susceptible d'en affecter la dignité. Cela pose question : le sens de l'exercice du pouvoir ne devrait-il pas être de servir et non de se maintenir ?

Cette situation a également été porteuse d'une crise institutionnelle et de nombreux blocages institutionnels. Comme l'avait souligné la première présidente Chantal Arens le 3 mars 2022, les déclarations du garde des Sceaux et son système de défense devant la Cour de justice de la République ont contribué à fragiliser et à déstabiliser l'institution judiciaire. Cette situation a nui au dialogue social, en panne dès la publication de notre tribune dans *Le Monde*. Elle a créé un blocage institutionnel entre le ministère de la Justice et le Conseil supérieur de la magistrature qui, de juillet 2020 à l'été 2022, n'a pas eu le moindre contact avec le garde des Sceaux ni avec son cabinet.

Elle a enfin créé un blocage institutionnel avec les chefs de la Cour de cassation. Nous n'avons plus eu aucune relation institutionnelle avec le ministre ou son cabinet depuis octobre 2020, pas même pour évoquer les projets de réforme que porte la Cour de cassation, et tout particulièrement celui de son parquet général pour une reconnaissance dans les textes de l'indépendance de l'avocat général devant la Cour. Ce projet, pourtant porté par la Cour et soutenu par l'ordre des avocats au Conseil d'État et à la Cour de cassation, a été transmis au ministre qui, sans jamais fournir le moindre argument de fond, ne l'a pas retenu.

« C'est scandaleux ! »

Enfin, à l'issue de l'audience de rentrée de la Cour de cassation le 10 janvier 2022, au cours de laquelle j'ai dénoncé la situation de notre justice ainsi que les promesses non tenues de la classe politique depuis plus de vingt ans concernant le renforcement des garanties statutaires d'indépendance du parquet, le ministre, en présence des plus hautes autorités de l'État, a perdu le contrôle de ses nerfs, se livrant à des commentaires à l'emporte-pièce, et a dénoncé mes propos, les qualifiant de « scandaleux ».

Après l'audience, il vient me voir dans la chambre du conseil où il est d'usage de signer le livre d'or et de rencontrer les chefs de la Cour, et me lance :

« Je ne savais pas que vous dirigiez la politique pénale de ce pays ! »

Je ne réponds pas. C'est la première fois qu'un ministre de la Justice adopte un tel comportement dans les murs de la Cour de cassation à l'issue d'une audience solennelle.

Je n'aurai plus de relations institutionnelles avec Éric Dupond-Moretti pendant les dix-huit mois qui suivent, en dehors de quelques réunions au ministère, au cours de l'été 2022, à la suite du dépôt du rapport du comité des états généraux et des nombreuses et novatrices propositions qu'il formulait et dont, au demeurant, seules quelques-unes ont été reprises par le ministère dans son plan d'action et notamment dans les deux projets de loi déposés en 2022 et qui ont été adoptés par le parlement et publiés le 20 novembre 2023.

Il ne s'agit pas ici d'ignorer les efforts budgétaires importants qui ont été décidés et qui porteront le budget du ministère de la Justice à 11 milliards en 2027. Il convient bien sûr de s'en féliciter, mais il est aussi à craindre que, faute de toutes les réformes systémiques qu'appelait de ses vœux le comité des états généraux, les moyens nouveaux ne règlent pas l'ensemble des problèmes de fond que nous avions dénoncés.

En ce qui me concerne, dans l'exercice de mes fonctions de procureur général, j'ai fait mon devoir de magistrat du parquet. J'ai agi en conscience, conformément à mon statut, dans le respect de mon serment et conformément à la loi. J'ai défendu l'institution judiciaire et l'École nationale de la magistrature chaque fois que je devais le faire. Mais j'ai le sentiment d'avoir, tout au long de ces trois dernières années, payé chèrement l'exercice de ma mission et ma liberté de parole.

Par arrêt du 19 novembre 2023, La Cour de justice de la République a relaxé Éric Dupond-Moretti. Elle a considéré que si les éléments matériels du délit de prise illégale d'intérêts qui lui était reproché étaient bien constitués, l'élément intentionnel faisait défaut.

La Cour de cassation

Novembre 2018. Me voilà donc procureur général près la Cour de cassation. C'est le plus haut poste du parquet au sein de la magistrature. Pas vraiment celui dont je rêvais, cependant, moi qui portais haut et fort le projet d'un parquet général antiterroriste qui n'a pas été retenu dans les contours que j'avais préconisés.

Cela s'est joué un jour de juin 2018, lorsque Nicole Belloubet, ministre de la Justice, me fait venir dans son bureau : « François, me dit-elle, je pense que vous êtes le plus indiqué pour occuper ce poste prestigieux. »

Alors j'accepte. Je n'ai de toute façon pas le choix : pour ma dernière affectation avant la retraite, je n'ai pas demandé de postes de procureur général dans une grande cour d'appel car la fonction ne m'intéresse pas. Donc, soit je deviens procureur général de la Cour de cassation, soit j'y reviens comme simple avocat général.

Me voilà donc nommé, et installé, au cours d'une audience solennelle, avec une robe de cérémonie de plusieurs kilos sur les épaules. J'ai un magnifique bureau au deuxième étage, à double porte battante, entouré d'une bibliothèque de livres anciens, avec vue sur la Seine, rive droite. La Cour de cassation a beau être la plus haute juridiction de notre pays, certains commentaires peu amènes la comparent au « cimetière des éléphants », alourdie par ses usages surannés et son rythme de sénateur. Un ancien magistrat y ayant travaillé la décrivait dans les années 1950 comme « une maison sans joie où plus les magistrats vieillissent, plus ils deviennent experts en l'art de dire le droit ». Il poursuivait : « La maison possède un procureur général. Il n'est pas de magistrat moins nécessaire et, s'il ne se livre à des travaux personnels, plus désœuvré. À quoi sert-il ? À peu de choses, pour ne pas dire à rien. Les avocats généraux suffisent, ils ont une autonomie et une indépendance auxquels nul ne songe à porter atteinte. Au fond, le procureur général près la Cour de cassation est le moins occupé de France [1]. » Je vais m'appliquer à démentir ses propos.

Composée de juristes de très haut niveau, la Cour est le temple du droit. Elle a pour mission de vérifier que les tribunaux et les cours d'appel de l'ordre judiciaire ont correctement appliqué la loi. Elle assure l'unité et la cohérence de la jurisprudence des cours et des tribunaux. En fin de compte, c'est un laboratoire de réflexion permanente.

L'actualité va se charger de me prouver que ma vie ici sera loin d'être un long fleuve tranquille, d'autant que je cumule plusieurs fonctions : procureur général près la Cour de cassation, président de la formation du Conseil supérieur de la magistrature compétente pour les magistrats du parquet, chargé de donner un avis sur

1. Pierre Bouchardon, *Le Magistrat*, Hachette Livre BNF, 2022, p. 416 et 421.

les projets de nomination des magistrats du parquet et les poursuites disciplinaires engagées contre eux, procureur général devant la Cour de justice de la République compétente pour les ministres ayant commis des infractions en relation avec leur fonction, et enfin vice-président du conseil d'administration de l'École nationale de la magistrature.

Je devrais avoir de quoi faire...

Un autre monde

Je prends officiellement mes fonctions le 16 novembre 2018. Les premiers jours sont difficiles, et ils vont s'étirer durant des semaines, voire plusieurs mois. Après sept ans au parquet de Paris, je ressens comme un vide, la sensation de ne plus être dans le tourbillon de l'action. Mon téléphone ne sonne quasiment plus et, par réflexe, je le consulte sans arrêt pour vérifier que je n'ai pas loupé d'appels. Moi qui recevais des dizaines de mails et de coups de fil chaque jour, au point de devoir me faire des post-it pour penser à répondre à telle ou telle demande, j'expérimente la décélération, et je prends la nouvelle habitude de m'envoyer des mails à moi-même pour me rappeler les tâches en souffrance.

Là où je suis, jamais rien n'est vraiment urgent. Je comprends rapidement que le fonctionnement classique d'un parquet, où le procureur tient le rôle de premier de cordée, imprimant son rythme et sa marque dynamique, n'a pas cours dans les ors de ce palais. Le procureur général dirige un parquet général de 57 avocats généraux sur lesquels il n'a aucune autorité hiérarchique et qui sont totalement libres et indépendants lorsqu'ils rendent leurs avis sur les pourvois soumis à la Cour. Alors oui, la question peut se poser : à quoi vais-je servir ?

Il me faut apprivoiser les usages, découvrir les paroisses et, surtout, ne brusquer personne. À commencer par le premier président, Bertrand Louvel, mon *alter ego* côté siège. Sous son mandat, à la suite d'un conflit interne récurrent sur le rôle des avocats généraux et leur association aux travaux de la Cour, le rôle du parquet général est resté relativement circonscrit.

En 2001, le bureau de la Cour de cassation, organe décisionnel de cette juridiction, prenant appui sur la jurisprudence de la Cour européenne des droits de l'homme issue de l'arrêt « Reinhardt et Slimane Kaïd » du 31 mars 1998, dont il a fait une interprétation stricte et sans doute excessive, a radicalement modifié les modalités pluriséculaires d'intervention du parquet général de la Cour de cassation. Il a en effet privé ses magistrats, non seulement de tout accès aux délibérés de la chambre, mais également de toute participation à la conférence préparatoire à l'audience, qui permet de faire le point entre magistrats sur les problèmes juridiques posés dans chaque dossier, ainsi que de la communication de la note du rapporteur dans laquelle celui-ci fait connaître son avis sur le pourvoi examiné.

À la suite de cet arrêt condamnant ces pratiques associant le parquet général aux travaux de la Cour au motif qu'elles seraient contraires au principe de l'égalité des armes entre les parties, l'avocat général a été évincé, du jour au lendemain, de la conférence et du délibéré, ce qui complique considérablement son travail et le prive d'une fine compréhension du sens des décisions et de l'évolution de la jurisprudence.

Le changement à petits pas

Dès ma prise de fonctions je fais comprendre au premier président que je ne reprendrai pas le combat de mon prédécesseur visant à obtenir le retour de l'avocat général à la conférence et au délibéré. Je suis conscient que je n'aurais aucune chance de gagner ce combat et souhaite apaiser les relations entre le siège et le parquet général. Mais pour autant je ne compte pas rester « cornérisé » dans un second rôle et j'ai la volonté de valoriser le rôle du parquet général.

Très vite, je me rends compte qu'il faut réinsuffler de la vie au sein du parquet général : avec l'aide de ma secrétaire générale Audrey Prodhomme, de mon cabinet et des premiers avocats généraux, je vais m'attacher à recréer des espaces d'échange et de discussion entre les avocats généraux, habitués à une grande indépendance, voire à un certain cloisonnement, dans leur travail quotidien. Or le collectif constitue l'un des fondements de mon organisation de travail, et je demeure persuadé que loin de nuire à l'indépendance de chacun il alimente la réflexion commune, l'intelligence collective et, de fait, la cohérence des avis rendus. Et je m'aperçois rapidement que l'on peut ici, sur un même dossier, aboutir à autant d'avis qu'il y a d'avocats généraux, ce qui peut donner l'image d'une certaine confusion et nuire à la cohérence de notre action. Je vais donc œuvrer pour poursuivre le travail engagé par mes prédécesseurs, Jean-Louis Nadal et Jean-Claude

Marin, afin que le parquet général devienne encore davantage une vraie « fenêtre sur l'extérieur ». C'est dans cette optique que je vais organiser et animer des échanges réguliers sur des contentieux émergents, concernant des sujets comme la gestation pour autrui, la procréation médicalement assistée, la filiation adoptive, les ordonnances Macron sur l'indemnité de licenciement, les questions nouvelles posées par l'activité de Airbnb, la réparation du préjudice d'anxiété lié à l'exposition à l'amiante, l'*open data* et autres, qui nécessitent une réflexion commune. Les échanges ont lieu sous la forme de réunions, mais aussi de petits-déjeuners auxquels sont conviées des personnalités extérieures, la ligne directrice de tout cela étant le souci de favoriser le débat et la réflexion collective.

J'avance à petits pas, car il faut bien le dire, dans cette institution centenaire, personne n'aime les révolutions. Je multiplie aussi les contacts avec l'université, à Paris comme en province, en n'oubliant pas les petites universités, et enfin je réfléchis aux moyens de mieux faire connaître l'action du parquet général auprès du grand public. Je vais même lancer un compte Twitter, @francois_molins, et contre toute attente il réunira en quelques jours des milliers, puis des dizaines de milliers d'abonnés.

Enfin, je m'investis dans mon travail et prends plusieurs affaires complexes soumises à l'assemblée plénière de la Cour.

Trois dossiers politico-financiers sensibles

Je vais devoir soutenir l'accusation devant la Cour de justice de la République dans trois dossiers sensibles. Il y aura d'abord celui concernant Édouard Balladur et François Léotard, poursuivis dans le volet politique du dossier Karachi. Le premier sera relaxé le 5 mars 2021 au terme de longs débats, tandis que le second sera condamné. Ce sera la première fois en plus de vingt ans dans l'histoire de la Cour de justice de la République que nous ferons exécuter une peine.

Il y aura ensuite le dossier Arif, poursuivi pour avoir, alors qu'il était ministre délégué aux Anciens combattants de 2012 à 2014, fait conclure par ses services un marché de formation à la communication avec une société dirigée par son frère. Il sera lui aussi condamné, le 26 octobre 2022.

Enfin, j'aurai à requérir contre Jean-Jacques Urvoas, garde des Sceaux en 2016 et 2017, poursuivi devant la Cour de justice de la République pour violation du secret de l'instruction après avoir communiqué à Thierry Solère, député des Hauts-de-Seine, réputé proche d'Édouard Philippe, des informations concernant l'enquête diligentée contre lui. Il sera condamné le 30 septembre 2019.

Dans tous ces dossiers j'exerce mes attributions sans aucune pression d'aucune sorte, et sans avoir à rendre compte au ministère de la Justice. Au fond, la plénitude de l'indépendance, n'est-ce pas quand on n'a plus rien à craindre ni plus rien à espérer ?

L'affaire Vincent Lambert : un cas de conscience

En avril 2019, un gros dossier médiatique arrive à la Cour de cassation. Le grand public connaît ce nom depuis plusieurs années déjà : Vincent Lambert. Le jeune homme a été victime d'un accident de la route en 2008 et survit depuis dans un état végétatif. Une intense bataille se livre au sein de sa famille sur la question de le maintenir en vie : une partie, dont sa mère, fervente catholique, plaide de toutes ses forces pour le maintien des soins, tandis que son épouse et son cousin dénoncent un acharnement thérapeutique déraisonnable. Au fil des années, la bataille familiale s'est déportée sur le terrain judiciaire devant différents tribunaux administratifs et jusqu'au Conseil d'État, la plus haute instance administrative, qui a finalement validé la décision de suspendre les soins, et donc l'arrêt du maintien en vie de Vincent Lambert.

Mais ses parents refusent toujours cette décision. En avril 2019, ils saisissent la Cour européenne des droits de l'homme. Malheureusement pour eux, c'est un échec : cette dernière refuse de suspendre la décision du Conseil d'État. Cette fois, le débat judiciaire semble clos et l'issue inéluctable. Le processus d'arrêt des soins, décidé par le CHU de Reims et validé par toutes les instances administratives, du tribunal administratif au Conseil d'État, peut donc théoriquement débuter le 20 mai.

C'est sans compter avec l'ultime démarche entamée par les parents de Vincent Lambert, qui, en dernier recours, vont s'adresser à la commission des droits des personnes handicapées, une commission de l'ONU. Cette instance demande au gouvernement français de présenter ses observations sous un délai de six mois et, durant ce laps de temps, de suspendre la décision d'arrêt des soins. L'État français répond qu'il n'est pas envisageable d'interrompre le processus d'arrêt des soins, mais les parents de Vincent Lambert contestent cette décision devant la justice et, début mai 2019, le tribunal de Paris se déclare incompétent pour ordonner à l'État de prendre les mesures demandées par le comité de l'ONU.

Sur appel des parents de Vincent Lambert, la cour d'appel de Paris rend une décision totalement contraire à la première instance, puisqu'elle ordonne à l'État français de se plier aux exigences du comité onusien. Pour les non-initiés, cela ne constitue qu'une décision de plus. Pour les juristes, en revanche, c'est un véritable casse-tête, car cela signe un conflit de compétences entre les juridictions administratives et judiciaires. C'est un débat de techniciens du droit, mais de l'issue duquel dépend la vie d'un homme.

Ce conflit repose sur le concept de « la voie de fait », une théorie ancienne et rarement appliquée qui, pour simplifier, revient à attribuer dans certains cas au juge judiciaire le contrôle des actes de l'administration, lorsqu'ils sont insusceptibles de se rattacher aux prérogatives de celle-ci et sont gravement attentatoires à la liberté individuelle ou au droit de propriété. Mais la condition d'atteinte grave à la liberté individuelle a un contenu précis : la protection contre la détention arbitraire, confiée au juge judiciaire par l'article 66 de la Constitution.

Le débat est donc tout autant juridique qu'éthique. Il porte sur les concepts de droit à la vie et à la dignité, et je dois avouer que ce dossier me pose depuis le départ un cas de conscience, qui me met mal à l'aise. Il m'interpelle sur un autre plan, presque philosophique : quel doit être le rôle du juge ? Selon moi, le juge ne doit pas perdre de vue les questions éthiques qui sous-tendent chacune de ses décisions, mais il ne doit pas non plus raisonner en fonction de ses propres principes éthiques et moraux. Le magistrat est avant tout celui qui applique le droit et fait respecter la règle. L'impartialité est l'un de ses devoirs principaux : il doit se défaire de tout préjugé afin d'être le plus objectif possible dans l'exercice de ses fonctions. C'est toute la difficulté, l'équilibre à trouver, la frontière à ne pas dépasser. Et quand cela concerne la question de la vie et de la mort, c'est infiniment plus complexe.

Je demeure persuadé que l'on ne peut pas avoir un avis sur l'arrêt des soins tant qu'on n'y a pas été confronté personnellement, à travers la maladie ou la mort d'un proche. Je ne prétends pas détenir la « bonne » solution, j'hésite entre les deux pôles en permanence, et dans la mesure où je suis catholique pratiquant, je comprends aussi bien les deux points de vue qui déchirent cette famille.

Lorsque l'affaire remonte à la Cour de cassation, je me pose donc beaucoup de questions. J'y passe plusieurs nuits blanches avant de parvenir à trancher au fond de ma conscience. Je me dis que je suis magistrat avant tout, et seulement magistrat, et je me rallie donc à la seule logique pour un magistrat : celle du droit pur. C'est pour moi la seule voie rationnelle et conforme à mon serment. Il fallait donc que je me limite à la seule question de droit, sauf à sortir de mon rôle et de mes compétences.

J'ai donc considéré que le droit à la vie était reconnu par l'article 2 de la Convention européenne des droits de l'homme, mais que ce n'était pas le seul droit, la valeur suprême. La Convention européenne protège de nombreux autres droits, le droit à la dignité, à l'intégrité, et il n'y a pas une norme suprême, supérieure à toutes les autres. Je n'ignorais pas non plus les conséquences d'un tel raisonnement visant à affirmer le caractère suprême d'un droit à la vie, sur l'interruption volontaire de grossesse ou la recherche sur l'embryon.

Le 24 juin 2019, soit moins de trois mois après le pourvoi, l'audience plénière se déroule dans une ambiance tendue, dans la grand-chambre de la Cour, très haute de plafond, couverte de dorures, peintures allégoriques, symboles de la Justice et dotée d'une magnifique horloge astrologique qui rappelle que le droit survit au temps qui passe. Comme c'est une assemblée plénière, 18 magistrats du siège sont là, assis en U autour du premier président, ainsi que moi et un greffier. Face à la Cour, derrière leurs avocats, les membres de la famille Lambert, divisés en deux camps, sont installés sur les bancs, sans échanger le moindre mot ni le moindre regard.

Dans mes conclusions, je souligne le risque majeur de rupture d'équilibre des compétences entre l'administratif et le judiciaire, et conclus que la voie de fait n'était pas constituée et que le juge judiciaire n'était donc pas compétent pour suspendre la décision d'arrêt des soins de Vincent Lambert. Le 28 juin, soit quatre jours après les débats, la Cour rend sa décision : elle estime que seules les privations de libertés, c'est-à-dire la garde à vue, la détention ou l'hospitalisation sous contrainte, peuvent être qualifiées d'atteintes à la liberté individuelle relevant de la compétence de la justice judiciaire, et que le droit à la vie n'entre pas dans ce champ.

La Cour tranche de manière définitive le litige en affirmant que l'État n'a donc pas outrepassé ses pouvoirs en refusant le maintien des soins demandé par l'ONU, qu'il n'y a aucun élément constitutif de la « voie de fait » et donc aucun fondement pour que le juge judiciaire ait matière à se prononcer sur la décision administrative.

Concrètement, et malgré les protestations des avocats de Viviane Lambert, la mère de Vincent, cette décision, la trente-cinquième dans cette affaire, ouvre une voie définitive à l'arrêt des soins, déjà interrompus à cinq reprises par les épisodes procéduraux qui se sont succédés depuis toutes ces années. Vincent Lambert décédera finalement quelques jours plus tard, à la suite de l'arrêt des soins, le 11 juillet 2019.

Cette affaire emblématique de la question de la fin de vie ne va pourtant pas clore le débat sur le sujet. La loi Claeys-Leonetti de 2016 dispose que les malades incurables et en très grande souffrance peuvent bénéficier d'une « sédation profonde et continue » jusqu'au décès. Elle précise aussi que les traitements peuvent être arrêtés quand « ils apparaissent inutiles, disproportionnés ou lorsqu'ils n'ont d'autre effet que le seul maintien artificiel de la vie ». Un équilibre avait ainsi été trouvé pour éviter l'acharnement thérapeutique et promouvoir les soins palliatifs qui peuvent encore être développés.

Mais dans l'affaire Lambert, largement médiatisée, comme dans de nombreuses autres anonymes et tout aussi douloureuses, la loi ne résout pas les doutes et les interprétations. Au printemps 2023, une convention citoyenne a appelé à ouvrir la voie au suicide assisté et à l'euthanasie. Un projet de loi sur la fin de vie a été annoncé par le gouvernement. On est là dans tout autre chose. En effet, l'aide active à mourir transformerait profondément notre conception de la vie ainsi que la mission des soignants. Il nous faut avoir une vraie réflexion éthique qui sache prendre du recul face aux pressions de toutes sortes, car il s'agit là d'une question cruciale pour notre société. Le danger est immense d'aller vers une conception matérialiste de la vie.

Le rouge et le noir

Après ce premier gros dossier, l'automne 2019 file à toute vitesse. Le 6 septembre, Chantal Arens succède à Bertrand Louvel en tant que première présidente de la Cour de cassation. C'est une collègue de promotion et une amie, nous nous connaissons depuis de longues années et j'ai pour elle une profonde estime. Je sais que nous pourrons travailler dans un lien de respect mutuel. Lors de son audience d'installation, les appariteurs m'habillent : la robe est si complexe qu'il est impossible de la revêtir sans l'aide d'un tiers, et c'est tout un rituel.

Le costume du premier président et du procureur général est constitué d'une robe rouge, d'un grand manteau avec des garnitures de fourrure et d'une cape de fourrure blanche. C'est la tenue pour toutes les audiences solennelles et les audiences d'assemblée plénière. Pour les audiences ordinaires, les magistrats de la Cour revêtent une simple robe noire. Le rouge et le noir du costume rappellent le double héritage qui est lié à ces couleurs : d'une part le rouge, symbole de l'autorité royale, d'autre part le noir, sobre et égalitaire. Après avoir été abandonnée au cours de la Révolution française, le retour à la tenue solennelle d'autrefois a été décidé par le Consulat et le Premier Empire pour renouer avec le passé et relever les signes extérieurs de l'autorité de la magistrature. Ce n'est pas, bien sûr, le costume qui fait le magistrat, mais il est le signe de la haute mission qui lui est confiée : rendre la Justice au nom du peuple français. La symbolique du costume est ainsi indissociable de la place et du rôle du magistrat dans la société. Les générations passent, la robe reste, et avec elle l'idéal de droit et de Justice.

Il faudra bien un jour pourtant que cette tenue d'apparat évolue. La dimension rituelle et solennelle est certes importante. Mais force est de constater que cette tenue est surannée. Elle n'a pas changé depuis plus deux siècles et fait aujourd'hui l'objet de railleries. La commission « Cour de cassation 2030 » que nous avions constituée avec Chantal Arens pour réfléchir au devenir de la Cour avait préconisé de conserver le code et la symbolique de la robe, mais d'en alléger le port et de choisir des matériaux plus adaptés aux enjeux écologiques et économiques actuels, de gagner en sobriété dans un objectif de modernité et d'intelligibilité qui paraissent aujourd'hui plus que jamais nécessaires.

Me voilà donc le jour de l'installation de Chantal Arens, cérémonie officielle s'il en est, dans mon épais habit d'apparat. Je m'en souviens particulièrement, car ce jour-là, je manque à plusieurs reprises de me prendre les pieds dans ma robe en descendant les escaliers. Le problème était que les appariteurs m'avaient habillé à l'envers, la fourrure du grand manteau se retrouvant à gauche alors qu'elle aurait dû être à droite ! Les pauvres, ils en ont été malheureux durant toute l'audience. Aujourd'hui, tout le monde en rit, moi le premier, alors qu'en réalité seul un œil averti peut s'en rendre compte en regardant les photos.

Au-delà de l'anecdote, cette audience signe pour moi l'entrée dans un nouveau cycle à la Cour : durant nos années communes, nous allons travailler avec Chantal Arens dans un esprit parfaitement apaisé, loyal et constructif, ce qui nous permettra de mieux traverser quelques tourmentes.

L'épidémie de Covid : « La justice n'est pas un sujet »

En mars 2020, la crise du Covid nous rattrape. Le 17 mars, les Français sont priés de se claquemurer chez eux. Seuls les services essentiels sont maintenus. Les écoles sont fermées, les commerces dits « non essentiels » également ; le repli sur soi s'impose dans une ambiance de peur générale, fondée sur le peu de recul dont on dispose partout dans le monde sur ce nouveau virus. Avec Chantal Arens, nous regrettons que les services judiciaires ne soient pas classés parmi les services prioritaires de l'État.

« La justice n'est pas un sujet », tranche un directeur de cabinet ministériel après que nous avons manifesté notre étonnement, ce qui en dit long sur la considération portée à l'institution judiciaire dans notre pays. Cette phrase résume tout, et aujourd'hui encore je m'en veux de ne pas avoir réagi plus tôt. Les fonctionnaires sont placés en télétravail, mais comme l'informatique ne suit pas, rien ne suit. En effet, seuls les magistrats disposent d'un ordinateur portable ; les greffiers, sans qui rien n'est possible, n'en ont pas : ils vont donc être mis en « autorisation spéciale d'absence », c'est-à-dire rester à leur domicile sans travail à exécuter. La vérité, c'est que pendant toute cette période la justice fonctionnera au ralenti et ne remplira que 5 à 10 % de ses missions. De toute évidence, elle n'est pas perçue au sommet de l'État comme une mission de service public prioritaire. L'accès au juge pour le citoyen s'en trouve considérablement réduit.

Rapidement, à la suite des polémiques grandissantes sur l'absence de stock de masques chirurgicaux, les premières plaintes parviennent à la CJR, la Cour de justice de la République, seule habilitée à juger des membres de l'exécutif dans le cadre de leurs fonctions. Il s'agit de plaintes contre des ministres, notamment Agnès Buzyn et Olivier Véran, qui se sont succédé au ministère de la Santé, mais aussi contre le Premier ministre Édouard Philippe. Le fonctionnement de la CJR est complexe, car les plaintes doivent d'abord passer le filtre de la commission des requêtes. Pour la plupart, elles concernent l'absence de prise de décision durant la période de janvier et février 2020, accusant le gouvernement de s'être enfoncé dans le déni. Leur nombre ne va cesser d'augmenter. En deux ans, il y en aura plus de 15 000. Une partie de ces plaintes ont été jugées recevables et, en juillet 2020, une instruction est ouverte pour mise en danger de la vie d'autrui. Dans ce cadre, le 15 octobre

2020, des perquisitions sont menées chez plusieurs personnalités politiques comme Olivier Véran, Édouard Philippe ou l'ex-porte-parole du gouvernement Sibeth Ndiaye, et chez de hauts responsables comme le directeur général de la Santé Jérôme Salomon, ou encore la directrice générale de Santé publique France Geneviève Chêne.

Au-delà des procédures liées au Covid, cette période mouvementée me permet de mesurer pleinement le rôle de la justice. L'exécutif prend, à partir de mars 2020, un certain nombre de mesures d'urgence qui, comme dans le reste de la société, réduisent les libertés.

Il en est ainsi de la prolongation automatique de la détention provisoire pour les détenus sans avoir à repasser devant un juge, à laquelle le Conseil d'État n'a rien trouvé à redire lorsqu'il a donné son avis sur ce projet d'ordonnance du gouvernement. En temps normal, cette privation de liberté est encadrée dans les textes, en fonction de la nature des faits, délictuels ou criminels, et surtout elle est soumise à l'appréciation d'un juge. Mais avec la mise à l'arrêt forcé des juridictions, tout prend du retard dans les procédures et l'exécutif veut, avec cette ordonnance de mars 2020, pallier le risque de remise en liberté pure et simple d'un détenu si son délai de détention venait à dépasser celui prévu par les textes.

Différentes associations et syndicats ont contesté cette disposition devant le Conseil d'État. Saisie d'un pourvoi, la chambre criminelle de la Cour, alors présidée par Christophe Soulard, va parfaitement jouer son rôle en indiquant que cette prolongation de détention sans l'intervention d'un juge méconnaît les exigences de la Convention européenne des droits de l'homme, et qu'il est donc nécessaire que le juge se prononce sur cette prolongation dans un délai rapproché après l'expiration du titre de détention.

Plus largement, le traitement judiciaire de l'épidémie de la Covid 19 pose le problème de la judiciarisation de la vie publique, et plus précisément de la responsabilité pénale des décideurs publics. Comme l'a confirmé la crise sanitaire, les élus et décideurs publics sont exposés, à raison de leurs activités, au risque de se voir mis en cause pour des délits non intentionnels, ce qui est de nature à inhiber et paralyser leur action par crainte de poursuites pénales. Ce problème est posé depuis plusieurs années et n'est toujours pas résolu. Il s'agit de trouver un équilibre qui ne paralyse pas la décision publique et protège la nécessaire prise de risque de l'autorité politique dans la gestion des crises sans pour autant consacrer son impunité. Les responsables publics qui auraient commis des fautes personnelles graves doivent bien sûr en répondre au pénal. Comme nous l'avions proposé dans le cadre des états généraux de la justice en 2022, la loi pourrait ainsi prévoir qu'en matière de délits d'imprudence ou de négligence, la responsabilité pénale ne saurait être mise en cause en raison d'actions ou d'abstentions conformes à la politique déterminée par le gouvernement que si celles-ci constituent soit la violation d'une obligation particulière de prudence ou de sécurité prévue par la loi, soit un manquement manifeste et d'une exceptionnelle gravité à une obligation générale de prudence. La balle est dans le camp de nos responsables politiques !

L'affaire Halimi : quand l'émotion le dispute au droit

La Cour de cassation va être amenée à trancher un autre dossier, celui de l'affaire Halimi, que j'ai eu à connaître lorsque j'étais procureur de Paris. Sarah Halimi, une femme de confession juive, est tuée à Paris dans la nuit du 3 au 4 avril 2017 dans des conditions atroces, par un homme qui s'est introduit à son domicile par effraction et qui l'a frappée violemment en proférant des insultes avant de la défenestrer.

En dépit de son caractère particulièrement odieux, cette affaire, survenue peu avant le premier tour de l'élection présidentielle, a peu été couverte par les médias, ce qui a alimenté un sentiment d'incompréhension, voire de complot, de la part de la communauté juive. En outre, les premiers éléments de l'enquête ne faisant pas apparaître de motifs antisémites, malgré l'origine de la victime, le parquet va ouvrir une enquête sans viser cette circonstance aggravante.

L'émotion se propage dans la communauté juive. Le 7 avril, trois jours après le meurtre, je suis contacté par Joël Mergui, le président du Consistoire, à qui j'ai déjà eu affaire quelques années plus tôt à la suite de l'attentat à l'Hypercacher, qui me demande un entretien. Je le reçois le matin même. Il est accompagné de Haïm Korsia, grand rabbin de France, et du vice-président du CRIF, Me Ariel Goldmann. Nous nous connaissons et travaillons en confiance depuis les attentats de 2015.

Ils ont souhaité me rencontrer pour me faire part de la vive émotion causée par ce drame, ainsi que de toutes les interrogations qu'il suscite au sein de la communauté.

« Monsieur le procureur, nous nous inquiétons de la situation, et nous ne comprenons pas que la circonstance aggravante d'antisémitisme n'ait pas été retenue par le parquet de Paris dans cette enquête criminelle... »

Ma réponse est précise : « En l'état de nos investigations, aucun élément objectif ne milite en faveur de la thèse d'un acte à connotation raciste ou antisémite. Mais aucune piste n'est écartée, et s'il apparaissait que des éléments venaient étayer une thèse antisémite, je la retiendrais immédiatement dans le cadre d'une qualification aggravée, comme je l'ai fait dans les dossiers Merah ou de l'Hypercacher. »

Au fil des semaines et des avancées de l'enquête, la qualification d'antisémitisme se précise. Elle finira par être reconnue un an plus tard, en 2018, après que nous en avons formulé la demande au juge d'instruction.

Se pose ensuite l'épineuse question de l'irresponsabilité de l'auteur. Notre Code pénal prévoit l'irresponsabilité pénale des personnes atteintes de troubles psychiques ou neuropsychiques : on ne juge pas les fous qui ont commis un crime sans discernement. Pour le déterminer, il est fait appel à l'expert ; le juge ne sait pas tout : il a besoin de l'expertise des sachants et de leurs compétences – techniques, médicales... – pour appréhender au mieux son dossier.

Si l'auteur présumé des faits est déclaré irresponsable, il n'y a pas de procès. Dans le dossier Halimi, tous les experts psychiatres sans exception ont conclu à l'existence d'une « bouffée délirante aiguë » liée à une consommation régulière de cannabis, et tous, sauf un, ont conclu à une abolition du discernement. Le parquet de Paris requiert en 2019 le renvoi de l'auteur devant une cour d'assises. Sans succès puisque les juges d'instruction vont valider l'irresponsabilité pénale du meurtrier, soutenus par la chambre de l'instruction* de Paris, laquelle décide de le placer sous hospitalisation d'office, assortie de mesures de sûreté pour une durée de vingt ans. Une décision contestée devant la Cour de cassation par la famille de Sarah Halimi.

Le dossier est donc soumis à la chambre criminelle. Les parties civiles réclament que la responsabilité du jeune homme soit retenue, son intoxication au cannabis ayant été volontaire. La question posée est donc celle de savoir si la prise volontaire de produits stupéfiants constitue, ou non, un comportement fautif excluant l'irresponsabilité prévue par la loi. Or, l'article 122-1 du Code pénal ne distingue pas selon l'origine du trouble mental qui a fait perdre à l'auteur la conscience de ses actes. L'existence d'une faute antérieure de ce dernier est donc parfaitement indifférente. Le 14 avril 2021, la Cour de cassation décide d'une application stricte de la loi et valide l'arrêt de la cour d'appel de Paris, et donc l'abolition du discernement, tout en retenant le caractère antisémite du meurtre. C'est une décision complexe, parfaitement fondée en droit, car le juge doit interpréter la loi mais ne peut créer de la norme en dehors de celle-ci.

Dans l'opinion publique, cette décision, malgré toutes les explications qui l'accompagnent, ne passe pas. Elle suscite une grande incompréhension et de virulentes critiques contre les magistrats de la chambre criminelle. En fait, malgré une large communication mise en place par les services de la Cour, nous ne parvenons pas à la justifier de manière suffisamment claire pour éteindre la polémique, et dans la foulée, cédant à l'émotion, le gouvernement lance une commission d'enquête parlementaire sur d'éventuels dysfonctionnements de la police et de la justice dans cette affaire.

Le 24 janvier 2022, la loi sera finalement modifiée de manière à mieux prendre en compte le caractère fautif de l'auteur de l'infraction dans l'apparition de troubles psychiques et de l'abolition du discernement et limiter l'irresponsabilité pénale en cas de consommation de produits stupéfiants.

L'affaire Halimi pose bien le problème de l'émotion suscitée par une décision judiciaire : des interrogations ou incompréhensions peuvent surgir lorsque les magistrats prennent une décision conforme au droit, mais incompréhensible en dehors de lui. L'émotion et le droit ne se rejoignent pas forcément. Souvent, le droit apparaît froid, insensible. Dans des affaires de ce type, où l'horrible défie le rationnel, l'institution judiciaire doit apprendre à communiquer davantage. Cela passe certainement par une collaboration plus étroite avec les médias en amont de l'audience, afin qu'ils puissent relayer auprès du grand public nos explications du problème tel qu'il est posé et des règles de droit qui devront être appliquées.

Un beau revirement

Je quitterai la Cour de cassation avec la satisfaction d'avoir permis un beau revirement de jurisprudence. La

Cour était saisie de deux affaires concernant deux ressortissants syriens soupçonnés de crimes contre l'humanité et de crimes de guerre commis en Syrie. La chambre criminelle avait rendu un arrêt constatant l'incompétence des juridictions françaises. J'avais demandé que ce point de droit soit soumis à l'assemblée plénière de la Cour réunissant des magistrats des six chambres.

Le 12 mai 2023, la Cour reconnaissait la compétence universelle de la France en matière de crime de guerre et de crime contre l'humanité. Une décision qui permet désormais à la justice française de poursuivre et de punir les auteurs de ces crimes commis par des étrangers dans d'autres pays.

Une belle avancée dont je suis fier.

*

30 juin 2023. Pour la première fois depuis novembre 2018, aucun rendez-vous n'est fixé dans mon agenda, à l'exception de mon « pot de départ » à 18 heures. J'aurai soixante-dix ans dans deux mois. L'heure de la retraite a sonné.

Épilogue

Dans notre pays, être magistrat, que l'on appartienne au siège ou au parquet, c'est avoir pour mission quotidienne de rendre la justice au nom du peuple français. C'est juger ou requérir au nom de l'intérêt général, en s'assurant que la loi est appliquée pour tous et de la même manière, c'est-à-dire avec neutralité et impartialité.

Être magistrat, c'est écouter pour essayer de comprendre.

Être magistrat, c'est en permanence décider, ce qui nécessite des qualités d'humanité, d'humilité et de courage.

Être magistrat, c'est être le garant des libertés individuelles mais aussi le protecteur des plus fragiles et des plus vulnérables.

Être magistrat, c'est être en permanence au cœur de la cité et des débats de société, en prise avec tous les enjeux, les évolutions et les difficultés d'un monde à la complexité sans cesse croissante.

Le juge est aujourd'hui au centre de tous les conflits, il constitue un recours immédiat et un instrument de régulation sociale. Il est ainsi censé résoudre tous les maux de la société, une société qui doit en outre s'insérer dans un espace juridique aujourd'hui beaucoup plus étendu à travers l'Union européenne.

Le magistrat est avant tout celui qui applique le droit et fait respecter la règle. Il est tenu à une obligation de loyauté dont la première composante est d'appliquer la loi. Il ne peut refuser de le faire pour des raisons politiques ou syndicales. Le magistrat est homme ou femme d'équilibre, cet équilibre qui s'exprime par l'image d'équité figurée par les deux plateaux de la balance, symbole hérité de la mythologie de la Grèce antique, en référence à la balance de Thémis, l'une des Titanides nées de l'union d'Ouranos (le Ciel) et de Gaïa (la Terre), qui tranchait les litiges des mortels grâce à cet instrument.

L'impartialité est un autre des devoirs principaux du magistrat : il doit se défaire de tout préjugé ; il doit rester à équidistance des parties afin d'être le plus objectif possible. C'est un élément essentiel de la confiance du public dans l'institution judiciaire. Aussi le procès pénal s'efforce-t-il de mettre à distance les émotions sans pour autant les ignorer ; les magistrats portent une robe, noire ou rouge, la personne s'efface ainsi devant la fonction et le rituel judiciaire aide à préserver la sérénité des débats. Il reste que les magistrats sont quotidiennement confrontés à des drames et à des histoires particulièrement difficiles, face auxquels ils ne peuvent rester insensibles. L'émotion est là : celle des magistrats dans leur for intérieur, celle des différentes parties, auteurs et victimes, qui s'exprime dans les audiences, celle des parents d'enfants victimes d'un accident ou d'un crime, celle de l'époux qui gère la tutelle de sa femme malade ou celle de l'adolescent incarcéré pour la première fois. Il y a, enfin, l'émotion de l'opinion publique qui s'exprime à travers les médias et les réseaux sociaux.

Le magistrat devrait-il se détacher de tout état d'âme et de toute émotion ? Je ne le crois pas. Le magistrat est un être humain, il a le droit d'avoir des émotions, et l'acte de poursuivre ou de juger ne peut se concevoir sans la fine perception des situations humaines qui lui sont soumises. Je crois qu'il ne faut pas redouter ses émotions, au contraire : il faut savoir les repérer pour mieux les utiliser et les mettre au service de sa raison et de son jugement.

Au cours de mes quarante-six années d'activité professionnelle, j'ai vu le métier de procureur évoluer profondément. Les compétences du parquet se sont considérablement accrues dans un contexte d'augmentation de la délinquance et des flux pénaux, le faisant intervenir dans des domaines de plus en plus nombreux, avec des modes de réponse pénale de plus en plus diversifiés. Au fil des lois votées par le Parlement, ses pouvoirs ont été renforcés dans le cadre de l'enquête préliminaire et des réponses alternatives aux poursuites. Ses missions n'ont cessé de croître en matière pénale, commerciale, civile ou environnementale, comme en matière de tutelles et de soins psychiatriques sans consentement. Aujourd'hui, en France, le parquet assume seul 98 % des enquêtes pénales avant tout jugement et 41 % des réponses pénales sans recours à un juge. Ces évolutions se sont traduites par des sujétions de travail de plus en plus lourdes pour les parquetiers, lesquels font preuve d'un dévouement exemplaire, au risque de subir une usure prématurée. Dans le même temps, l'égalité des armes entre le parquet poursuivant et les droits de la défense a été renforcée, et de cela il faut se féliciter.

Ces années ont aussi connu l'essor très important et la généralisation des politiques pénales, dont le procureur est un acteur majeur. Ces politiques pénales régulent désormais l'activité des parquets et des juridictions de notre pays. Elles ont connu l'arrivée du traitement en temps réel des procédures* permettant de répondre aux enquêteurs au téléphone sur la suite procédurale donnée à l'infraction qu'ils doivent traiter. Surtout, il y a eu le bouleversement apporté par la loi du 25 juillet 2013 qui a supprimé la possibilité dont jouissait le ministre de la Justice de donner des instructions aux parquets dans les affaires individuelles, et qui a affirmé le principe d'impartialité du ministère public.

Il y a vraiment un avant et un après cette réforme qui a consacré l'indépendance du parquet dans la conduite des affaires individuelles et des enquêtes, même si elle doit encore être complétée. D'abord par une réforme constitutionnelle du statut du parquet, afin de renforcer ses garanties statutaires et, par là même, de restaurer la confiance de nos concitoyens dans la justice de leur pays et désamorcer les critiques. Ensuite par une loi encadrant précisément la remontée d'informations sur les affaires individuelles au garde des Sceaux par les parquets généraux et les parquets. En effet, si la loi du 25 juillet 2013 a donné une base légale à ces remontées d'informations, elle ne délimite pas les situations dans lesquelles elles doivent intervenir, pas plus qu'elle ne définit la nature des informations remontées ni leur périmètre. Il est donc nécessaire d'encadrer plus strictement ces remontées d'informations dans les « affaires signalées », les affaires sensibles ou médiatiques qui justifient une remontée d'informations aux parquets généraux et à la Direction des affaires criminelles et des grâces, afin de supprimer ou, à tout le moins, de limiter le soupçon d'immixtion du pouvoir exécutif dans le traitement des affaires individuelles. Il convient par exemple d'interdire formellement la transmission au ministère de la Justice de procès-verbaux de la procédure, ainsi que toute information sur les actes d'enquête, comme les perquisitions, avant qu'ils n'interviennent.

Cette indépendance dans la conduite des affaires individuelles, j'ai toujours eu à cœur de la faire vivre au cours des sept années que j'ai passées à la tête du parquet de Paris, dans le cadre des affaires sensibles que j'ai eu à gérer en matière criminelle, terroriste, financière, de santé publique ou de crime organisé. Ainsi les poursuites pénales engagées dans l'affaire Cahuzac, arrivée sur mon bureau fin décembre 2013 à la suite d'une enquête de Mediapart, constituent en quelque sorte pour le parquet l'amorce d'une conquête d'autonomie décisionnelle. Il en va de même avec le Parquet national financier quand il se saisit de l'affaire Fillon à partir d'un article du *Canard enchaîné*.

Les magistrats du parquet sont aujourd'hui soumis à une véritable déontologie procédurale qui constitue une contrainte à part entière de l'activité collective du ministère public. Il existe une exigence éthique de la poursuite. Dans le cadre des garanties que doit offrir le procès pénal, son acte initial, l'acte de poursuite, doit incarner une garantie judiciaire publique aussi complète que possible, et comprendre également une composante déontologique. Le ministère public, membre de l'autorité judiciaire, participe à cette garantie judiciaire selon la jurisprudence constante du Conseil constitutionnel. Cette exigence éthique est ainsi devenue pour un magistrat une sorte de troisième pilier du procès pénal, à côté de la suffisance des charges et de la régularité procédurale. Une composante qui pèse essentiellement sur la phase initiale du procès, et donc sur le parquet qui est ainsi devenu un véritable garant de la régularité des enquêtes sous le contrôle des magistrats du siège.

Malheureusement, au cours de ces quarante dernières années, cet accroissement des tâches et des responsabilités ne s'est pas accompagné des moyens financiers et organisationnels à la hauteur des enjeux. C'est ainsi que, peu à peu, la justice n'a plus été en mesure de jouer correctement son rôle dans des délais convenables.

Cette crise a atteint son paroxysme en novembre 2021 avec la publication dans *Le Monde* de la « tribune des 3 000 » (devenus 8 000 en quelques semaines) dénonçant une justice qui déshumanise et maltraite non seulement le justiciable, mais aussi celles et ceux qui la rendent et œuvrent à son fonctionnement quotidien, rejoignant ainsi les reproches adressés par nos concitoyens à la Justice. On assiste en réalité à une véritable perte de sens de l'action de la justice. Cette situation est la conséquence de facteurs que j'ai maintes fois dénoncés ces dernières années : le manque de considération et de reconnaissance envers ceux qui rendent la justice, une inflation législative très importante et, enfin, un accroissement exponentiel de l'activité des juges, conjugué à une insuffisance de moyens et à des politiques publiques qui, faute d'une vision globale et systémique, se révèlent défaillantes.

Comme je l'ai dit le 10 janvier 2022 lors de l'audience solennelle de rentrée de la Cour de cassation, dans des propos qu'Éric Dupond-Moretti, garde des Sceaux, a estimés « scandaleux » mais que j'assume totalement, les jeunes magistrats ont eu raison de dénoncer cette situation, et je me demande parfois si nous, magistrats de ma génération, obnubilés par notre dévouement et notre sens du service public proche d'un véritable sacerdoce, nous n'avons pas, en acceptant ce qui ne devait pas l'être, un peu contribué à cette situation.

La dernière mutation concerne les rapports de la justice et du politique. Ces relations ont toujours été complexes, il n'y a là rien de nouveau. J'ai connu l'époque des grandes affaires politico-financières des années 1990 où, de la même façon qu'aujourd'hui, les attaques dénonçant la politisation de la justice se sont multipliées, tout comme se sont multipliées les prises à partie de magistrats accusés de mener un combat qui ne serait que le leur propre, et donc de remplir une mission de justicier dont ils seraient les seuls à définir les objectifs et les limites ; ou, à l'opposé, d'être les bras armés du pouvoir politique. Dans tous les cas, c'est un fait, quelles que soient son action ou son inaction, la justice est critiquée. Ces attaques signent une longue défiance du politique envers les juges, défiance encore plus forte aujourd'hui puisqu'elles ont conduit à l'abandon de la jurisprudence Balladur (tout membre du gouvernement mis en examen démissionnait) et donc à ne plus tenir politiquement aucun compte des poursuites pénales engagées contre des membres du gouvernement. Ces attaques, je les ai connues au parquet de Paris, puis comme procureur général à la Cour de justice de la République, où j'ai toujours voulu remplir ma mission de constatation et de poursuites des infractions avec la même honnêteté, la même neutralité et la même impartialité, et ce, quels que soient l'homme, la femme ou le courant politique concernés.

Aujourd'hui, ces attaques contre les procureurs et contre les juges ont trouvé un nouveau moteur. Taxés de « gouvernement des juges », les magistrats sont soupçonnés, dans leurs décisions, d'empêcher l'application des lois, d'empiéter dans le champ d'application des autres pouvoirs et d'entraver ainsi l'exercice de notre démocratie. Certains n'hésitent pas, de façon outrancière, à les accuser d'être devenus les ennemis de la démocratie. Il est vrai que l'office du juge a beaucoup changé. Il doit aujourd'hui exercer son contrôle sur la loi elle-même. L'exemple le plus topique est fourni par le contrôle de proportionnalité, qui exige du juge qu'il vérifie que telle ou telle loi est conforme à la Convention européenne des droits de l'homme telle qu'elle est interprétée par la Cour européenne de Strasbourg.

Enfin, alimentant encore davantage les polémiques, certains dénoncent la grande dérive de la Justice, qui serait laxiste et aurait une lourde responsabilité dans l'explosion de la délinquance.

De telles attaques sapent la confiance de la société dans la justice. La réalité est pourtant bien différente de celle qu'elles laissent transparaître, car les procureurs et les juges sont et restent les serviteurs de la loi. Le gouvernement des juges, c'est tout autre chose. Pour reprendre la célèbre formule du doyen Vedel, « il commence quand les juges ne se contentent plus d'appliquer ou d'interpréter les textes, mais imposent des normes qui sont en réalité le produit de leur propre esprit ». Autrement dit, tant qu'ils appliquent la loi, et c'est ce qu'ils font, les magistrats du siège et du parquet sont légitimes dans leur action, au service de la justice de la République. Les procureurs et les juges ne font qu'appliquer la loi avec les moyens, insuffisants, qui sont les leurs et la Justice est de plus en plus sévère. Les preuves en sont l'augmentation régulière des peines de prison prononcées – la peine moyenne est ainsi passée de 7,5 mois en 2012 à 9,5 mois en 2020 – et la surpopulation carcérale qui en résulte.

À l'heure où je me retire, j'ai une pensée toute particulière pour les jeunes magistrats, qu'ils soient déjà en juridiction ou encore en formation à l'École nationale de la magistrature, et dont, malgré mon âge et mon positionnement hiérarchique, je me sens très proche. Ces jeunes magistrats sont ceux de la génération des signataires de la « tribune des 3 000 ». Ils sont l'espoir de l'institution judiciaire. Ils sont la justice de demain. Ils veulent que leur action ait du sens, comme doit toujours en avoir la justice. Et ils ont raison ! Quand ils expliquent pourquoi ils ont choisi ce métier magnifique, ils invoquent le terme de « passion », un mot qui n'efface en rien les difficultés liées à la fonction. La notion de passion renvoie en effet au plaisir aussi bien qu'au doute qui préside à la décision, et qu'à la souffrance, une souffrance due, quitte à me répéter, à la pénurie de moyens, à une gestion défaillante et au manque d'évaluation des besoins.

Ces jeunes magistrats sont des praticiens de l'idéal. Ils ont choisi un métier dont ils peuvent et doivent être fiers.

Un métier qui ne souffre aucune médiocrité.

Un métier ouvert sur les autres et sur la cité, pour faire aimer la République en n'oubliant jamais, comme le disait Saint-Exupéry dans ses écrits de guerre, qu'« une démocratie doit être une fraternité, sinon c'est une imposture ».

Un métier exigeant et difficile qui s'exerce au service de la loi et au service des autres.

Un métier qui ne doit jamais devenir un confort.

Un métier qui nécessite un respect scrupuleux de ses obligations déontologiques.

En attendant des jours meilleurs que permettront, je l'espère, les moyens nouveaux qui nous ont été promis, mais qui passent aussi par la mise en œuvre des réformes de fond et d'ampleur nécessaires à la réduction des délais de traitement et à l'amélioration de la qualité des décisions de justice par un retour à la collégialité, ces jeunes magistrats doivent rester libres et fidèles à leur idéal. Et ne jamais oublier que la première des vertus, celle qui sous-tend toutes les autres, c'est le courage.

Puisse ce livre les aider à préserver leur foi et leur enthousiasme, pour continuer à servir avec passion cette Justice qui a constitué l'engagement de ma vie.

Remerciements

Au terme de ce livre, je voudrais remercier tous ceux qui m'ont tant inspiré et soutenu, tout particulièrement Pierre Truche dont je salue la mémoire, et Jean-Louis Nadal.

Je remercie tous les magistrats, greffiers, fonctionnaires et secrétaires avec lesquels j'ai travaillé et sans qui rien n'aurait été possible dans les différents parquets que j'ai dirigés.

Je songe en particulier à tous les jeunes magistrats qui m'ont suivi ces vingt dernières années. Leur confiance et leur exigence morale et professionnelle m'ont soutenu au cours des épreuves difficiles que nous avons connues tout au long de ces années. Je ne peux les citer tous : ils savent toute mon affection.

Je n'oublie pas les services de renseignement et les enquêteurs de police et de gendarmerie avec qui j'ai toujours travaillé en confiance, dans la recherche permanente d'une meilleure efficacité de la lutte contre la criminalité et de la prévention de la récidive, dans le respect de l'office de chacun.

Je remercie Stéphanie pour sa précieuse contribution au travail de relecture.

Je remercie enfin mes proches, mes enfants, et mon épouse sans qui je n'aurais jamais pu réaliser tout cela, et qui a su être là dans les moments les plus difficiles pour m'aider à les traverser et à les surmonter. Elle mesure parfaitement tout ce que j'ai pu vivre et ressentir.

Chloé Triomphe remercie Hélène Magalon pour son œil rigoureux.

Cour d'appel : juridiction chargée d'examiner les appels formés contre les décisions rendues par les juridictions du premier degré.

Cour de justice de la République : juridiction compétente en matière de crimes ou délits commis par les membres du gouvernement dans l'exercice de leurs fonctions. Les poursuites sont décidées par une commission des requêtes qui fait office de filtre et qui est composée de trois conseillers à la Cour de cassation, deux conseillers d'État et deux conseillers à la Cour des comptes. L'instruction est menée par une commission d'instruction composée de trois conseillers à la Cour de cassation. La formation de jugement de la Cour de justice est composée de trois magistrats du siège de la Cour de cassation et de douze parlementaires (six députés et six sénateurs). Le ministère public est représenté par le procureur général près la Cour de cassation, assisté d'un ou de plusieurs avocats généraux.

Juge d'instruction : magistrat du siège du tribunal judiciaire, chargé de l'instruction du procès pénal. Le recours au juge d'instruction est obligatoire en matière criminelle.

Juge des libertés et de la détention : magistrat du siège compétent pour ordonner le placement en détention provisoire, la prolongation de sa durée, et pour statuer sur les demandes de mise en liberté.

Juridiction interrégionale spécialisée (JIRS) : juridiction créée en 2004, située au chef-lieu du tribunal d'une cour d'appel et chargée des affaires les plus complexes de criminalité organisée et financière. Il y a huit JIRS en France à Paris, Lyon, Marseille, Lille, Rennes, Bordeaux, Nancy et Fort-de-France.

Ministère public : corps hiérarchisé de magistrats, chargé de veiller à l'application de la loi, au respect de l'intérêt général et de l'ordre public devant les juridictions. Le ministère public est aussi appelé « magistrature debout » car, à l'audience, il se lève pour prendre ses réquisitions.

Politique pénale : la politique pénale ne se confond pas avec la simple application du droit ni avec la simple application du Code pénal. La politique pénale, conduite par les procureurs généraux et les procureurs de la République, a pour finalité d'arrêter les priorités que commande l'intérêt général en ce qui concerne la constatation des infractions à la loi pénale, la recherche et la sanction de leurs auteurs et suivant quels modes de procédures, la protection des victimes et la coopération internationale. Elle s'attache à la cohérence et à un traitement équitable des justiciables qui doivent être égaux devant l'application de la loi.

Prescription : en matière pénale, mécanisme prenant en compte l'écoulement du temps pour mettre fin à la possibilité d'engager des poursuites pénales. Le délai de prescription de droit commun est de vingt ans pour les crimes et de six ans pour les délits. Par dérogation, le délai de prescription de l'action publique des infractions occultes ou dissimulées court seulement à compter du jour où l'infraction est apparue et a pu être constatée dans des conditions permettant l'engagement des poursuites. De même, pour les crimes et délits sexuels commis contre des mineurs, ce délai ne court qu'à compter de leur majorité.

Prise illégale d'intérêts : c'est un délit puni de cinq ans d'emprisonnement et 500 000 euros d'amende, qui consiste, pour une personne dépositaire de l'autorité publique, chargée d'une mission de service public ou investie d'un mandat public, à prendre, recevoir, ou conserver, directement ou indirectement, un intérêt dans une opération dont elle a la charge d'assurer la surveillance, l'administration, la liquidation ou le paiement.

Privilège de juridiction : dispositif de procédure pénale qui fait que certaines personnalités ne peuvent être jugées que par certaines juridictions ou selon certaines procédures.

Procureur de la République : membre du ministère public, il est le chef du parquet d'un tribunal judiciaire. Il dirige l'exercice de la police judiciaire, décide de l'orientation des procès-verbaux établis par la police ou la gendarmerie et, s'il a engagé des poursuites, requiert une condamnation et fait ensuite exécuter la peine prononcée.

Procureur général : membre du ministère public, il est le chef du parquet d'une cour d'appel ou de la Cour de cassation. Il doit veiller à l'application de la loi dans toute la cour d'appel.

Procureur national financier : membre du ministère public, il est le chef du Parquet national financier, compétent pour la poursuite des affaires boursières et pour les affaires financières et d'atteinte à la probité les plus importantes et les plus complexes.

Réquisitoire définitif : document de synthèse établi par le procureur de la République à l'issue de la procédure d'instruction. Il récapitule les éléments à charge et à décharge, et indique les réquisitions du procureur de renvoi devant la juridiction de jugement ou de non-lieu.

Substitut du procureur : membre du ministère public. C'est un magistrat du parquet du tribunal judiciaire. Il est placé sous l'autorité hiérarchique du procureur de la République.

Traitement en temps réel des procédures : organisation du parquet qui permet au procureur de la République de décider de la suite donnée à la commission d'une infraction par téléphone ou courrier électronique, à la suite de l'identification de l'auteur de l'infraction par la police ou la gendarmerie.

Tribunal correctionnel : juridiction de droit commun attachée au tribunal judiciaire, compétente pour juger les délits.

Tribunal de police : juridiction composée d'un juge chargé de juger les contraventions, sauf celles commises par les mineurs.

ORGANISATION DE LA JUSTICE FRANÇAISE

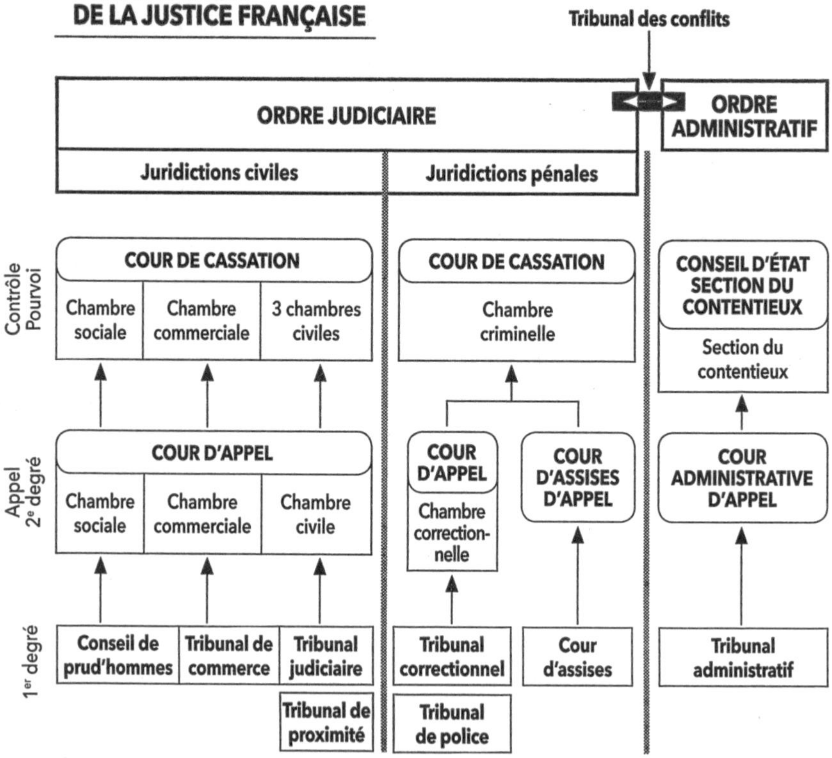

Table

Lexique

Avocat général : magistrat représentant le ministère public devant la cour d'assises ou la cour d'appel.

Chambre de l'instruction : juridiction qui a succédé à la chambre d'accusation. Elle est compétente pour statuer sur les appels formés contre les décisions des juges d'instruction.

Conflit d'intérêts : aux termes de l'article 2 de la loi du 11 octobre 2013, constitue un conflit d'intérêts toute situation d'interférence entre un intérêt public et des intérêts publics ou privés qui est de nature à influencer ou à paraître influencer l'exercice indépendant, impartial et objectif d'une fonction.

Cour d'assises : juridiction chargée de juger les crimes et qui est composée de magistrats professionnels et d'un jury populaire.

Cour de cassation : juridiction suprême de l'ordre judiciaire. Elle est chargée d'assurer le respect de la loi et l'unité de son interprétation par les cours d'appel et tribunaux, en examinant les pourvois formés contre les décisions des juges du fond ou en rendant des avis sur les questions de droit nouvelles.

Cet ouvrage a été mis en pages par

<pixellence>

CET OUVRAGE
A ÉTÉ ACHEVÉ D'IMPRIMER
SUR ROTO-PAGE
PAR L'IMPRIMERIE FLOCH
À MAYENNE EN JANVIER 2024

N° d'édition : 436890-0. N° d'impression : 104054
Dépôt légal : février 2024
Imprimé en France